Johannes Kemser
Jeder kann Musik

Dimensionen Sozialer Arbeit und der Pflege Band 15

Herausgegeben von der Katholischen Stiftungsfachhochschule München
Abteilungen Benediktbeuern und München

Johannes Kemser

Jeder kann Musik

Musik ist mehr als ich höre

*„Die Musik steckt nicht in den Noten,
sondern in der Stille dazwischen."*
W. A. Mozart

 Lucius & Lucius · Stuttgart · 2015

Anschrift des Autors:

Prof. i. K. Dr. Johannes Kemser
Loiderdingerstraße 14 a
D-83737 Irschenberg

Bibliographische Information der Deutschen Nationalbibliothek

Die Deutsche Nationalbibliothek verzeichnet diese Publikation in der Deutschen Nationalbibliografie; detaillierte bibliografische Daten sind im Internet über http://dnb.ddb.de abrufbar

ISBN 978-3-8282-0619-9

© Lucius & Lucius Verlagsgesellschaft mbH Stuttgart 2015
Gerokstraße 51 · D-70184 Stuttgart
www.luciusverlag.com

Das Werk einschließlich aller seiner Teile ist urheberrechtlich geschützt. Jede Verwertung außerhalb der engen Grenzen des Urheberrechtsgesetzes ist ohne Zustimmung des Verlags unzulässig und strafbar. Das gilt insbesondere für Vervielfältigungen, Übersetzungen, Mikroverfilmungen und die Einspeicherung und Verarbeitung in elektronischen Systemen.

Das Bildmotiv auf der vorderen Umschlagseite zeigt einen Ausschnitt der Bronzeplastik „Großfamilie – Alt und Jung" der Bildhauerin Ursula Kemser-Diess (1922–2004).

Umschlaggestaltung: I. Devaux, Stuttgart
Druck und Bindung: Rosch-Buch Scheßlitz
Printed in Germany

Inhaltsverzeichnis

Persönliche Vorbemerkung 1

Einleitung: Was erwartet den Leser? 3

Kapitel 1
Was ist Musik: Tönend bewegte Form versus menschliche Kommunikation? 9
Der menschliche Gesang – das perfekteste Musikinstrument 12
Die Frage nach der Messbarkeit der Musik 18
Musik – ein kommunikatives Phänomen 21
Verstehen von Musik 28
Quellenangaben und weiterführende Literatur 32

Kapitel 2
Ist jeder musikalisch begabt?
Von der irrigen Annahme des unbegabten Ichs 35
Musikalische Begabung auf dem Prüfstand 42
Förderung musikalischer Fähigkeiten 46
Musikalische Begabung ist, was der Begabungstest misst 48
Musikalische Begabung ist die Fähigkeit zum
musikalischen Handeln 51
Quellenangaben und weiterführende Literatur 54

Kapitel 3
Unterschiedliche Vorlieben und musikalische Geschmäcker 57
Musikgeschmack ist nicht Schicksal 58
Geschichtliche Ereignisse als Spiegel des Musikgeschmacks 60
Beim deutschen Schlager scheiden sich die Geister 63
Der Geschmack wird vielseitiger 66
Der Einfluss der Werbung auf den Musikgeschmack 70
Der Einfluss der Technik auf den Musikgeschmack 72
Alter Wein in neuen Schläuchen? 76
Vorlieben und Geschmäcker sind sozialisationsbedingt
und kulturabhängig 78
Quellenangaben und weiterführende Literatur 79

Kapitel 4
Dauerspeicher Musik: Die enorme Kraft des musikalischen Gedächtnisses 81
Musik als positive Stimulanz für Gehirn und VNS 83
Musik als Entschlüsselung versiegelter Erinnerungsspuren 90
Die starke Ausprägung des musikalischen Gedächtnisspeichers 93
Quellenangaben und weiterführende Literatur 95

Kapitel 5
Hoffnungsvolle Erkenntnis?
Wie mit Musik demenzielle Veränderungen ohne Medikamente in den Griff zu bekommen sind 97
Der positive Einfluss von Musik auf unsere Gesundheit 98
Musik wirkt meditativ 101
Musik und ihr Einfluss auf demenziell veränderte Menschen 105
Der person-zentrierte Ansatz nach Tom Kitwood 109
Verschiedene Wege, um Demenz entgegenzuwirken 115
Förderung durch aktives Musizieren 119
Quellenangaben und weiterführende Literatur 125

Kapitel 6
Intensiver leben durch Musikhören und Musikmachen 127
Die Komplexität des Hörens oder das Phänomen Ohr 128
Was klingt richtig, was klingt falsch – nur relativ? 130
Das Modell des physikalischen Hörens 131
Musikmachen ist mehr als nur Hören 133
Ist Singen als die Grundform des Musikmachens lernbar? 134
Erst zuhören – dann machen 137
Quellenhinweise und weiterführende Literatur 141

Kapitel 7
Eine Image-Lücke: Fehlendes Verständnis für den Musikunterricht 143
Das Schulfach Musik und seine Bedeutung 144
Der Einfluss der Musik auf andere Leistungen 150
Anforderungen an den Musikpädagogen 153
Die Kunst, eine Hörkultur zu erzeugen 155
Quellenhinweise und weiterführende Literatur 161

Kapitel 8
Die andere Seite des Genusses 163
Musik als Dauerbeschallung 164
Musik wird oft nicht schön gefunden, weil sie stets
mit Geräusch verbunden 165
Musik als Folterinstrument 168
Musik und Krieg, Musik im Krieg 171
Quellenhinweise und weiterführende Literatur 174

Kapitel 9
Musik – ein kommunikatives Erlebnis des freien Willens 175
Musik tritt Gefühle los 176
Der pädagogische Sinn von Musikvermittlung 177
Das Gesprächskonzert 179
Musik und Sex 181
Quellenhinweise und weiterführende Literatur 185

Kapitel 10
Musik am Lebensende – und über den Tod hinaus 187
Musik – Höchster Ausdruck verzehrender Energie 189
Requiem aeternam dona eis, Domine 191
Musikalische Abschiedszeremonien – Erleichterung für
die Angehörigen 193
Quellenhinweise und weiterführende Literatur 196

Kapitel 11
Transfer in die Praxis 197
Keine Theorie ohne Praxis – keine Praxis ohne Theorie 197
Demenzdörfer: Orte des Vergessens oder eingezäunte Freiheit 198
Musik aktiviert Selbstheilungskräfte – eine Chance für
Pflegeeinrichtungen 202
Musik: Die pure Begegnung 203
Musik als Brücke zwischen Jung und Alt 205
Musik – für Jugendliche noch immer die
Freizeitbeschäftigung Nr. 1 206
Musik mit Kindern und Erwachsenen, sowie mit Alt und Jung 207
Vermittlungstransfer: Musik als Hochschulseminar 209
Meine erste Begegnung mit Musik als Kommunikation 212

Zum Abschluss: Musik und Gerontagogik – Musikgeragogik 215
Quellenhinweise und weiterführende Literatur 217

Nachwort 219

Persönliche Vorbemerkung

„Wir dürsten nach Wissen und ertrinken in Informationen" (John Naisbitt)*

In meinen Hochschulseminaren mit Studentinnen und Studenten zu den Themen „Bedeutung von Musik für jugendliche Sub- und Teilkulturen" oder „Dvorak und Ry Cooder" wurde mir klar, dass die irrige Annahme vom unbegabten Ich durch Erziehung und Unterricht schrittweise abgebaut und damit auch widerlegt werden kann.

Der Überraschungseffekt bei jedem von uns bezüglich eigener Kompetenz zum differenzierten Musikhören, zur Verbalisierung musikalischer Phänomene, zur Fähigkeit sich nach Musik zu bewegen, bis hin zum aktiven Musikmachen, ist bei allen Altersgruppen gleich groß.

Dieser Effekt und die Allgegenwart der Musik in der heutigen Zeit sind ein wesentlicher Aspekt, der mich durch alle Kapitel hindurch motiviert hat, und der erfreulicherweise seine zunehmende Bedeutung auch und gerade in sozialen-, gesundheits-, und pflegebezogenen Bereichen immer mehr entfaltet.

Die Erscheinungsform – oder wenn Sie so wollen – diese Haltung führte mich neben vielen anderen Indizien zu der Überzeugung, dass dem Grunde nach der Satz „Jeder kann Musik" für alle Menschen zutrifft.

Dabei basieren die Ausführungen nicht auf Erkenntnissen, die in einem eigenen Forschungsinstitut erhoben wurden. Vielmehr bilden meine vielfältigen und vielseitigen Erfahrungen in der Arbeit mit Kindern, Jugendlichen, Erwachsenen und alten Menschen den Hintergrund für Praxistransfer. Ansonsten liefern erziehungs-, sozial-, und musikwissenschaftliche Studien das Rüstzeug für den theoretischen Rahmen. Um dennoch verständlich die Verbindung von Theorie und Praxis zu gewährleisten, versuche ich, historische, weitgehend zeitlose und aktuelle Wissensbestände so miteinander zu verbinden, dass die dort ausfindig gemachten Extrakte eine Hilfe und Orientierung für das Verständnis und den Handlungsbedarf des Lesers darstellen.

Durch die Studien und Vorarbeiten zu diesem Buch ist mir klar geworden, dass es kein Musik-Gen im Menschen gibt, dass wir aber über eine Anlage in unseren Chromosomen verfügen, die dem doch sehr nahe kommt. Was wir

---

* John Naisbitt (geb. 1929 (ist ein US-amerikanischer Autor, der sich mit Trend- und Zukunftsforschung befasst (vgl. *Megatrends*). Er macht den Begriff der Globalisierung bekannt.

letztlich daraus machen, ist je nach Biografie, Zeit, Lebenssituation und Umwelteinwirkung sehr unterschiedlich. Alles was wir durch Kultur, Bildung und vor allem durch Erziehung erreichen können, ist eine differenzierte Ausprägung dieser Anlage, ich nenne dies die Ebene der Metagenetik.

Noch ein Wort zu den verwendeten Quellen: Die Suche nach geeignetem Material macht eine nicht immer leicht verfügbare Literaturrecherche erforderlich. Heute haben Internetquellen nicht mehr den „odor technici" an sich, also den Staubgeruch von Google-Halbwissen. Viele der http-Quellen, sofern sie Wikipedia entnommen sind, basieren dort auf dem Duden, meistens ergänzt durch zusätzlich weitere Quellen. Weil das Internet kurzlebig ist, habe ich die teilweise kryptischen Angaben meist ganz übernommen. So werden im Internet aktuell eingestellte, noch nicht anderweitig zugängliche Forschungsergebnisse genutzt und soweit passend, auch verwendet.

Als Zielgruppen kommen alle Lehrpersonen in Betracht, die Musik in ihrem Pflicht- oder Freiwilligenrepertoire haben, insbesondere jene, die beruflich in musikpädagogischen-, therapeutischen-, musikgeragogischen-, sozialpädagogischen-, gesundheits- und pflegebezogenen Feldern tätig sind, oder eine Ausbildung oder ein Studium in diesen Bereichen absolvieren. Nicht zuletzt möchte ich alle an Musik Interessierte, aber auch ihre Skeptiker ansprechen, die dem Thema kritisch gegenüberstehen.

Ein besonderer Dank gilt – im Rahmen der Erstellung des Manuskripts – an vorderster Stelle der Lektorin Rita Maria Güther für ihr fachlich kompetentes Engagement, hauptsächlich für ihre Geduld und ihren positiven Zuspruch.

Danken möchte ich auch Herrn Prof. Dr. Wulf D. von Lucius, der mir bei der ersten Ankündigung des Themas und des Exposés spontan seine verlagsbezogene Zusage zu dem Buchprojekt gab.

Dem Präsidenten der Katholischen Stiftungsfachhochschule München, Herrn Prof. Dr. Egon Endres danke ich für seine uneingeschränkte Zustimmung, das Thema im Rahmen der Hochschulreihe „Dimensionen Sozialer Arbeit und der Pflege" zu platzieren.

Meiner geschätzten Kollegin Frau Prof. Dr. Tilly Miller danke ich für ihre Unterstützung in der Realisierung des Projektes.

München, im Juni 2015 *Johannes Kemser*

Einleitung:
Was erwartet den Leser?[1]

Über Musik überhaupt zu schreiben und zu reflektieren, ohne sie dabei erklingen zu lassen, ist immer ein widersprüchliches Unterfangen. Dies hat bereits der österreichische Schriftsteller und Burgtheaterdichter Franz Grillparzer (1791-1872) erkannt, wenn er sagt: „Über Musik zu sprechen ist wie ein erzähltes Mittagessen". So geht es auch regelmäßig Teilnehmern von Musiktagungen, oder noch erschwerender, von Musikseminaren, an denen lediglich über Musik gesprochen wird, man sie nicht hört und sie auch nicht gemacht wird. Ich verfalle hier dem gleichen Schema, obwohl es sich nicht um ein Musikseminar handelt, sondern um eine schriftliche Abhandlung. Dabei vertraue ich auf die Vorstellungskraft der Leser, sich das „Mittagessen Musik" anschaulich erzählen und zumindest zum Anklingen bringen zu lassen.

1. Kapitel: Was ist Musik?

Eine Flut an Literatur, Internetmaterial, unzähligen Fachaufsätzen und anderer interessanter Lektüre droht einen zu überschwemmen, wenn man sich auf die Suche nach einer Antwort zur Frage *Was ist Musik* macht.

Es bleibt also nicht aus, das Thema, die Fragestellung und die Quellen radikal einzugrenzen. Die Frage mag in dieser Form nicht richtig sein, möglicherweise ist sie zu offen gestellt. Gleichwohl beschäftigt sie Musiktreibende seit jeher.

Ohne den Antworten vorzugreifen, ist es dennoch lohnenswert sich darauf einzulassen, denn nach intensivem Studium bekommt das Bild über das Wesen der Musik zwar klarere, aber noch keine endgültigen Konturen. Jeder Autor, der sich dem Thema nähert, benutzt unterschiedliche und je nach eigener beruflicher und kultureller Sozialisation andere Quellen. Im vorliegenden Fall ist dies auch so und Sie werden sich fragen, wie ich ausgerechnet zu dieser oder jener Quelle komme. Ich habe versucht, die Spuren möglichst nachvollziehbar zu gestalten. Sollte dennoch Kritik an der Literaturauswahl aufkommen, so ist natürlich klar, dass ich mich entscheiden musste, welche Quelle ich bevorzugt verwende, je nachdem, worauf das spezifische Gewicht gelegt wurde. Im Folgenden leiste ich mir den – aus meiner Sicht notwen-

---

[1] Was für alle Kapitel gilt: Ausschließlich zur besseren Lesbarkeit wird die männliche Sprachform gewählt. Selbstverständlich ist die weibliche stets mit gemeint.

digen – Luxus, mit einem Blick in die Historie zeit- und raumgreifend auszuholen. Ohne zu wissen, welche Vorkenntnisse vorausgesetzt werden können, greife ich trotzdem auch auf Standardliteratur zurück. Manchem wird die Autorenauswahl eventuell zu wenig aktuell sein. Dies hängt wiederum damit zusammen, dass das Thema derzeit nicht an erster Stelle der musikwissenschaftlichen Auseinandersetzung steht. Vieles gilt heute vermeintlich als gesichert und selbsterklärend. Ob dem so ist, bezweifle ich und wird deshalb hier zu klären sein.

2. Kapitel: Musikalische Begabung

Es ist klar, dass nicht jeder Mensch die gleichen Anlagen mitbringt, um wohlklingende Musik machen zu können. Andererseits gibt es den geborenen, gänzlich Unbegabten nicht. Somit gibt es auch keine unintelligenten Menschen. Das trifft auch auf die Musik zu. Deshalb wird in dem Kapitel „Ist jeder musikalisch begabt? Von der irrigen Annahme des unbegabten Ichs" der Versuch unternommen, dieser provozierenden These auf verschiedene Art auf die Schliche zu kommen. So wird Begabung auf den Prüfstand gestellt, werden „Begabungspotenziale" als musikalische Fähigkeiten betrachtet. Lässt sich also Begabung irgendwie messen – oder ist sie schlicht die Fähigkeit zum musikalischen Handeln?

3. Kapitel: Vorlieben und Geschmäcker

Jeder Mensch besitzt unterschiedliche Vorlieben und musikalische Geschmäcker. Das macht gerade unsere Einzigartigkeit aus. Gleichzeitig drücken wir mit diesen Präferenzen eine Zugehörigkeit zu notwendigen Sozialsystemen und Sicherheit verleihenden peer-groups aus.

Die lange Geschichte von Liedern und Hymnen weist aus, wie sehr Musik schon immer eingesetzt wurde, um Geschmäcker in eine bestimmte Richtung zu lenken.

Dass allerdings Musikgeschmack nicht Schicksal ist, zeigen die zu Leitbildern montierten Stars. Dass sich beim deutschen Schlager die Geister scheiden, spiegeln die sehr unterschiedlichen Vorlieben verschiedenster Geschmacksrichtungen durch die Zeiten und ihre jeweiligen Moden; denn mit der Zeit werden die Geschmäcker immer vielseitiger. Auch die Rolle der Musik in der Werbung wird beleuchtet, deren Wiedererkennungseffekt oft mit Hit-Scherben unterlegt und mit ihr die Kaufbereitschaft des Kunden deutlich erhöht wird. Hinter jeder Form musikalischer Vermarktung steht eine gigantische Musikindustrie, die auf unseren Hörkonsum stetig steuernd, oft unbemerkt Einfluss ausübt.

Letztendlich sind Vorlieben und Geschmäcker sozialisationsbedingt und damit kulturabhängig.

4. Kapitel: Dauerspeicher Musik

In diesem Kapitel wird die nachhaltige Wirkung von Musik auf unser Gedächtnis aufgezeigt. Was passiert in unserem Gehirn, was in unserem vegetativen Nervensystem? Die Antworten dazu haben wir den teilweise erstaunlichen Ergebnissen der Hirnforschung zu verdanken.

Der Einfluss der Musik und ihre Funktion konnten in den letzten Jahren experimentell nachgewiesen werden. Deshalb wird hier auf wichtige Ergebnisse hingewiesen, die unter anderem Musik als Entschlüsselungsphänomen verlorengegangener Erinnerungsspuren identifizieren. Unser Gedächtnisspeicher ist durch gezielte musikalische Reizeinwirkungen abrufbar und trägt dazu bei verlorengegangene Erinnerungen nahezu wiederherzustellen. Die enorme Kraft des musikalischen Gedächtnisses besitzt somit eine faszinierende und erst in Ansätzen erforschte Dimension.

5. Kapitel: Hoffnungsvolle Erkenntnis?
Mit Musik demenzielle Veränderungen in den Griff bekommen

Demenz gilt heute als hochaltrigkeitsbedingte Volkskrankheit. Die Angst davor befällt irgendwann jeden Menschen. Allein mit Medikamenten davor zu schützen oder ihr zu entfliehen, bringt weder dem Menschen etwas, noch bewirkt es auch nur eine Spur der Heilung. Im Gegenteil: An schmerzlindernde Medikamente gewöhnt sich der Mensch ebenso wie an Psychopharmaka. Noch ist kein Medikament gegen Alzheimer-Demenz, als der häufigsten medizinischen Demenzdiagnose erfunden worden. Die vorhandenen Arzneimittel nutzen der Pharmaindustrie, sicher auch – aber nur kurzfristig – dem Patienten. Immer stärker wird deshalb nach Möglichkeiten außerhalb medikamentöser Therapie geforscht. Musik hat nicht nur als Dauerspeicher eine enorme Kraft, sie wirkt auch positiv auf unsere Gesundheit und erhält beispielsweise bei der Pflege ein zunehmendes Gewicht. Durch die unterschiedlichen Wirkungsweisen kommen der Musik verschiedene Heilkräfte zu. So wirkt sie nicht nur meditativ, sondern auch anregend und stimulierend auf die gesamte Motivationslage eines Menschen. Bezüglich Demenz lässt sich etwa musikgeragogische Betreuung als großer Nutzen in der Altenhilfe einsetzen. So gelangt Musik zur wichtigen Strategie, nämlich der Regulierung des sozialen Handelns und des Gehirntrainings gleichermaßen.

6. Kapitel: Musikhören und Musikmachen

Dass man beim Vorgang des Musikhörens nicht auf Theorie des Hörens verzichten kann, versteht sich von selbst. Das Phänomen des Hörens setzt Kenntnisse über physikalische und neurophysiologische Befunde voraus. Diese werden in dem Kapitel dargelegt. Musikmachen kann man nur in Verbindung mit Musikhören. Als Beispiel wird das Singen lernen genannt und dabei verschiedene Hörtheorien entwickelt. Was Musikmachen letztlich kennzeichnet und worin seine Bedeutung liegt, soll hier verdeutlicht werden.

Zum Musikhören liegen differenzierte Quellen vor, zum Musikmachen allerdings auffällig wenig.

7. Kapitel: Eine Image-Lücke: Fehlendes Verständnis für den Musikunterricht

Obwohl Musik von jedem und überall, selbst von den für die Curricula zuständigen Kultusbehörden, als kommunikationsfördernd und unabdingbar für die Persönlichkeitsentwicklung anerkannt wird, hat das Fach Musik dennoch ein Imageproblem. Eine Ausnahme bildet ihr Ansehen in speziellen Musikschulen, Musikgymnasien, sowie in Konservatorien, Musikhochschulen und musikwissenschaftlichen Fakultäten.

Auch der schnell und nachhaltig wirksame Einfluss von Musik auf andere Leistungen gilt als unbestritten. Die Anforderungen an die Musikpädagogen sind deshalb besonders hoch. Musik wird als umfassendes Kultur- und Kunstangebot in allen Bildungsstufen gelehrt, dennoch wird sie lediglich ergänzend unterrichtet und trotz ihrer hohen Bedeutung vielfach als nachrangige, wenngleich als schöne Ästhetik betrachtet.

8. Kapitel: Die andere Seite des Genusses

Nein, Musik ist nicht nur schön. Musik besitzt auch eine nervtötende, unangenehme und quälende Seite. So werden wir dauerberieselt. Wenn sie übertrieben konsumiert wird, kann sie auch Lärm und Hörschäden verursachen. Für Menschen, die keine Musik hören oder einfach ihre Ruhe haben wollen, kann unfreiwillige Dauerbeschallung zur Qual werden. Am schlimmsten ist es allerdings, wenn Musik als Folter und als Kriegsinstrument eingesetzt wird. Man kann es kaum glauben, aber Musik wurde tatsächlich eingesetzt, um Gefangene zum Reden zu bringen oder um Gegner zu demoralisieren. Als Permanentbeschallung wird sie zum Folterinstrument und sogar zur Waffe. Dies zeigt, dass es auch eine andere Seite von Musik gibt.

9. Kapitel: Musik – ein kommunikatives Erlebnis des freien Willens

Wie lässt sich die Selbstverständlichkeit eines freien Erlebnisses anschaulich darstellen? Es geht zumindest nicht ganz ohne philosophische Töne anzuschlagen, was sicher keine leichte Kost ist, zumal wenn man zum „freien Willen" Gedanken von Schopenhauer, Nietzsche oder Kant zu übersetzen versucht. Ergänzend weiche ich auf andere Quellen aus, wie zum Beispiel auf die Bibel und werde auch fündig in der Suche nach vertrauteren Ausführungen zur Willensfreiheit. Unsere Musikauswahl wählen wir maßgeblich nach diesem Prinzip der freien Entscheidung aus. So entscheiden wir frei, welche Musik für unser Gefühlsleben die jeweils passendste ist. Ich werfe hier erneut die Frage nach der Vermittlung und ihrem pädagogischen Sinn auf. Dabei wird ein konkretes Modell der Vermittlung, nämlich das Gesprächskonzert vorgestellt.

Musik ist eine Quelle der eigenen Ausdrucks- und Kommunikationsfähigkeit und somit immer ein frei gewählter Akt. Darauf weisen uns verschiedenste Bereiche von Musik und Kunst hin, auch solche wie etwa die über Musik und Sex.

10. Kapitel: Musik am Lebensende

Es ist im Grunde eine logische Konsequenz: Wenn Musik ihre positive Wirkung auf unser ganzes Leben ausübt, so gilt dies auch am Lebensende. Nein, mehr noch: Sie ist gerade dann, wenn das Ende naht, und wir mit dem Tod, seinen Trauerfeiern, Zeremonien und sonstigen Ritualen oftmals überfordert sind, ein tröstlicher Segen, besonders in den traurigsten Stunden unseres Lebens. Menschen haben sich schon immer über Musik ausgedrückt und es dabei bis zur höchsten Form kompositorischer Requien gebracht. Wie also Musik als Seelentröstung wirken kann, ist unter anderem Gegenstand dieses Kapitels.

11. Kapitel: Transfer in die Praxis

Was wäre eine Theorie, wenn sie nicht in die Praxis transferiert werden könnte? Dies gilt selbstverständlich auch für Musiktheorien und ihre praktische Anwendung. Dafür existieren sehr viele Beispiele, so dass auch hier eine gründliche Begrenzung unabdingbar ist. Was für die Bereiche der sozialen Arbeit schon lange gilt, wird auf die Pflege bezogen zumindest in der Praxis immer wichtiger. So werden in sogenannten Pflegedörfern und vielen stationären Einrichtungen der Altenhilfe musikalische Erkenntnisse in die Praxis umgesetzt und erzielen erstaunliche Erfolge, vor allem in Bezug auf Aktivierung der Selbstheilungskräfte. Musik ist schließlich eine sozialpädagogische Brücke zwischen Alt und Jung. Auch dafür gibt es anschauliche Praxisbeispiele. Im Leben Jugendlicher spielt Musik eine zentrale Rolle.

Zum Abschluss gehe ich auf die integrierenden Praxisfelder von Gesundheit, Pflege und sozialer Arbeit ein, nämlich auf den Bereich von Musik und Gerontagogik, weil die dafür „zuständige" Zielgruppe überall die gleiche ist.

Alle Beispiele führen letztlich zu der Erkenntnis, dass ein so verstandener Einsatz von Musik in jedem unterschiedlichen Fall Freude, Kreativität, Sensibilität, Zuhörbereitschaft und kommunikative Kompetenz, sowie Geduld, Energie und Seelenstärke auslöst.

Kapitel 1
Was ist Musik: Tönend bewegte Form versus menschliche Kommunikation?

Sollte Ihnen die Frage „Was ist Musik?" zu banal vorkommen, versuchen Sie sie doch selbst einmal zu beantworten. Ich für meinen Teil musste tief in die Kiste greifen, um annähernd eine befriedigende Antwort zu finden. Und diese ist sicher nicht allgemein umfassend. Dennoch bleibt nicht aus, einige Ausflüge in musiktheoretische, zuweilen auch recht spezielle Fragen zu unternehmen, um das Ganze verstehen und einordnen zu können.

„Was Musik eigentlich genau ist, ist eine Frage, die die Menschen bereits so lange umtreibt, wie sie musizieren: schon immer. So ist es auch zu erklären, dass sich für diese zunächst simpel erscheinende Frage eine Vielzahl hoch unterschiedlicher Antworten finden lassen, je nachdem, wo man genau danach sucht."[1] So sagen es die ungenannten Autoren des digitalen Werks *Musik Wissen A – Z*. Und weiter heißt es dort: „Heute, in unserem physikalisch geprägten Weltbild, ist Musik physikalisch erzeugt, ist quasi die Gesamtheit der Schwingungen von Saiten, Stimmbändern, Tierfellen, bestimmten Metallen und Luft größtenteils herausgelöst aus einem liturgischen Kontext und handhabbar, konsumierbar gemacht worden."[2]

Es ist doch erstaunlich und widerspricht im Grunde dieser Auffassung, dass selbst vollständig säkularisierte Musikliebhaber sich geradezu gierig auf liturgische Gesänge oder mystische Klänge des Mittelalters stürzen. So muten einen heute die Kompositionen von Hildegard von Bingen aus dem 12. Jahrhundert, wie sie später noch genauer reflektiert werden, nicht nur schön und geheimnisvoll, sondern auch aktuell und modern an.[3]

Auch der estnische Musiker Arvo Pärt (geb. 1935) komponiert im Flair von Mythen und Elfen, die – subjektiv betrachtet – geheimnisvoll, still, schwebend, fernab und doch so nah und drängend kraftvoll klingen.[4]

---

[1] Vgl. Musik Wissen A – Z (2001): besttips.de, Musik allgemein, Kap. 1 Was ist Musik?
[2] Dies., Kap. 1 Was ist Musik?
[3] Vgl. von Bingen H. (1098–1179): Ave generosa, Symphonia (h)armonie celestium revelationum, et al.; genauere Ausführung hierzu siehe auch Kapitel 10 „Musik am Lebensende – und über den Tod hinaus".
[4] Vgl. Pärt A.: Es sang vor langen Jahren (1984), Stabat Mater (1985/2008), An den Wassern zu Babel saßen wir und weinten (1976/1984/1996), et al.

Musik ist heute in tausendfacher Form ständig anwesend. Man könnte sagen: Musik ist überall, wenn man sie nicht abschaltet. Meist gelingt dies jedoch nicht, weil man keine Regulationsmacht über Beschallung und Musikberieselung besitzt. Trotzdem oder gerade deshalb hat die Frage, was genau Musik ist, nichts von ihrer Faszination verloren. Natürlich lässt sie sich auf Schwingungen der Luft reduzieren, aber jeder, der einmal die Wirkung der Musik in Kopf und Körper verspürt hat oder wie die Autoren von Musik Wissen meinen, „Gänsehaut beim Anhören seines Lieblingssongs verspürt hat", weiß, dass Musik (so viel) mehr ist als das, was man hört.[5]

Eines der musikhistorisch interessantesten Konzepte zur Frage nach der Musik, hat – nach dem Griechen Aristoteles (384–322 v. Chr.) – der römische Philosoph Anicius Manlius Severinus Boethius (ca. 480–525 n. Chr.) entwickelt. Nach Boethius' Vorstellung ist Musik in der Welt und im Kosmos überhaupt eines der wichtigsten, weil ordnenden Prinzipien. Boethius fand, „dass der Klang von Musik auf Menschen eine bestimmte Wirkung hat und sich – je nachdem, ob man gerade sein Lieblingsstück hört oder eine Tonfolge, die einem überhaupt nicht zusagt – der Gemütszustand erheblich verändern kann. Daraus folgt, dass das der Musik zugrunde liegende Prinzip, ihre Ordnung sozusagen, im Menschen ein Analog haben muss, mit dem es korrespondieren kann. Sowohl Mensch als auch Musik wären also nach denselben Regeln strukturiert. Da die Situation, in der der Mensch Musik hört, notwendig in die Welt und damit in den Kosmos eingebunden ist" – konstatierte Boethius außerdem – „der gesamte Kosmos würde ebenfalls denselben Regeln folgen."[6]

Mit der Entwicklung der Technik und Industrie, des Instrumentenbaus und der Messgeräte, gibt es eine für die Musik entscheidende Kehrtwende.

Im 19. und noch bis weit in das 20. Jahrhundert hinein hält sich die Vorstellung, Musik sei tönend bewegte Form, wie sie sich Eduard von Hanslick, Musikästhetiker und Musikkritiker (1825–1904) in Anlehnung an Herrmann von Helmholtz vorgestellt hat.[7] Diese Definition hat im Wesentlichen auch heute noch – zumindest aus der Perspektive der Akustik – ihre Gültigkeit bewahrt. Das Gewicht liegt dabei auf „tönend"; denn Musik besteht ihrem Wesen nach aus Tönen und aus dem, was zwischen den Tönen geschieht. Entscheidend bei einer Geige ist nicht nur speziell ihre bauliche Konstruktion, sondern die Tatsache, dass man Töne mit bestimmten Tonhöhen erzeugen kann. Nur aus solchen Tonhöhen lassen sich Intervalle bilden: tönend bewegte Form.

---

5 Vgl. Musik Wissen A–Z, a. a. O., Kap. 1 Was ist Musik?
6 Dies., a. a. O.
7 Hanslick E. von (1854): Vom Musikalisch Schönen, Leipzig.

Dies wiederum war nicht von Anbeginn der Menschheitsgeschichte der Fall, obwohl die Erzeugung von Tönen, Geräuschen und Schalllauten immer etwas mit dem jeweiligen Stand der Technik zu tun hat. Aber am Anfang gab es keine Musik im Sinne einer Tonkunst, sondern stattdessen: Schallkunst. Da uns diese Schallkunst vor der Tonkunst begegnet, nennen sie die Musikhistoriker prämusikalisch.[8] Für das Verständnis der weiteren Systematik ist es wichtig, in diese Frühepochen kurz hineinzuleuchten.

Diese erste Schallkunst wurde nicht um ihrer selbst willen betrieben. Alle frühe Kunst war zunächst kultisch bestimmt, besaß somit einen religiösen Charakter. Dieses bezeugen Musikfunde aus allen Regionen dieser Welt. Die Kunst wird nirgendwo für sich allein ausgeführt, sondern in Verbindung mit kultischem Tanz und Pantomime. Die Hervorbringung von Schall verbindet sich mit Fußstampfen, Händeklatschen oder mimischen Darstellungen, mit Ziel und Wirkung einer Geräusch- oder Klangmagie. Die ältesten derartigen magischen Klangwerkzeuge führen uns zurück in eine Zeit vor mehr als 80.000 Jahre, in die frühe Steinzeit. Mit Lärmwerkzeugen will man sich in Ekstase versetzen, außer sich geraten, um den Naturgöttern näher zu sein. Man will sich sozusagen verlieren, sich selbst aufgeben, mit der Geisterwelt in Verbindung treten. Ein Naturgott soll von einem Besitz ergreifen. Die ältesten Gerätschaften dieser Geräuschmagie sind Rasselgehänge, wobei man Muscheln und Steine, an Sehnen verbunden aneinander reibt. Dazu gibt es die sogenannten Schraper, zwei Stücke aus Stein oder Holz, die ebenfalls aneinander gerieben werden. Aufschläger, das sind Holzstücke verschiedener Länge, werden aneinander geschlagen. Kürbisrasseln sind hohle Kürbisschalen mit Steinchen gefüllt, oder Schneckentrompeten, also Schallverstärker, in die man hineinheult, um den Charakter des Dämonischen zu erhalten. All diese Geräuscherzeuger sind noch keine Musik, auch keine tönend bewegte Form. Oder doch? Eine Antwort wäre an dieser Stelle noch zu früh. Stattdessen stellen sich erst einmal weitere Fragen. Wie verhält es sich mit hohlen Röhrenknochen, die später sogar mit zwei, drei oder auch fünf Grifflöchern zu Flöten werden? Bei Untersuchungen aus mehreren Höhlen in der Nähe von Ulm und im Donauquellgebiet konnte man Artefakten ein Alter von 35.000 Jahren zuweisen. Dazu gehören unter anderem Flöten für alle fünf Finger, die man in der Höhle „Hoher Fels" fand. Gary Vey, der Autor des Fachaufsatzes

---

[8] Eine Wiederentdeckung der Schallkunst oder Geräuschmagie finden wir in neuzeitlichen Klangschalen aus Bronze, die angeschlagen oder angerieben Töne erzeugen. In den westlichen Ländern sind Klangschalen ein beliebtes Utensil in der Esoterik und Meditationsszene, wo sie zur Klangtherapie und zur Klangmassage verwendet werden, wobei sie auf den Körper aufgesetzt und mit einem Klöppel angeschlagen werden. Ihnen wird eine heilende Wirkung zugeschrieben, für die es jedoch keine wissenschaftlichen Belege gibt.

„Stimmungsschwankungen", wirft dabei die interessante Frage auf, ob diese Funde möglicherweise den einheimischen Neandertalern zuzuordnen wären, weil das Auftauchen des Homo sapiens, der letztendlich vor 30.000 Jahren die Neandertaler verdrängte, große kulturelle Veränderungen in Gang gesetzt hat.[9]

Auf Abbildungen der Felswände der früheren Steinzeit finden wir schon den Musikbogen, denselben Bogen, mit dem der Jäger sein Wild erlegt. Was ist da passiert? Weshalb erhalten diese Darstellungen für unsere Fragestellung so eine Bedeutung?

Beim Erlegen des Tieres schnellt die Sehne am Ohr des Jägers vor und zurück. Mit der Tötung ist das Überleben gesichert. Dies erzeugt Lust. Der Musikbogen, später „Pfeil und Bogen", dient also zur Hervorbringung lustvoller Geräusche, musikalisch betrachtet könnte man ihn auch Klangbogen nennen. Dieser Bogen wurde nicht gestrichen, sondern als Waffe benutzt. Es ist doch interessant, dass bei den alten Griechen Apollo Bogenschütze und zugleich auch Gott der Musik war. In der Höhle der Dordogne (Trois Freres) in Frankreich ist ein Medizinmann dargestellt, der mit Hilfe eines Musikbogens Tiere zu bannen versucht. Wir finden heute noch vereinzelt gleiche Instrumente bei Jägervölkern im nördlichsten Asien und im südlichsten Afrika bei Buschmännern und Pygmäen. Diese Volksgruppen werden immer mehr in den Urwald zurückgedrängt, existieren nur mehr vereinzelt und sind schon seit langem vom Aussterben bedroht. Eng mit altsibirischen Völkern verwandt sind auch die Lappen. Sie verwenden ebenso klangmagische Instrumente für ihre Rituale, ebenso auch die W(V)edda aus Sri Lanka, dem früheren Ceylon, die Feuerländer oder die Aborigines Australiens. In diesen Naturvölkern hat heute noch der Gesang eine besondere Bedeutung. Doch wird er vielfach ernüchternd als Arbeitsgesang eingesetzt, welcher monotone Tätigkeiten, die das Leben oft zur Qual werden lassen, verkürzt.

Der menschliche Gesang – das perfekteste Musikinstrument

Wir können aber – ohne auf diese gesellschaftspolitischen Dramen näher einzugehen – festhalten, dass der menschliche Gesang das perfekteste Instrument überhaupt ist. Bemerkenswert dabei ist, dass es Volksstämme gab und gibt, die zwar keine Musikinstrumente benutzen, aber alle Völker kennen den Gesang. Der Gesang ist darüber hinaus nicht nur das schönste, sondern das eigentliche Musikinstrument.

---

[9] Vgl. Vey G. (2014): Stimmungsschwankungen, in: NEXUS 54, 8–2014, S. 16.

Um unserer Frage weiter nachzuspüren, dürfte in diesem Zusammenhang bedeutsam sein, wann und wie sich die Übergänge von gleitender zu fester Intonation innerhalb der Gesangsentwicklung ergeben haben. Vorher können wir noch nicht von tönender Form sprechen, eher von Kommunikation. Aber das soll uns noch beschäftigen. Dafür müssen wir allerdings noch einmal weiter in die Menschheitsgeschichte zurückschauen.

Bei den Urvölkern und bei einigen heute noch vorhandenen Volksstämmen finden wir den gleitenden Gesang.[10] Immer ist dabei ein Bestreben bemerkbar, eine Tonlinie einzuhalten – was aber nicht gelingen will –, die wie ein Motiv immer wiederkehrt. Man kann hierbei allerdings nicht von Melodie sprechen. Menschheitsgeschichtlich wurde der Weg zu musikalischem Singen in Etappen zurückgelegt. Zunächst wird eine Tonhöhe festgehalten und kehrt wieder, dazu zwei Tonschritte. So vermehrt sich langsam der Tonvorrat, bis der gleitende Gesang überwunden und der musikalische, also wiederholbar intonierte Gesang vorhanden ist. Die Kontrolle des Gesangs geschieht durch das innere Gehör, was den Übergang vom äußeren zum inneren Hören möglich macht, sodass die Melodie singend und spielend hervorgebracht werden kann. Schallkunst wird zur Tonkunst. Tönende Form.

Damit geschieht eine einschneidende Wandlung, ausgedrückt in Klangmagie, die sich gleitend vollzog. Allmählich entdeckt der Mensch, dass er sich nicht erst durch Ekstase zu verlieren braucht, um in Berührung mit dem Göttlichen zu kommen. Etwas in seinem Inneren (Gehirn) korrespondiert unmittelbar mit dem Göttlichen. Damit löst sich der Mensch, durch Musik angeregt, endgültig vom instinkt- zum kulturgesteuerten Wesen, dem es um mehr als nur um Arterhaltung geht.

Kulturgeschichtler lehren uns, wie der Weg von der Frühkultur zu den Hochkulturen vor sich ging. In jeder Hochkultur beginnen Maß und Zahl regulierend in das menschliche Leben einzugreifen. So auch in der Musik. Die Verhältnisse der Töne zueinander werden nach Maß und Zahl erfasst. Von den Sumerern kennen wir drei Jahrhunderte v. Chr. erste Angaben über akustische Intervallabmessungen, die heute noch vorbildlich sind und mit der Erfindung der Keilschrift einhergehen. Darin enthalten sind ein umfassendes Maßsystem und erste geometrische Vermessungen. Die frühesten Erd- und Himmelsvermessungen stammen aus dem 4. Jahrhundert v. Chr., was eine

---

[10] Interessant, dass Kleinstkinder und Menschen mit Demenz, die der verbalen Sprache noch nicht oder nicht mehr mächtig sind, beim Versuch, Lieder zu intonieren, diese zunächst als gleitenden Gesang mit stufenlosen Tonhöhen singen.

hohe sakrale Bedeutung hat. Musikalische Rituale steuern dabei nachhaltig die Kommunikation mit den Himmelsgöttern.[11]

Doch verfolgen wir die Entwicklung des musikalisch-kulturellen Fortschritts weiter. Alle Musikkulturen kennen die Intervalle Oktave, Quint und Quart. Aus Grabbeigaben, Schriftzeichen, Säulen- und Bilddarstellungen von Instrumentalisten und Sängern, sowie musizierenden Tieren, ist nicht nur bei den Sumerern ein reiches Musikleben überliefert: Leier, Harfe, Schalmei, große Trommel, Handtrommel oder die altindische Vina mit der Barata, einer Grifftabelle für das Instrument der Stabzither. Auch aus China des 3. Jahrhunderts v. Chr. gibt es älteste vergleichbare Zeugnisse. Hier erscheint ein Sammelwerk des chinesischen Reichskanzlers Li-Pu-Weh mit dem Titel „Frühling und Herbst des Li-Pu-Weh". Darin stellt er folgende Regel auf: Wenn man das Rohr einer Flöte um ein Drittel verkürzt, ist der quint-höhere Ton erreicht; wenn man sie um ein Drittel verlängert, erreicht man den quart-tieferen Ton.[12] Dieses Beispiel macht deutlich, wie man sich überall auf der Welt mit der Frage der Gesetzmäßigkeiten von Musik als tönend bewegter Form und ihrer Messbarkeit auseinandersetzt. Im griechisch-pythagoreischen Tonmaßsystem werden im 6. Jhdt. v. Chr., also noch einmal 250 Jahre früher, ähnliche Regeln aufgestellt, die die Oktave, Quint und Quart durch Saitenteilung in 1:2, 2:3:4 festlegen. Den Dur-/Mollbegriff gibt es noch nicht, hingegen aber die pythagoreische große und kleine Terz, sowie die Entdeckung der Diatonik (Naturtonreihe) sowie die Enharmonik. Erst zu Zeiten von Aristoteles, dem Schüler Platons um 300 v. Chr. werden Schwingungszahlen gemessen. Man spricht von Musik im mathematischen Sinne und erwähnt erstmals Schwingungszahlen. Die Verbindung von Natur- und Musikwissenschaft findet bei Aristoteles ihren ersten Niederschlag.

Für unsere Fragestellung nach dem Gegenstand der Musik ist gerade der Gesang besonders bedeutsam, weil er keinerlei technische Hilfsmittel braucht, um zu klingen, ohne dass allerdings klar wäre, wie er in der hiesigen Auseinandersetzung zu verstehen sei. Doch ist Gesang die einfachste und zu-

---

[11] Vgl. Stonehenge in Südengland oder die Kreisgrabenanlage von Goseck in Sachsen-Anhalt, eine während des Mittelneolithikums vor etwa 6.900 Jahren errichtete Anlage, die als das älteste Sonnenobservatorium der Welt gilt. Die zentrale Ausdrucksform dürfte die wahrscheinlich durch gleitenden Gesang und Klangmagie gestaltete Kommunikation mit den existierenden Göttern gewesen sein, die sich hinter den Himmelserscheinungen verbergen.

[12] Die Flöte gilt als das älteste Musikinstrument. Sie vereinigt magische Elemente und uralte kollektive Erfahrungen. Damit ist sie für religiöse, soziale und andere archaische Rituale eines der ältesten musikalischen Ausdrucksmittel. Vor diesem Hintergrund ist verständlich, dass sich Li-Pu-Weh vorzugsweise mit der Akustik der Flöte auseinandersetzt.

gleich komplizierteste Art der Musik. Er ist im Prinzip immer und überall zur Verfügung und kann von jedem einfach selbst hergestellt werden. „Gesang hat auch einen großen künstlerischen Wert. Gesungene Oratorien füllen zu Weihnachten und zu Ostern Konzertsäle und Kirchen. Opernhäuser sind ausverkauft, weil die Zuhörer den kunstvoll gesungenen Geschichten und Dialogen lauschen möchten. Professionelle Sänger durchlaufen eine jahrelange Stimmausbildung. Diese umfasst neben der Erweiterung des individuellen Tonraums ein Training der Atemtechnik und der Stimmbandfunktionalität. Die Stimme wird zum perfekten Instrument ausgebildet, welches auch ohne technische Verstärkung einen großen Saal füllen kann."[13] Diese Kunst hatte – wie wir gesehen haben – zunächst eine musiksakrale, dann eine langsam wachsende konzertante und damit auch unterhaltende Funktion. Man kann viele große Gesangskompositionen zwar dem Bereich ‚Musik und Religion' zuordnen, ihre Zuhörer entfernen sich jedoch immer mehr aus dem religiös-privilegierten Dunstkreis. Musiksakrale Werke werden neuerdings wieder in ihrer ursprünglichen Umgebung, den Kirchen und Klöstern, aufgeführt. Nichtsdestotrotz finden sie aber nach wie vor in Philharmonien und weltlichen Konzertsälen, zunehmend auch im Internet ihr säkulares Publikum.

Im Hochmittelalter steht bei der Frage nach dem Wesen der Musik unumstritten der Gesang im Mittelpunkt, der jedoch überwiegend aus Kirchen und Klöstern überliefert ist.[14] Musik wurde immer schon zu militärischen oder paramilitärischen Zwecken, wie beispielsweise zu altrömischen Wagenrennen, bei Siegerparaden im Kolosseum oder bei Kaiseraufmärschen, geschrieben und genutzt, um unzweifelhaft die Bedeutung des Geschehens zu erhöhen. Diese Besonderheit gilt für alle menschlichen Gesellschaften und sie gilt bis heute (keine Militärparade ohne Musik). Aber es ist der Gesang, der sich auf einen engen Tonraum begrenzte Verherrlichung des gesprochenen Wortes zu immer verschlungeneren bewegten Formen musikalischen Ausdrucks entwickelt. Wenige, die sich gestern und heute im Bereich Gesundheit und Pflege mit den Erkenntnissen der Nonne Hildegard von Bingen (1098–1179) als Naturheilerin, Theologin, Anthropologin und Esoterikerin befassen, haben auch nur eine Ahnung davon, dass die Klosterchefin unendlich viele Stunden damit zugebracht hat, Lieder für Gesang zu schreiben. Und dies nicht nur als Verfeinerung und Weiterentwicklung der bereits vorhandenen Gregorianischen Gesänge, sondern vielmehr als neue Klangbilder, riesige Melodienfiguren, die in hohen Sphären mäandern und zudem von nahezu sinnlich stimulierenden Zupfin-

---

[13] Vgl. Musik Wissen A–Z, a. a. O., Kap. 7 Musik und Kultur.
[14] Nicht religiös motivierte oder bezweckte Gesänge kennt man erst aus späteren Epochen, wie z. B. aus der Zeit der Bauernkriege, wo Text und Gesang eine Klangeinheit im Sinne des Sich-selber-Mut-Machens bilden (z. B. *Wir sind des Geyers schwarze Haufen oder andere*).

strumenten begleitet werden. So entstehen Dokumente einer Zeit, von der wir musikhistorisch wenig wissen, die uns aber auf eine aktuelle und merkwürdige Weise in ihren Bann zieht. Um einen Eindruck von diesen frühen Jahren mittelalterlicher Musik zu erhalten, sollte man sich die Kompositionen von Hildegard von Bingen anhören, insbesondere ihre Gesangskreationen. Der Eindruck ist gewaltig. Schnell gelingt es, einzutauchen in – von hohen Klostermauern umgebene – majestätische und mit wenig Licht durchflutete Kirchenräume, in denen man es nur mit schweren Wollumhängen, Kapuzen und sonstigen Verschleierungen aushalten kann. Das allein würde aber die Atmosphäre nicht hinreichend kennzeichnen. Erst die Musik des „Ave generosa", das „Kyrie Eleison"oder die Liturgie aus der „Symphonia (h)armoniae celestium revelationum" erzeugen die Stimmung dieser himmlischen und doch auch düsteren Harmonie. Das Bild jedoch, das heute viele von der Äbtissin des Klosters Rupertsberg am Rhein haben, ist das einer weisen Kräuterfrau, die wohltuende Rezepte zusammenbraute. Ein Klischee! Denn die vielseitig Begabte hatte eben auch ganz andere Talente, so wie Dichten und Komponieren für reinen Gesang mit einsilbigen Zupfinstrumenten, meist einer Schoß- oder Drehleier.

„Musik und vor allem Singen sind ein wichtiger Bestandteil von Hildegards Glaubenstheorie und Ausübung. Musik hat für Hildegard einen allumfassenden Stellenwert. Für sie legt sie sich auch schon mal mit hohen Würdenträgern an. Nach einem Fehltritt wird ein Interdikt (eine Untersagung gottesdienstlicher Handlungen als Kirchenstrafe für ein Vergehen gegen Kirchenrecht, JK) über Hildegards Klostergemeinschaft verhängt. Ein striktes Singverbot. In einem Brief an die Mainzer Prälaten versucht sie das Ausmaß dieses Interdikts vor Augen zu führen. Als Begründung beruft sie sich dabei auf den 150. Psalm. Singen wird dort als Grundidee des Dienstes an Gott verstanden und nicht als bloßer Schmuck. Und am Ende dieses Briefes schreibt sie: ‚Wer also der Kirche bezüglich der Gesänge des Gotteslobes ohne bestimmten gewichtigen Grund Schweigen auferlege und Gott ungerechtfertigt der ihm gebührenden Verherrlichung auf Erden beraubt, der wird keine Gemeinschaft mit dem Lob der Engel im Himmel haben.' In Hildegards Vorstellung wurde die Schöpfung aus Klang geboren. Singen ist für sie also die Erinnerung an den paradiesischen Urzustand des Menschen und Abbild der himmlischen Harmonie."[15]

So ist eine große Menge an – genau dieses Abbild beschreibenden – Gesängen entstanden, die eine geradezu himmlische Ruhe ausstrahlen, wie es selten sonst einer vergleichbaren Komposition gelingt. Es ist eigenartig, aber unab-

---

[15] Obert C. (2009): Hildegard von Bingen, aus Musikwissen kompakt, Mitschrift aus SWR2 Cluster – Musikmagazin, in: http://www.swr.de/swr2/programm/sendungen/cluster/hildegard-von-bingen-musikwissen-kompakt.

hängig welche der Gesänge man auswählt, sei es das Kyrie oder das antiphone O(a)eterna deus, man wird von den Tönen und Textpassagen getragen, sie schwingen tonhöhenaufwärts und fallen dann wie in Zeitlupe einer in sich zusammensinkenden Rauchsäule wieder abwärts, wo sie erneuten Klangauftrieb und neuen harmonischen Schwung erhalten. Diese Stimmbögen winden sich eben nicht nur vertikal, sondern auch horizontal wie eine Lichtschlange durch ein endloses Labyrinth und lassen sich wie in einem Perpetuum Mobile vom Wind des Atems tragen, werden mal lauter, mal leiser, bis sie – einem Fadeout gleich – langsam verklingen.

„Für die Liturgie ihres Klosters auf dem Rupertsberg komponiert Hildegard eigene Gesänge. Zentrales Werk ist die *Symphonia (h)armoniae clestium revelationum – der Zusammenklang der Harmonie der himmlischen Offenbarung*. Auch ihr liturgisches Drama *Ordo Virtutum – das Spiel der Kräfte* verbindet Text und Musik. In diesem Singspiel geht es um den Kampf der Seele gegen den Teufel. Der kann aber nicht singen, sondern nur schreien oder krächzen. Denn einst, so Hildegard, sang der Teufel selbst mit den Engeln den Lobgesang Gottes. Doch nach seinem Sturz aus dem Himmel ist ihm das Singen unmöglich."[16]

Man kann sich gut vorstellen, dass die Grundlage für die einige Jahrhunderte späteren Hexenverfolgungen und die Vernichtung unzähliger Seelen diese existierende und beinahe reale Vorstellung des Teufels war und dass seine Ausmerzung lediglich durch das Verbrennen derjenigen gewährleistet werden konnte, die sich vermeintlich seiner bemächtigt haben. Hat man im 16. oder 17. Jahrhundert in Bamberg das „Ordo Virtutum" gesungen, konnte man seiner oder ihrer Verfolgung sicher sein. Anders zu Hildegards Zeit, der sie um Längen voraus war. Viele ihrer Kompositionen und Texte konnte kaum jemand einordnen, Vieles war für die Zeit derart neu und überwältigend, zudem im Falle des Interdiktums, so brillant argumentativ verteidigt, dass es nachweislich niemals zur Verurteilung der Nonne Hildegard durch kirchliche Rechtssprechung gekommen ist. Woran außer dem neuartigen Charakter der Erscheinung mag das gelegen haben?

„Nicht nur Hildegards musikalische Theorie unterscheidet sich von der mittelalterlichen, sondern auch ihr Stil. Damals bestimmte der Gregorianische einstimmige Gesang die Kirchenmusik. Eine schlichte Musik, die der Legende nach Papst Gregor I vom Heiligen Geist zugeflüstert wurde. Ganz anonym, denn die Namen der Notensetzer verschwieg man. Hildegard ändert diesen Zustand, indem sie sich als Komponistin präsentiert und ihre Gesänge zusätzlich noch besonders ausschmückt. Sie dehnen sich filigran über mehr als zwei Oktaven und sprengen damit den üblichen Umfang. Ganz oft sind

---

[16] Dies., Mitschrift.

es zwanzig bis vierzig Noten, die ein Melisma (eine Tonfolge oder Melodie, JK) bilden. Ähnliches kannte man nur beim (H)Alleluja. Die traditionellen Formen erweitert Hildegard aber noch auf ganz andere Art und Weise. Sie beschränkt sich nicht nur auf die traditionellen Grund- und Zieltöne, genannt Finales, sondern verwendet Vorzeichen, die bis dahin noch nicht eingesetzt wurden. So entstehen ganz neue Klänge, ihrer Zeit weit voraus."[17]

Sie erklärt also zumindest den wiederholbaren, weil in Noten aufgeschriebenen Gesang mit dem biblischen Psalm (dem letzten der hebräischen Bibel), in dem es um den Dienst an Gott geht.

Hundert Jahre vor Hildegard wird der Benediktinermönch Guido von Arezzo (991/992 bis nach 1033) in der Abtei Ferrara die Tonleiter von unten nach oben einführen. Nach den Gesangskompositionen von Hildegard von Bingen geht es Schlag auf Schlag über die Jahrhunderte. Es folgt die Entdeckung der Natur- oder Obertonreihen. Mit dem Zusammenklang der Terz, wie wir sie heute als Dur- und Mollterz kennen, tritt ein neues Konsonanzerlebnis auf. Im 14. Jahrhundert n. Chr. schreitet die Weiterentwicklung durch das Aufspüren der Chromatik voran, indem jedem Ganzton ein Halbton folgt (c-cis, d-dis), im 15. Jahrhundert vier Halbtöne (c-cis, cisis, deses). Musik, die mit solchen ungewohnten Zwischentönen arbeitet, nennt man despektierlich musica falsa. Man vergleicht den Ganzton mit dem Knochen, den Halbton mit dem Fleisch.

Im 16. Jahrhundert melden sich die Madrigalisten in Italien mit dem Einbau kühner Chromatik zu Wort.[18] Schließlich bildet Claudio Monteverdi (1567–1643) die Chromatik vollkommen aus (ces, ceses, feses, bis, bisis). Im Jahr 1577 arbeitet der Spanier Francisco de Salinas aus Salamanca an sieben Büchern der Musica mit im Kern ähnlichen Fragestellungen.[19]

Ist dadurch Musik messbar geworden? Ist sie überhaupt messbar?

Die Frage nach der Messbarkeit der Musik

Aus der Musiktheorie wissen wir heute, dass Klänge und Töne in Höhen, Stärken und Klangfarben ausgedrückt werden. „Je mehr regelmäßige Schwingungen erzeugt werden, umso höher ist die Tonhöhe, folglich verfügen tiefe Töne über weit weniger Schwingungen. Die Schwingungen werden in Hertz (Hz) gemessen, wobei sich die Frequenz aus den gesamten Schwingungen

---

[17] Dies., Mitschrift.
[18] Willaert Adrian (1490–1562), Marenzio Luca (1553–1599), Gesualdo Carlo (1561–1613).
[19] de Salinas Francisco (1513–1590): De musica libri septem, wo er u. a. mitteltönige Stimmungen festlegt.

pro Sekunde zusammensetzt Was die Frequenz bei der Höhe, ist die Amplitude bei der Tonstärke. Sie gibt Auskunft über die Weite einer Schwingung. Ein starker Ton hat eine große Amplitude, während ein schwacher Ton nur eine niedrige Amplitude hat. Ein Ton ist also ein Ergebnis einer Schwingung. Harmonische und Melodische Töne kommen selten von einer einfachen Sinusschwingung. Vielmehr besteht ein Ton bzw. Klang aus mehreren regelmäßig-periodischen Schwingungen, die gemeinsam ein Gefüge ergeben. Die grundsätzliche Unterscheidung zwischen Ton und Klang lässt sich in der hörbaren Summe der Töne erklären. Ein Ton ist und bleibt ein einzelner Ton, während ein Klang aus mehreren hörbaren Tönen besteht. Im allgemeinen Sprachgebrauch wird jedoch immer nur von einem Ton bzw. von Tönen gesprochen. Jedes Instrument und jeder Gesang erzeugt verschiedenartige Töne, wodurch sich ein breites Klangspektrum herausgebildet hat – die Grundlage einer Harmonie."[20]

Selbstverständlich hatten die Menschen vor diesem Erkenntniswissen, also im Altertum und in der Frühzeit, keine Stimmmessgeräte wie Stimmgabeln oder digitale Messinstrumente der heutigen Zeit. Seit der Zeit der Neandertaler wurden Musikinstrumente bis in das 20. Jahrhundert hinein intuitiv auf die uns bekannten Tonstufen „do, re, mi ..." ausgelegt und auf eine spezifische Tonhöhe gestimmt („A" = 432 Hz).

Für die Harmonie ist ein gemeinsamer Bezugspunkt für alle Instrumente nötig. Ohne diesen würde eine Harmonie gerade bei großen Orchestern nicht erreicht werden. Bezugspunkt ist immer der Kammerton, der in etwa bei 440 Hz liegt. Im Jahr 1885 wurde er in Wien auf der ersten Stimmtonkonferenz auf 435 Hz/Doppelschwingen/sec., im Jahr 1939 auf 443 Hz/ds/sec. und später endgültig auf 440 Hz/ds/sec. festgesetzt.[21] Zu Bachs Zeiten soll der Orientierungston deutlich, nämlich um 1 ½ Töne tiefer gewesen sein. Dies hatte natürlich Auswirkungen auf musikalische Parameter wie Klangbild, Klangfülle, aber noch mehr auf die menschliche Gesangsstimme. So klangen Arien und Chorsätze damals anders als heute. Das hohe C in Mozarts Zauberflöte ist demnach heute anspruchsvoller als zur historischen Zeit seiner kompositorischen Entstehung, weil sie stimmtechnisch höher zu intonieren ist als im 18. Jahrhundert. Ob Gary Vey allerdings mit seiner Hypothese Recht hat, wenn er bezüglich der Festlegung des Kammertones A in der letzten Stimmtonkonferenz vor Beginn des Zweiten Weltkrieges sagt, dass „... in 1939 Nazi Propaganda Minister Goebbels insisted, that Europe adopt a new ‚standard' pitch (A = 440 hertz), designed to stimulate aggression and increase produc-

---

[20] Vgl. Musik Wissen A–Z, a.a.O., Kap. 3 Musiktheorie – Erläuterung und Erörterung.
[21] Die letzte internationale Stimmtonkonferenz wurde 1939 von der International Federation of the National Standardizing Associations in London durchgeführt.

tivity through implanted anxiety"[22], wage ich zu bezweifeln und hält vermutlich einer wissenschaftlichen Überprüfung nicht stand. Die sicher näher liegendere, und aus der Historie logischer ableitbarere Annahme zur Festlegung des höheren Kammertones auf 440 Hz hat mit zweierlei Aspekten zu tun: Zum einen wandeln sich Klangfülle und Klangerwartung mit veränderten gesellschaftlichen Normen, zum anderen schreitet der Erkenntnisdrang mit Beginn der Industrialisierung nach naturwissenschaftlich mess- und überprüfbaren Instrumenten bis zum Beginn des Zweiten Weltkriegs voran. Propagandapsychologische Mutmaßungen auf Nazi-Deutschland der Dreißigerjahre bezogen mögen interessant klingen, ihr unterstellter Einfluss auf die Stimmtonkonferenz in London (nicht Berlin!) ist nicht bewiesen.

Ein weiterer Versuch, Musik durch Messungen zu definieren, ihren Gegenstand auch wissenschaftlich zu erklären, findet seinen Gipfel – 1800 Jahre nach Aristoteles und 1500 Jahre nach Boethius – in der Schwingungslehre mit Reflexion, Brechung und Beugung des Schalls, wobei sich die Amplitude bei größerer Lautstärke vergrößert und bei geringerer Lautstärke verringert. Hier sind wir mitten in physikalischen und mathematischen Gefilden, die in der Akustik ihren Ausdruck finden, wenn von Schallwellen, stehenden Wellen und Frequenzdichte die Rede ist. In den einschlägigen Nachschlagewerken kann sich jeder davon selbst ein Bild machen.[23] Uns führen diese Details in der Eingangsfrage jedoch nur insofern weiter, als sie sich über Jahrhunderte hindurch systematisch mit dem Phänomen tönend bewegter Form als quasi dem Wesen der Musik befassen. Aber es gibt Bedenken gegen die Deutung dieses Merkmals, der theoretisch-technischen und mathematisch-naturwissenschaftlichen Messbarkeit von Musik.[24]

Diese Bedenken alle gehen davon aus, dass die Annahmen über Musik einseitig und eng sind, sofern Musik als Werk, als Opus, als das bereits Hergestellte, als das Fertige, als das messbare Objekt betrachtet, sozusagen als Analyse ih-

---

[22] Vey G. (2014): a.a.O., S. 17f.
[23] Vgl. Weinzierl S. (Hg.) (2014): Akustische Grundlagen der Musik. Handbuch der Systematischen Musikwissenschaft 5, Stichwort: Schallwellen, stehenden Wellen und Frequenzdichte, Laaber. Oder vgl. auch: Hall D. E. (2008): Musikalische Akustik: Ein Handbuch. Mainz.
[24] Seit Mitte der 1960er Jahre wird die kommunikative Funktion der Musik experimentell belegt, so beispielsweise durch die Gründung wie etwa dem „Forschungsinstitut der Herbert-von-Karajan-Stiftung in Salzburg für experimentelle Musik-Psychologie" (1969). Im Bereich musik-kommunikativer Publikationen treten einzelne Musikwissenschaftler, allen voran der Erziehungswissenschaftler, Musikpädagoge und spätere Präsident der Hamburger Musikhochschule Hermann Rauhe, sowie der Musikpsychologe Hans Peter Reinecke mit Veröffentlichungen wie „Musik und Verstehen" (1975) et al. hervor.

rer Form, ihres Tones, des Klangs, der Struktur und Dynamik, in deren Satzstruktur ihr Wesen liege, betrachtet wird. In keiner Facette der akustischen Theorien werden die grundlegenden Annahmen bzw. Hypothesen ihrer zentralen, kommunikativen Funktion zugrunde gelegt, obwohl sie historisch, anthropologisch, archäologisch und eben auch experimentell nachgewiesen werden kann. Musik ist unter kommunikativem Gesichtspunkt mehr als eine Geschichte der Klänge und Töne.

Musik – ein kommunikatives Phänomen

Unstrittig ist, dass Musik heute als eines der besten und vor allem weit getragenen Kommunikationsmittel gilt. „Sie schafft Räume für Begegnungen. Es ist nicht nur mit dem melodischen Aneinanderreihen von Tönen getan, vielmehr schafft die in der Musik verwendete Sprache, auch die bildliche, ein adäquates Mittel, um mit anderen Menschen in Kontakt zu treten und eine Nachricht zu verbreiten. In erster Linie funktioniert Kommunikation durch das Zuhören, Verstehen und Interpretieren von Inhalten. Mehr subjektiv als objektiv wird ein breites Verständnis geschaffen. Musiker und Künstler haben es sich zur Aufgabe gemacht, mit ihren Liedern und Melodien eine Botschaft zu übermitteln. Die Kunst der guten Kommunikation liegt somit vor allem daran, dass der Musiker seine Botschaft allgemeingültig verpackt. Die Ansprache an ein breites Publikum steht dabei im Vordergrund. Musik stellt Beziehungen her, schafft Selbstoffenbarungen und beinhaltet mitunter auch eine appellierende Funktion."[25]

Man sieht also, dass bei der Musik als kommunikativem Phänomen zentrale Begriffe wie die von Wittgensteins *Spiel* oder *Sprachspiel*, ihre invariante Bedeutung, ihre therapeutische und überhaupt ihre kommunikative Funktion zunehmend ins Zentrum der Betrachtung gerückt werden.

Alle Formen von Musik, nicht nur Jazz, wie gemeinhin angenommen wird, sollen dem Grunde nach, immer auch pure Lebensfreude kommunizieren. In jedem Fall stellt sich ein gutes Gefühl beim Rezipienten ein, das er kommunikativ vermitteln will. Denn selbst als einsamer Hörer kommuniziert die Musik mit dem freien oder unfreien Ich, gewollt oder nicht gewollt. „Rock'n'roll, Punk oder auch Hip Hop kommunizieren Protest. Klare Texte, harte Worte und eindringliche Instrumentalbegleitungen schaffen Stimmung, animieren, eine Grundstimmung in sich aufzunehmen und weiterzuverbreiten. Beim Hip Hop schimpfen Jungs von nebenan, möglicherweise in der gleichen Stadt und im gleichen Wohnbezirk aufgewachsen, auf Gott und die Welt, hoffen

---

[25] Musik Wissen A – Z, a. a. O., Kap. 11 Musik als Kommunikationsmittel.

auf ein besseres Leben und grundlegende Veränderung innerhalb des deutschen Denkens. Es gibt etliche Künstler, die aufgrund ihrer Texte auf den Index kommen. Vor allem die deutschen Rapper Bushido, Sido oder Fler rufen die obersten Instanzen auf den Plan.[26] Nichtsdestotrotz finden ihre Musik und Botschaften breiten Anklang, zumindest erzeugen sie eine intensive Plattform für ihre Fans. Das haben sie ausschließlich ihrer kommunikativen Wirkung zu verdanken.

Pop und Schlager haben ebenfalls ein breites Kommunikationsspektrum. Es geht hierbei weniger um den Protest oder das gezielte Aufdrängen einer Meinung. Pop ist allgemeingültig. Die vielseitigen Themen treffen Personen in jeder Bevölkerungsschicht. Vor allem durch das Aufgreifen von Themen wie Liebe, Trennung, Freundschaft oder auch Verlust kann die Botschaft wirksam kommuniziert werden, wobei diese durch eine mögliche Identifikation sogar noch verstärkt wird.[27]

„Emotionen, die mit Musik erzeugt werden, sind ebenfalls als Kommunikationsmittel anzusehen. Nicht nur das bloße Hören von Musik übermittelt eine Botschaft, vielmehr sind es auch die dazugehörigen Musikvideos, die die Botschaft verbildlichen. Die emotionale Tiefe, die aufgrund dieser Tatsache erzeugt wird, schafft die gewünschte Wirkung. Auch ohne Text kann eine direkte Kommunikation mit dem Hörer erfolgen. Ruhiges Tempo, langsame Anschläge, leise Klänge und auch weiche Klangfarben vermitteln immer Liebe und ähnlich damit verbundene Attribute. Eine Musik-CD zum Jahres- oder Hochzeitstag, oder einfach zwischendurch, lässt den Beschenkten wissen, wie stark die emotionale Bindung ist. Heiterkeit und Freude beispielsweise lassen sich mit einem schnellen Tempo, hoher Lautstärke und einem bunten Misch an Artikulationen zum Ausdruck bringen. Menschen, die glücklich sind und vor Lebensfreude strotzen, strahlen diese auch aus. Flippige und junge Musik ertönt beispielsweise in den Sommermonaten aus den Autos und von den Baggerseen – praktisch ein Zelebrieren von Freiheit, Unabhängigkeit und Unbeschwertheit."[28]

In den 1960er Jahren decken Ergebnisse von Untersuchungen der Herbert-von-Karajan-Stiftung des bereits erwähnten Instituts für experimentelle Musik-Psychologie Salzburg kommunikative Varianten, also andere als physikalisch, akustisch-mathematische Kenntnisse über Musik auf. Dabei wird nicht der Gegenstand Musik, sondern es werden die am musikalischen Geschehen

---

[26] Dies., a.a.O.
[27] Siehe auch Kap. 3 in diesem Buch: „Über die unterschiedlichen Vorlieben und Geschmäcker".
[28] Musik Wissen A–Z, a.a.O., Kap. 11 Musik als Kommunikationsmittel.

Beteiligten in die Untersuchungen einbezogen. So ergibt sich beispielsweise eine mehr oder weniger intensive Hingabebereitschaft der Probanden bei unterschiedlichen Musikarten, diese werden assoziativ verknüpft mit früher gefärbten Erlebnissen. Beim aktiven Musikmachen zeigen sich stärkere emotionale und kognitive Reaktionen als beim passiven Hören. Somit kann schon in der 1960er Jahren festgestellt werden, dass die Wirkung der Musik einerseits abhängig ist von der Disposition der einzelnen Person, andererseits von der Art der Darstellung. Dass dabei der Rhythmus im Sinne einer „erlebten Regelmäßigkeit" eine besonders nachhaltige Bedeutung besitzt, konnte Ingmar Bengtsson/Uppsala in seiner Dissertation 1974 feststellen.[29]

Musik ist also immer interaktiv und hat von daher unzählige Möglichkeiten, kommunikativ und pädagogisch zu wirken. So löst sie grundsätzlich Aktionen aus z. B. in Form von physiologischen Reaktionen, die zur Aktivierung von unterschiedlichen Erlebnisarten führen. Zeitabläufe werden durch Musik strukturiert wahrgenommen. Das führt uns weiter zum Erlernen und Umsetzen von Hörerfahrungen in Denken und Sprachentwicklung. Damit verlassen wir allerdings die Enge der Frage nach dem, was Musik ist. Deshalb folgt nun ein kurzer Exkurs, um danach wieder zur Ausgangsfrage zurückzukehren.

Im Zusammenhang mit körperlichen menschlichen Entwicklungsstufen geschieht die Einübung von Reflexen – was dem Bereich der sensu-motorischen Intelligenz zuzuordnen ist – zunächst ohne jedes pädagogisches Zutun. Im Prozess der Sprachentwicklung vollzieht sich die Entwicklung von Symbolfunktionen. Wir beobachten schließlich die Entwicklung eines anschaulichen Denkens, schließlich formales Denken als höchste Entwicklungsstufe. Formales Denken ist gegenstandsunabhängig, Realität kann verlassen werden.

Musikalisches Erleben geschieht parallel in den menschlichen Entwicklungsstufen zunächst auf der motorischen Ebene. Dann aber kann das Musikerlebnis gezielt der Förderung der Sprachentwicklung dienen, etwa durch Beschreibung und Gestaltung musikalischer Formen durch einfach strukturierte Analysen eigenen Erlebens. Analog dem formalen Denken erfordert musikalisches Erleben aktives Musizieren. Dies geschieht in der Regel durch pädagogische Anleitung.

Pathologische Störungen wie z. B. Depressionen, aber auch dramatische Verletzungen wie Schädel-Hirn-Traumata können unter Einwirkung musikalischer Kommunikation als therapeutisches Instrument aufgelöst werden.[30]

---

[29] Vgl. Bengtsson I. (1974): Empirische Rhythmusforschung in Uppsala. In: Hamburger Jahrbuch für Musikwissenschaft Bd.1/74.
[30] Vgl. auch Veröffentlichungen der Deutschen Gesellschaft für Neurowissenschaftliche Begutachtung (DGNB) in Nersingen-Strass: http://www.awmf.org/fachge

Auch Musiktherapeuten werden sich hier fragen, was unter Musik zu verstehen sei, mit der man heilend und nutzbringend arbeiten will. Im Unterschied zu den oben dargestellten klassisch-naturwissenschaftlichen Auffassungen von Musik, wird Musik in der Therapie nachdrücklich als kommunikatives und heilendes Verhalten interpretiert.[31] In der Musiktherapie kommt es nicht darauf an, Fleißige und Begabte auszusondern, die beispielsweise in Notation gesetztes Musikgut besonders gekonnt interpretieren können, sondern vielmehr darauf, die musikalischen Kommunikationsformen dem therapeutischen Ziel und Auftrag zu unterstellen.

Doch nun wieder zurück zur Frage „Was ist Musik?".

Vor dem Hintergrund des im Exkurs Dargelegten stellt sich eindeutig die pädagogisch-therapeutische Reflexion über Musik anders dar als die akustisch-mathematische und auch anders als die Werkinterpretation. Spätestens hier ist Musik nicht mehr Objekt der Betrachtung, also der Gegenstand, den es zu erforschen gilt, sondern bildet eine Klasse von Verhaltens- und Interaktionsformen, die zwischen Individuen und Gruppen stattfindet, indem sie wechselseitig kommunikativ in Verbindung treten. Das heißt, musikalische Kommunikation kommt auch verbalsprachlicher Kommunikation sehr nahe, da ihre kommunikativen Elemente als Töne, Klänge, Rhythmen, Melodien usw. Signalwirkung besitzen oder bekommen, für deren Verwendung bekanntlich Regeln bestehen.

Menschliche Kommunikation unterliegt deshalb mindestens sozialen Verhaltensregeln, damit die im Austausch zwischen Partnern aufgenommenen Informationen analog der erlernten Sozialisationsnormen interpretiert werden können. Von daher ist musikalische Kommunikation schon aus dieser Perspektive immer normativ und entspricht der erlernten sozialen Rolle des Individuums. Kommen mehrere Individuen mit ähnlichen Rollenmustern zusammen, bewirkt Musik nicht nur ein schnelleres gegenseitiges Sich-Verstehen, sondern stellt auch eine bessere zwischenmenschliche Verständigung zwischen Partnern dar. Man muss also Musik im engeren Sinne gar nicht verstehen, ihre Kraft liegt im Wesentlichen in ihrer Verständigung zwischen Individuen und Gruppen. Das macht sie aus. Das ist sie.

---

sellschaften/mitgliedsgesellschaften/visitenkarte/fg/deutsche-gesellschaft-fuer-neurowissenschaftliche-begutachtung-ev.

31 Vgl. Böseler K. (2008): Musiktherapie als bedürfnisorientiertes und kommunikatives Therapieangebot für Menschen nach schweren Schädelhirnverletzungen: http://www.schaedelhirnpatienten.de/informieren/therapie/musiktherapie/print/index.html, S. 1.

Im Zusammenhang mit diesem Wissen über musikalische Kommunikation im weiteren Sinne bin ich bei Wittgenstein, der interessanterweise Musik immer in Verbindung mit Sprache sieht und behauptet, dass auch die Sprache, wenn man sie auf den konkreten Umgang relativiert, eine „Lebensform" darstellt. Ähnelt aber Musik in ihrer Form (nicht im Informationsgehalt) der verbalen Sprache, dann trifft der Ansatz Wittgensteins im vollen Umfang auch auf die Musik zu. Er geht in seinen „Philosophischen Untersuchungen", die erst zwei Jahre nach seinem Tod 1953 veröffentlicht wurden, sogar noch einen Schritt weiter, indem er sie mit Spiel gleichsetzt, wobei nicht das Gebilde oder Musikstück mit Musik gemeint ist, sondern ihr kommunikativer Ablauf, dessen Modell das Spiel und seine Regelhaftigkeit zum Ausdruck bringt.[32] Sprachliche Überreste dieser Verbindung finden wir darin, dass wir Töne nicht erzeugen, sondern spielen, dass Klänge dann besonders „schön" empfunden werden, wenn sie spielerisch dargeboten und nicht technisch reproduziert werden.

Vergessen darf man dabei allerdings nicht, dass musikalische Kommunikation nie im losgelösten Raum, sondern immer zwischen Menschen und ihrer konkreten Situation stattfindet. Insofern sind musikalische Verhaltensformen relativ streng an den sie umgebenden situativen Kontext gebunden. Das gegenteilige Verhalten wäre eine Form paradoxer Kommunikation und würde Störungen in der Interaktion erzeugen. Ein Beispiel von durchbrochener Konvention im Kleidungs-Outfit macht dies deutlich. Es ist absolut undenkbar, im Musikunterricht der normalen öffentlichen Schule ausschließlich mit Krawatte oder Kostüm zu erscheinen, zur Matthäuspassion grölend und in abgerissener Jeans aufzutauchen oder zur Grabesmusik grinsend und vor sich hin- und herwippend in Kakadufarben am Sarg zu stehen. Dies mag abwegig klingen, zeigt aber die im Laufe unseres Sozialisationsprozesses erworbenen und inzwischen verinnerlichten Anpassungskonventionen, die sich im situativen Kontext musikalischer Kommunikation besonders deutlich zeigen. So kann man damit rechnen, dass der Choralgesang immer etwas von der Feierlichkeit der Kirche in sich birgt und auch dann weiterträgt, wenn er nicht innerhalb eines Gottesdienstes erklingt. Volksmusik oder auch Musik aus dem Volk vermag eine heimatbezogene Einstellung auch dann zu signalisieren, wenn keine unmittelbare Situation dieser Art gegeben ist.

Für die therapeutische Wirkung musikalischer Kommunikation ist vor allem bedeutsam, dass musikalische Ereignisse an frühere Lebensphasen appellieren, die sich irgendwann als Erfahrungsrepertoire in unser Gedächtnis eingenistet haben. Insofern wird mit der Musik eine Art des Langzeitgedächt-

---

[32] Wittgenstein L. (1889–1951): Philosophische Untersuchungen (1953 ph.) in: Schulte, J. (2001), Frankfurt.

nisses aktiviert, das bis in die Gegenwart als aktuell, heilend oder als neu belebend und wohltuend empfunden wird. So wird sich jeder an Einschlaf- oder Wiegenlieder, aber ebenso an die Musik der Tröstung nach kleinen oder größeren Verletzungen und Musik der Zeit während des ersten Verliebtseins erinnern, zumindest dann, wenn in einer annähernd vergleichbaren Situation die Musik wieder erklingt. Damit sind musikalische Erfahrungen mit situativen Erlebnissen so eng verknüpft, dass sie in jeder Lebenssituation durch entsprechende Reaktivierung und Stimulation der „richtigen" Kanäle wesentlich leichter abrufbar sind, als irgendwelche rational erlernten und kognitiv gespeicherten Wissensbestände. Wir sehen also, dass wir Musik schon lange nicht mehr losgelöst von uns selbst sehen, sondern ganz im Mittelpunkt unseres Ichs betrachten.

Sind wir der Definition von Musik inzwischen schon nähergekommen?

Ist Musik nun eine Welt der Klänge und bewegt sie sich in geordneten Tonsystemen? Wenn ja, hieße das umgekehrt, ohne Klang keine Musik, und kein Ton ist keine Musik. Und entsteht erst danach musikalisches Verhalten? Damit ist Musik aber ein Teil sozialer Interaktion, die menschliches Erfahrungspotential mit physikalischen Umweltereignissen konkret verbindet. Diese Überlegung ist in der Konsequenz nur als stetiger Lernprozess zu verstehen. Lernprozesse aber sind zielgerichtete Handlungsschemata. Musik lernen ist zugleich kulturelles Lernen und damit eng verbunden mit dem sozialen Kontext, in dem sie vorkommt.

Ein weiterer Aspekt bezüglich ihrer Wirkung kann bei traumatischen Erlebnissen beobachtet werden. So finden wir bei dem Psychologen Gottfried Fischer (1944–2013), der als Begründer der Psychotraumatologie in Deutschland gilt, und auch bei dem Kinder- und Jugendpsychiater Peter Riedesser (1945–2008)[33] das Trauma als ein Ereignis eines Subjekts, das unfähig ist, auf dieses Ereignis zu antworten bzw. zu reagieren. Oftmals braucht es bei traumatisierten Menschen mehr als beratende oder psychotherapeutische Hilfen.

Mit Musik lassen sich Reize auslösen, die dadurch erst ihre Fähigkeit zu reagieren entwickeln. Wenn beispielsweise ein Schockerlebnis einem im wahrsten Sinne die Sprache verschlägt und dadurch kein therapeutischer Zugang mit gesprochener Sprache möglich ist, erzeugen musikalische Reize Gemütsstimmungen, die Augen und Ohren öffnen und nicht zuletzt die Verbalisierung in Gang setzen. Damit geht Angstverminderung einher. Bei Komapatienten

---

[33] Vgl. Fischer G., Riedesser P. (2009): Lehrbuch der Psychotraumatologie, München, S. 79.

erweist sich der Einsatz von Musik als besonders effektiv.[34] Dies ist aber nicht nur bei traumatischen Erlebnissen ein probates Mittel, sondern ebenfalls bei demenziellen Veränderungen im Gehirn. Musik besitzt die Kraft, Emotionen assoziativ aufzuladen und zu (re)aktivieren, Gefühlen Ausdruck zu verleihen, unmittelbarer und tiefer als Worte dies vermögen. Lieder, Klänge und der Ausdruck von Rhythmen schaffen es, das verstandesmäßige, rationale und kognitive Denken zu umgehen und sich direkt zu unseren tiefer liegenden emotionalen Schichten vorzugraben.

Ich fasse zusammen: Der Musikbegriff bzw. die Frage, was Musik sei, ist äußerst facettenüberreich.

Man könnte den ersten Teil der Facette mit dem britischen Ethnomusiksoziologen und Sozialanthropologen John Blacking mit einer kurz formulierten Antwort zusammenfassen, indem man sagt, es handelt sich um die kulturelle Fähigkeit des Menschen, Klänge zu erzeugen und willkürlich zu ordnen, also um den organisierten Klang.[35] Der deutsche Erziehungswissenschaftler Peter J. Brenner meint hierzu, dass das, was man gemeinhin ‚Musik' nennt, „die bewusst erzeugten, kulturell kodierten Geräusche seien".[36] Der US-amerikanische Komponist John Milton Cage (1912-1992) geht sogar so weit, dass er die tönend bewegte Form im Nichts sieht, Stille als Musik deklariert. Allerdings können nur musikalische Pausen absolut still sein. Die totale Stille der Natur gibt es hingegen nicht.[37]

Wendet man sich nun der anderen Seite der Facette zu, könnte man sich – wiederum mit Blacking – einer noch kürzeren Version anschließen und sagen: Musik ist *mehr* als die Konstellation oder Organisation von Klängen, vielmehr menschliches Verhalten, also menschliche Kommunikation.[38]

---

[34] Vgl. Böseler K.: a.a.O., S. 1.
[35] Vgl. Blacking J. A. R. (1928-1990): Music is organized sound in: Molino, J. (1990): Musical Fact and the Semiology of Music.
[36] Brenner P. J. (2008): Hörkulturen-Zeitkulturen in: Bayerische Landeszentrale für politische Bildungsarbeit et al. (Hg.): Hör'mal schnell – Zeiten der Aufmerksamkeit, S. 15.
[37] Vgl. Cage J. M. (1961): Silence: Lectures and Writings. Wesleyan University Press. Nach Cages Auffassung gibt es keine absolute Stille im landläufigen Sinne. Dies gründet unter anderem auf seiner Beobachtung, dass es auch in einem schalltoten Raum noch Geräusche gibt. Als Experiment schloss er sich Ende der 40er Jahre in einen solchen Raum ein und kreierte sein berühmtes *silent piece* 4'33" (1952), in dem keinerlei Töne angespielt werden.
[38] Vgl. Blacking J. A. R. (1973) How Musical is Man? University of Washington Press, Seattle, U.S.A.

Verstehen von Musik

Auf unserer Klärungssuche ist dieser Zugang jedenfalls der naheliegendere, wenngleich sich damit die Frage in eine andere überführen lässt, nämlich in diejenige nach Merkmalen für Verhaltensweisen, nach denen Musik verstanden werden kann.

Demnach gibt es drei Verstehensformen von Musik.[39]

Zum ersten die *grammatische*, nämlich Musik als ein zweisilbiges Wort. Zweitens die *kontextuelle* Form. Nach diesem Verständnis stellt Musik eine mehr oder minder enge Verknüpfung mit dem Hervorbringen oder Anhören von Folgen akustischer Ereignisse dar. Schließlich die *sozialpsychologische* Verstehensform. Musik als eine Verknüpfung mit Attributen wie hell, aktiv, schön, fließend, melancholisch, traurig, düster etc. Diese drei Verstehensformen basieren auf jeweils anderen Theorien der Operation des Verstehens. Auf der Ebene der verbalen Sprache lassen sich diese Unterschiede leicht deutlich machen, weil man in der Sprache zugleich auch über die Sprache sprechen kann. Die Sprache der Musik ist aber nicht sehr gut geeignet, zugleich auch über Musik zu kommunizieren.[40] Möglicherweise ist die Technik der musikalischen Collage als ein Versuch in dieser Richtung zu deuten.

Für die Bestimmung des Begriffs Musik gilt nun fast schon als Fazit, dass von Platon (300 v. Chr.) über Theodor W. Adorno (1903-1969) bis Johannes Gilli[41] keine umfassende, allgemeingültige Definition gefunden werden konnte.

Während das klassische Altertum (von Pythagoras an) Musik mit den Zahlenbeziehungen assoziierte, die die Harmonie des Universums offenbaren, nannte Augustinus im 4. Jahrhundert n. Chr. die Musik „scientia bene modulandi". Noch tiefer in philosophische Sphären hat sich Boethius gewagt, der – wie wir gesehen haben – sagte, dass das der Musik zugrunde liegende Prinzip ihrer Ordnung im Menschen ein Analog haben muss, mit dem es korrespondieren kann.

Die am Anfang der Neuzeit vorherrschende musikalische Praxis berief sich auf den Bereich des Gefühlslebens. Der Rationalismus des 18. Jahrhunderts und der romantische Irrationalismus führten einerseits zur Behauptung des

---

[39] Hier beziehe ich mich auf das Standardwerk von Rauhe H., Reinecke H. P., Ribke W. (1975): Musik und Verstehen, das für das Verständnis von Musik und damit für ihre Bedeutung zumindest eines handlungsorientierten Musikunterrichts als paradigmatisch zu bezeichnen ist.
[40] Dies., S. 71.
[41] Vgl. Gilli J. (2005): Feel it! Musik und ihre Wirkung auf den Menschen, http://www.feelit.ag.vu.

‚nicht-semantischen Wissens' des musikalischen Ausdrucks und andererseits zur Auffassung von Musik als ‚Sprache'.[42] Dies bestätigt auch der Österreichische Komponist Anton Webern, wenn er sagt, dass mit der Sprache der Musik ein Mensch versucht, die Art von Gedanken auszudrücken, die er in keine Begriffe verwandeln kann, da sie keine verbal gedachten, sondern musikalische Gedanken sind. Folglich ist also Musik nicht nur tönend bewegte Form im Hanslick'schen Sinn, sondern besitzt neben ihrer syntaktischen Struktur immer auch eine semantische Komponente, die je nach Perspektive unterschiedlich interpretierbar bzw. deutbar ist.

Alles, was demnach als Musik bezeichnet wird, wurde fast stets unter einfachen Hypothesen gesehen und interpretiert und bleibt von daher einseitig. Immer wieder hat es neue Versuche gegeben, den Musikbegriff zu präzisieren. Ein kleiner Ausschnitt konnte hier dargestellt werden, wenngleich dieser den umfangreichen wissenschaftlichen Diskurs über das Thema nur grob umreißt.

Zu jeder Zeit hat Musik für die kulturelle Evolution der Menschheit wichtige gesellschaftskonstituierende und -begleitende Funktionen gehabt.[43] Ohne Frage handelt es sich um ein Medium, mit dem Menschen ihre Erfahrungen, ihre Erlebnisse, die sozialen Beziehungen ausdrücken und anderen mitteilen können.[44]

Wo immer Musik erklingt, ist sie Bestandteil einer kommunikativen Handlung[45] und darüber hinaus Ausdruck von Kultur im umfassenden Sinn verstanden als der von Menschen geprägte Teil unserer Umwelt.[46]

Gemäß der Figurationstheorie von Norbert Elias (1897-1990) geben affektive, soziale, ökonomische und räumliche Bedingungen innerhalb gesellschaftlicher Systeme menschlichem, also auch musikalischem Handeln eine Zielsetzung.[47] Zugleich stecken sie den Rahmen für individuelle Wahrnehmungs-, Empfindungs- und Verhaltensstrukturen ab. Bezogen auf die Produktion und

---

[42] Vgl. Negro G. (2013): Musik zwischen Spiel und Kommunikation, Edizioni Circulo Virtuoso, Einleitung.
[43] Suppan W. (1984): Der musizierende Mensch, in: Rösing, Helmut (2000): Musikalische Lebenswelten Jugendlicher, S. 1.
[44] Sloboda J. A. (1985): The musical mind: the cognitive psychology of music; oder vgl. auch Riggenbach P. (2000): Funktion von Musik in der modernen Industriegesellschaft, Diss. Hbg, in: Rösing H. (2000): Musikalische Lebenswelten Jugendlicher, in: Eberl K.; Ruf W. (Hg.): Musikkonzepte – Konzepte der Musikwissenschaft Bd. I, a. a. O., S. 1.
[45] Karbusicky V. (1986): On the genesis of the musical sign, in: ders. S. 1.
[46] Herskovits M. J. (1948): Musikkultur, in: ders. S. 1.
[47] Elias N. (1976): Theorie sozialer Figuration, in: ders. S. 1.

Rezeption von Musik bedeutet das, dass die verschiedenen Musikstile abhängig sind von bestimmten Verhaltensregeln („affektive Figuration"), Bewertungsnormen („soziale Figuration"), einer verinnerlichten Wertehierarchie vom Kunstwerk zur Trivialmusik, von materiellen Bedingungen („ökonomische Figuration"), nämlich musikalischen Produktionsbedingungen, technischer Übertragungskette oder vom Warencharakter von Musik sowie von räumlichen Gegebenheiten wie Opernhaus, Konzertsaal, Diskothek, Jazzclub oder Open Air Festival. Kurz gesagt: Musik und Gesellschaft bilden eine Einheit, Musik ist das „klingende Alphabet der Gesellschaft".[48]

Das heißt also, beide Aspekte, die technisch-naturwissenschaftliche Sichtweise der Musik als auch die sozialpsychologisch-kommunikative Seite, sollten als komplementäre Betrachtungs- bzw. Behandlungsweisen einer Sache verstanden werden in dem Sinne, dass sie sich in einem Regelkreis wechselseitig bedingen. Dies ist – ohne dass es auch nur annähernd so kompliziert ausgedrückt worden wäre – dem Grunde nach bereits Hildegard von Bingen mit ihren Kompositionen des 12. Jahrhunderts gelungen, indem sie sowohl die musikalische Form als auch die frohe Botschaft miteinander zu verschmelzen verstand.

Resümierend lässt sich also feststellen, dass Musik bei allen Völkern und zu allen Zeiten ein wesentlicher Bestandteil menschlichen Lebens und eine der Grundformen menschlicher Äußerungen war und ist. Musik spricht also über Gefühl, Sensorien und Verstand hinaus jeden Menschen in seiner Ganzheit an. Sie ist die Kommunikation, die von den Menschen überall auf der Welt im Prinzip verstanden werden kann. Sie besitzt dabei die Kraft, bei ihrer Umsetzung in musikalisches Handeln die Menschen zu einer Gemeinschaft zusammenzuführen.

Sollten Ihnen die Ausführungen bis hierher zu detaillistisch oder aber auch zu analytisch vorgekommen sein, sollten Sie sich spätestens an dieser Stelle fragen, was es denn nun mit Ihrem eigenen Verständnis von Musik auf sich hat. Ohne Ihre Antwort zu wissen, die ich weder ahnen noch kennen *kann*, weil sie bei jedem Leser anders ausfallen wird, müssten die subjektiven Fragen: „Mögen Sie Musik? Wann und in welchen Kontexten hören Sie Musik?" von vorn herein eingegrenzt werden. Naheliegende, eingrenzende Kategorien wären beispielsweise adjektivisch-bewertende Zuschreibungen wie schön, schlecht, gut, böse, aggressiv, zärtlich, emotional, bunt, trist etc. So ließen sich am ehesten Musikstücke empirisch zuordnen, man erhielte einen

---

[48] Vgl. dazu Eagle T. (1996) S. 37 und auch die Musikanalysen bei Rummenhöller P. (1978) in: Rösing, H. a. a. O., S. 1 Eine kritische Bestandsaufnahme, in: Eberl K., Ruf W. (Hg.): Musikkonzepte – Konzepte der Musikwissenschaft Bd. I (S. 271–280).

Eindruck nach ausgewählten Kriterien. Die Frage nach der individuellen Bedeutung der Musik hängt also immer mit dem sozialen Konnex zusammen, in dem sie wahrgenommen und erfahren wird. Eine Antwort auf die Frage „Wie war denn das Fest/die Party gestern Abend?" wird in vielen Fällen davon abhängen, wie man sich selbst wahrgenommen gefühlt hat. Spaß haben, mit einem Glücksgefühl nach Hause zu gehen, ist in erster Linie davon abhängig, wie die Musik an dem Abend empfunden wurde. Auch wenn sie im Unterbewussten hängen bleibt, weiß man doch genau, ob sie schön, die Band geil war, ob man „abgetanzt" hat oder ob die und jene Begegnung in die Musik eingebettet und vielleicht romantisch war. „Immer wenn ich diese Musik höre, habe ich Schmetterlinge im Bauch!" Die höchste Form des Genießens wird in Verbindung mit Musik gebracht. „Das war der reinste Genuss!" oder einfach nur „wunderschön!". Dass aber Musik nicht nur ästhetisch schön sein kann, zeigen andere Aussagen von Konzertbesuchern, wie „grauenhaft!", „ätzend!", „war sein Geld nicht wert!" oder nach dem abgebrochenen letzten Auftritt von Amy Winehouse in Belgrad das Auspfeifen und schließlich das wütende Verlassen des Konzertes. Auch dieses Empfinden ist in höchsten Maße durch Musik bestimmt. Es kann also nicht nur um das Ästhetisch-Schöne, sondern genauso um das Grauenhaft-Hässliche gehen. Eine Form völliger Musik-Verunsicherung habe ich selbst in einem Musica viva-Konzert erlebt. Ein Celloauftritt, der überwiegend aus Pausen bestand, dargeboten von einer professionellen Soloinstrumentalistin, gipfelte darin, dass die Interpretin mit raffinierten Lichteffekten oberkörperentblößt, mit dem Bogen ihr Cello zersägte. Die Wirkung beim Publikum war gespalten. Buhrufe, Pfiffe, aber auch frenetisches Klatschen und Hu-Hu-Rufe machten die geteilten Meinungen deutlich. In der anschließenden Pause wurde an den Stehtischen heftig über Musik als „Ausdruck der Zeit" und über „die totale Verarschung" diskutiert. Schließlich war der Besucher mit seiner Auffassung allein, ob dies noch und wenn ja, welche Musik es war, die mehr aus Stille und schließlich aus Sägegeräuschen bestand. Man könnte sagen, anknüpfend an die Leitthese dieser Applikation, auch diese Musik hat Interaktionen hervorgerufen, ist also in diesem Sinne Kommunikation, sowohl in Form widersprüchlicher Meinungen als auch bei aggressiven Ausdrucksformen.

Die Eingangsfrage „Was ist Musik?" ist aber auch damit noch nicht vom Tisch. Im Gegenteil, sie wird weiterhin wie ein roter Faden die weiteren Kapitel durchziehen. Dennoch können wir konstatieren, dass Musik immer und überall etwas mit Kommunikation zu tun hat, auch wenn wir uns noch so akribisch und stringent wissenschaftlich mit Werkbetrachtungen beschäftigen mögen.

Quellenangaben und weiterführende Literatur

Bartels Hans-Peter (Hg.) (1995): Menschen in Figurationen. Ein Lesebuch zur Einführung in die Prozess- und Figurationssoziologie von Norbert Elias. Opladen: Leske & Budrich.
Bengtsson Ingmar (1974): Empirische Rhythmusforschung in Uppsala, in: Hamburger Jahrbuch für Musikwissenschaft Bd. 1./1974.
Besttips.de of music (2001): Musik Wissen A-Z. http://www.besttips.de/musik_theorie/start.php.
Blacking John A. R. (1990): Music is organized sound, in: Molino Jean et al.: Musical Fact and the Semiology of Music, Music Analysis, Vol. 9, Nr. 2 (Jul., 1990).
Böseler Karin (2008): Musiktherapie als bedürfnisorientiertes und kommunikatives Therapieangebot für Menschen nach schweren Schädelhirnverletzungen, in: Musiktherapie | Bundesverband Schädel Hirnpatienten in Not e.V.
Brenner Peter J. (2008): Hörkulturen – Zeitkulturen, in: Bayerische Landeszentrale für politische Bildungsarbeit, Bayerischer Rundfunk, Evangelische Akademie Tutzing (Hg.): Hör' mal schnell – Zeiten der Aufmerksamkeit: Isarpost, Druck- und Verlags-GmbH, Altheim bei Landshut.
Cage John M. (1961): Silence: Lectures and Writings. Wesleyan University Press.
Eberl Kathrin, Ruf Wolfgang Hg. (2000): Musikkonzepte – Konzepte der Musikwissenschaft Bd. I, Kassel: Bärenreiter.
Fischer Gottfried, Riedesser Peter (2009): Lehrbuch der Psychotraumatologie, München: UTB 4. Auflage.
Gilli Johannes (2005): Feel it! Musik und ihre Wirkung auf den Menschen.
Hanslick Eduard von (1854): Vom Musikalisch Schönen, Leipzig: Rudolph Weigel.
Negro Giusy (2013): Musik zwischen Spiel und Kommunikation, Edizioni Circulo Virtuoso.
Obert Cosima (2009): Hildegard von Bingen, aus: Musikwissen kompakt, SWR2 Cluster-Musikmagazin.
Rauhe Hermann, Reinecke Hans Peter, Ribke Wilfried (1975): Musik und Verstehen, München: Kösel.
Reinecke Hans Peter et al. (1975): Kommunikative Musikpsychologie, in: Harrer Gerhart (Hg.): Grundlagen der Musiktherapie und Musikpsychologie.
Riggenbach Paul (2000): Funktion von Musik in der modernen Industriegesellschaft, Diss. Hbg.
Rösing Helmut (2000): Musikalische Lebenswelten Jugendlicher, in: Eberl Kathrin, Ruf Wolfgang (Hg.): Musikkonzepte – Konzepte der Musikwissenschaft Bd. I, Kassel: Bärenreiter.
Salinas Francisco de (1513–1590): De musica libri septem.
Sloboda John A. (1985): The musical mind: the cognitive psychology of music, Clarendon Press.
Suppan Wolfgang (1984): Der musizierende Mensch, in: Rösing Helmut (2000): Musikalische Lebenswelten Jugendlicher, a. a. O.
Vey Gary (2014): Stimmungsschwankungen, in: NEXUS 54, 8-9, S. 16.

Weinzierl Stefan (Hg.) (2014): Akustische Grundlagen der Musik. Handbuch der Systematischen Musikwissenschaft 5, Laaber: Laaber Verlag.
Hall Donald E. (2008): Musikalische Akustik: Ein Handbuch. Mainz: Schott.
Wittgenstein Ludwig (1953 ph.): Philosophische Untersuchungen, in: Schulte Joachim (2001): Frankfurt: Wissenschaftliche Buchgesellschaft.

Internetquellen

Besttips.de of music (2001): Musik Wissen A–Z, http://www.besttips.de/musik_theorie/start.php.
http://www.feelit.ag.vu.
http://www.schaedelhirnpatienten.de zentrale@schaedelhirnpatienten.de.
http://www.swr.de/swr2/programm/sendungen/cluster/hildegard-von-bingen-musikwissen-kompakt.
http://www.awmf.org/fachgesellschaften/mitgliedsgesellschaften/visitenkarte/fg/deutsche-gesellschaft-fuer-neurowissenschaftliche-begutachtung-ev.

Hörhinweise

Bingen Hildegard von (1098–1179): Ave generosa.
Bingen Hildegard von (1098–1179): Kyrie eleison.
Bingen Hildegard von (1098–1179): O viridissima virga – o frondens virga.
Bingen Hildegard von (1098–1179): Symphonia (h)armoniae celestium revelationum.
Pärt Arvo (1976/1984/1996): An den Wassern zu Babel saßen wir und weinten.
Pärt Arvo (1984): Es sangen vor langen Jahren.
Pärt Arvo (1985/2008): Stabat Mater.

Kapitel 2
Ist jeder musikalisch begabt?
Von der irrigen Annahme des unbegabten Ichs

Sie kennen das vermutlich auch, oft aus eigener Erfahrung: Vorsingen vor der Schulklasse. Dann das Urteil.

„Vollkommen unbegabt! Setzen!" Diesen Satz unpädagogischer Pädagogen – so möchte man meinen – kann man heute nicht mehr in den Klassenzimmern unserer Schulen hören. Unbelegte Berichte und Schilderungen, im Zuge der Recherchen für dieses Kapitel, lassen mich allerdings daran zweifeln. In einer Hinsicht dürfte aber Einigkeit bestehen: Vorsingen vor der Klasse oder vor einer größeren Gruppe wirkt zumindest für Nichtsänger oder Gesangslaien Angst auslösend, verursacht Peinlichkeit und verdirbt schließlich die Lust am Vorsingen. Möglicherweise gibt es Menschen, die die Aufforderung, vorzusingen und dadurch im Mittelpunkt zu stehen genießen, sie dürften die Ausnahmen sein. Denn wer will sich schon freiwillig blamieren? Gerne singen nur solche Personen vor, die sich selbst für musikalisch oder sängerisch begabt halten oder denen eine solche Begabung eingeredet worden ist.

Im Internet erschlagen einen seitenweise Informationen zu musikalischer Begabung. Geradezu programmatisch scheint mir die folgende Seite mit einer Auflistung verschiedener, apodiktischer Aussagen zu sein:

Du bist musikalisch begabt, wenn du
- gerne Musik hörst,
- ein Instrument spielst,
- schon von klein auf oft vor dich hin summst oder singst,
- Melodien, Akkorde und Rhythmen abspeicherst, und dich gut daran erinnern kannst,
- viele Lieder und Melodien leicht unterscheiden kannst,
- verschiedene Instrumente aus einem Orchester heraushören kannst,
- schnell einen Rhythmus aufnehmen kannst,
- Körpermusik magst und mit deinen Körperinstrumenten Geräusche machst (Händeklatschen, Stampfen, Fingerschnipsen),
- Musiknoten lesen kannst,
- eigene Lieder oder kleine Kompositionen schreibst.[49]

---

[49] Vgl. Musikalische Begabung – Mellvil, ein Kinderforum zum Klarkommen: Labbe Verlag http://www.labbe.de/mellvil.

Nun könnte man entgegenhalten, wer hört schon *nicht* gerne Musik. Gerne Musik zu hören kann also kein Begabungsargument sein. Das stimmt zwar, aber gerne Musik zu hören, ist dennoch eine unabdingbare Voraussetzung für musikalische Begabung, andererseits aber auch ein unnötiger Allgemeinplatz. Stellen Sie sich vor, jemand erfüllte die anderen Begabungsparameter, hört aber nicht gerne Musik. Wie soll das gehen? Insofern müsste man das „gerne" eher durch „oft" ersetzen, was sich im Übrigen auch leichter messen ließe. Wenn Menschen unabhängig vom Lebensalter bei jedweder Tätigkeit, sei es im Haushalt, bei Stillarbeit, beim Lesen, Schreiben, im Auto, beim Spazierengehen, Joggen, Wandern etc. oft Musik hören, ist anzunehmen, dass sie dies auch gerne machen, sonst würden sie es nicht tun. Ein Beweis für Begabung ist dies allerdings noch nicht, aber eben eine Grundvoraussetzung.

Mit dem *Instrument spielen* verhält es sich dagegen schon anders. Viele Eltern wünschen sich, dass ihre Kinder ein Instrument erlernen mögen, weil sie ihrer Auffassung nach das Zeug dazu haben. Die musikalische Früherziehung hat sich diesen elterlichen Wünschen voll und ganz angepasst. Schon im Alter von 4 bis 5 Jahren können die Kleinen eine musikalische Früherziehung besuchen. Hier werden spielerisch die Freude an der Musik und ein Gefühl für Harmonien und Rhythmus geschult. „Stellt man fest, dass ein Kind an Musik besondere Freude hat, kann im Alter von sechs Jahren mit dem Erlernen eines Musikinstrumentes begonnen werden. Hier ist die Konzentrationsfähigkeit und die motorische Fähigkeit weit genug ausgebildet um sich dem Lernprozess zu stellen."[50] Nach wie vor ist das beliebteste und wohl auch das geeignetste Anfängerinstrument die Blockflöte. Dies mag auch der Grund sein, dass fast jeder irgendwann einmal gelernt hat, das Spielen auf der kleinen C Holz- oder Kunststoffblockflöte zu spielen. Sie ist in jedem Musikgeschäft vorrätig und preiswert zu erwerben. Das Gewicht des Instrumentes und die den Kinderhänden angepasste Griffführung machen es zum idealen Anfangsinstrument. „Schnell können einfache Melodien gespielt werden und die Kinder haben ein Erfolgserlebnis. Ganz nebenbei werden musiktheoretische Inhalte, wie Noten, Taktvorgaben und verschiedene Notenschlüssel erlernt."[51] Erst nach den ersten ein bis zwei Jahren schälen sich die persönlichen musikalischen Vorlieben der Kinder langsam heraus. Für viele Eltern ist spätestens jetzt der Zeitpunkt gekommen, wo sich das Begabungspotenzial zeigt. Unabhängig davon, ob das stimmt, gehört es in Familien der sozialen Bildungs-Mittelschichten fast schon zum guten Ton, dass ihr Kind ein Instrument lernt. Meistens wird – wie wir gesehen haben – mit der Sopran-Blockflöte begonnen. Oft bedeutet es allerdings ein echtes Dilemma, wenn das

---

[50] Musik Wissen A–Z (2000): besttips.de, Kap. Musik selbst machen.
[51] Ebd., a.a.O.

vermeintlich begabte Kind ein Instrument lernen darf und mit einem Schlag dann das Interesse verliert und aufgibt. Meist fällt das zusammen mit dem Auftreten erster Entwicklungskrisen, bleibt dann lange geparkt, versandet oder wird irgendwann endgültig aufgegeben. Jene, die das in späteren Jahren bedauern, deshalb mit Lust ihr Instrument wieder hervorholen und das einmal Erlernte selbst auffrischen oder gar erneut Unterricht nehmen, sind nicht selten erstaunt über ihre bis dato schlummernden und nun wiederentdeckten Fähigkeiten, das Instrument spielen zu können. Der Umgang damit in einer anderen Lebensphase erhält eine neue, identitätsfördernde Dimension, der insofern eine besondere Bedeutung zukommt, weil man entdeckt, wie man sich über das Instrument selbst finden und auch darstellen kann. Fazit ist also, ein Instrument zu spielen, unabhängig zu welchem Lebenszeitpunkt, widerspricht der Annahme des unbegabten Ichs. Im Gegenteil: Jeder kann ein Musikinstrument lernen, so wie man Radfahren, Autofahren, Skifahren, aber auch Computer- oder Handyspiele lernen kann. Einen mittleren Standard zu erreichen und vor allem ein Instrument technisch beherrschen zu können, ist überhaupt nicht abwegig. Es liegt auf der Hand, dass das dem Grunde nach jeder können kann. Um allerdings zur Perfektion zu kommen, braucht es sicher mehr als nur Fleiß, Energie und Wille. Was letztlich Einmaligkeit oder gar Genialität ausmacht, vermag auch die Begabungsforschung nicht zu sagen. Vielleicht verbergen sich ja noch unergründete Geheimnisse in unserem Gehirn oder an anderen Stellen des Körpers, die derzeit noch unsichtbar sind und sich im Verborgenen befinden. Um im Konkreten zu bleiben: Selbst die Erzeugung einfacher Töne, Melodien, Rhythmen und Akkorde können mit individuell sehr unterschiedlicher Qualität hervorgebracht werden, auch ohne Begabungspotenzial. Beim Spielen eines Instruments kommen mehrere, sich gegenseitig beeinflussende Körperregionen zum Einsatz. Musizieren am Instrument trägt von Kopf bis Fuß zur Ganzheitlichkeit der Person bei. Es nutzt also gar nichts, nur mit Händen und Fingern Melodien und Klänge zu erzeugen, ohne Hirn und Herz einzuschalten und die Füße zu beteiligen.[52] Über das Spielen des Instruments gelingt es, alle Körperpartien zu beteiligen. Die Entfaltung musikalischer Begabung ist demnach also auch eine Frage, ob die Erkenntnis vermittelt wird, dass das Spielen eines Instruments nicht nur linear, also nur in eine Richtung von der Tonerzeugung bis zur Rezeption betrachtet wird, sondern auch zirkulär, d.h. unter gegenseitig sich bedingender Einbeziehung aller Körperregionen via Hand – Kopf – Herz – Füße.

---

[52] Meine Klavierlehrerin an der Münchner Musikhochschule hat mich beim Einstudieren von Chopins Fis-Dur Notturno nicht nur auf meine verkrampften Schultern, sondern auch auf die ebenso unbeteiligten Fußfesseln aufmerksam gemacht. Die Sensibilisierung für scheinbar unbeteiligte Körperteile tragen aber erst zu einem ganzheitlichen Ausdruck bei.

Ein weiteres Merkmal für musikalische Begabung ist das *schon von klein auf vor sich hin summen oder singen*. Es signalisiert nicht nur ein zufriedenes, ausgeglichenes Kind, sondern zeigt Freude am Leben. Es weist darüber hinaus auf eine harmonische Familiensituation, auf liebevolle Eltern und Geschwister hin. Schon ein altes Lied drückt weise aus, was hier nur angedeutet wird: Böse Menschen haben keine Lieder. Aber auch im hohen Alter zeigen uns Menschen mit demenziellen Veränderungen, dass ihr psychisches Innenleben nicht nur intakt ist, sondern sogar erfüllt oder befreit von äußeren Zwängen ist, wenn sie vor sich hin summen. Doch gibt es auch eine Kehrseite dieser Medaille. So kann das Vor-sich-hin-summen auch ein Störfaktor für die Umgebung sein, weniger das von Kindern, als vielmehr das von Erwachsenen. Bei Kindern betrachtet man diese akustischen Lautäußerungen eher als frisch oder niedlich. Bei Erwachsenen oder älteren, hin- und herwandernden Menschen wirkt ein tongleiches, monotones Vor-sich-hin-summen auf Dauer unerträglich störend.

Unser musikalisches Erinnerungsvermögen ist ja bekanntlich untrüglich. Während mit fortschreitender Lebenszeit viele rationale Kombinationen verloren gehen, bleiben Melodien, Akkorde oder Rhythmen ein Leben lang im Gedächtnis erhalten bzw. werden sofort relativiert, sobald sie erklingen. Sie können oftmals wie auf Knopfdruck ausgelöst werden und zum Mitsingen, Händeklatschen oder zu sonstigen Körperbewegungen anregen. Man kann die Auffassung vertreten, dass das *Sich Erinnern an Melodien, Akkorde und Rhythmen* kein besonderes Indiz für musikalische Begabung darstellt, weil es ja bei jedem Menschen so angelegt ist. Findet jedoch eine Initiierung von außen statt, springt der zündende Funke über, kann die Erfahrung für den Betroffenen von großem pädagogischen, musikgeragogischen oder auch therapeutischen Wert sein.

Menschen können *viele Lieder leicht unterscheiden*. Ist dies eine Behauptung oder stimmt der Satz so? Die Antwort dürfte insofern nicht ganz einfach sein, als sich dies einerseits nicht auf ein bestimmtes Lebensalter begrenzen lässt, es also keine Frage der Erinnerungsspanne, sondern individuell sehr unterschiedlich ist. Jeder hört irgendwann ein Lied zum ersten Mal, jedoch immer unter anderen ungleichen Bedingungen und Situationen. Die Kontexte beeinflussen aber die subjektive Unterscheidungsfähigkeit. Verbindet man ein Lied mit einer wichtigen Lebenshandlung oder Lebenszeit und hört es dann wieder zu einem passgenauen ähnlichen Ereignis, dann werden dieses Lied und seine Erinnerungsfacetten in das Gedächtnis eingespeichert. Diese Verankerung erhält damit einen festen Platz. Jeder ist in der Lage, beim Erklingen des Liedes den richtigen Button zu drücken, um sich stumm zu erinnern oder sich zu motivieren, selbst zu singen. Es ist also auch hier keine besondere, von der Natur gegebene Begabung erforderlich, da bei jedem ein abrufbares

Erinnerungspotenzial vorhanden ist. Die Schwierigkeit liegt eher darin, den Platz zu identifizieren, um den richtigen Schalter umzulegen.

Ein Orchester besteht aus vielen unterschiedlichen Instrumenten. Je größer das Orchester ist, umso schwieriger ist es, *verschiedene Instrumente herauszuhören*. Es geht dabei weniger um die subjektiv empfundene Schönheit des jeweiligen Instrumentenklanges, sondern um seine spezifische Art. Jeder Einzelklang besitzt eine Eigenart von Schwingung und Kraft des Tones (hoch-tief, laut-leise). Schwieriger ist die affektive Wirkung (weich-hart, beschwörend-beschwichtigend, schrill-sanft), die möglicherweise bei jedem Menschen etwas anders auslöst. Deshalb ist auch die Wirkung eines Instruments nicht eindeutig und schon gar nicht einheitlich zu definieren. Um ein Instrument aus vielen herauszuhören, ist mit entscheidend, es nach seiner technischen Funktion und nach seiner emotionalen Wirkung einordnen zu können. Es gibt Menschen, die in der Lage sind, einzelne Instrumente im Orchester ohne weitere Informationen zu unterscheiden. Das ist sicher eine besondere Begabung. Diese Unterscheidungsfähigkeit fällt jenen leichter, die wissen, welche vom Komponisten zugedachte Funktion das jeweilige Instrument innerhalb des Orchesters und innerhalb des jeweiligen Musikstückes innehat. Mit diesem Wissen wird die Unterscheidung der Instrumente einfacher, und dies macht Sinn, weil so die Botschaft der Gesamtkomposition leichter verstanden werden kann. Das Gesamterlebnis des Musikstückes wird dadurch aufgewertet, erhält schließlich eine andere Dimension, nämlich die des Ganzen, das mehr ist als die Summe ihrer Teile.

Wieder anders verhält es sich bei der Fähigkeit des *schnellen Aufnehmens eines Rhythmus'*. Hier ist das Individuum in kulturelle Erfahrungen eingebunden und wird leichter mit der Identifizierung eines spezifischen Rhythmus' zurechtkommen, wenn es mit den entsprechenden Ritualen von klein auf vertraut gemacht wurde. Die Schriftstellerin Christa Schyboll meint, dass schon kleine Kinder Wiederholungen lieben, dass gesunde Rhythmen ihrer Entwicklung besonders gut tun. „Mit Rhythmen und Ritualen sollen sich Kinder geborgen fühlen. Wenn sie Bekanntes neu erleben, fühlen sie sich in Sicherheit. Sie erobern sich dann ihre Welt mit der erlebten Gewissheit, Bekanntes schon ein wenig oder auch schon recht gut zu beherrschen. Da darf dann auch Neues hinzukommen, weil das Alte schon wunderbar in das kleine Leben integriert ist. Rituale sollten den normalen Tagesablauf eines Kindes auf gesunde Weise strukturieren. Aber nicht nur für das Kind allein sind gewisse kleine Rituale und Rhythmen wichtig, sondern auch für die Gemeinschaft, in die das Kind eingebunden ist. Die Rhythmen und Rituale haben auch noch einen übergeordneten Einfluss, dem wir Menschen alle unterstehen. Es ist ein Teil unseres kosmischen Erbes, der mit den Tag- und Nachtzeiten, den Jahreszeiten, der mit Blüte und Ernte, Ebbe und Flut, Sonne und Mond und vielen anderen Erscheinungen einhergeht."⁵³ Alle diese Dinge haben eine universelle Auswirkung auf uns, über die man erst wenig weiß. Aber dasjenige, was schon bekannt ist, gibt Anlass genug, uns auf eine natürliche Weise frühzeitig in gesunde Rhythmen mit einzuschwingen, um die Harmonie der Natur auch in das eigene Leben zu integrieren. Wird das Kind zu einem späteren Zeitpunkt mit diesen Sozialisationserfahrungen konfrontiert, dürfte es keinerlei Schwierigkeiten haben, den jeweiligen Rhythmus aus anderen herauszuhören, wieder zu erkennen und sich körperlich danach bewegen können. Dass es Menschen aus Kulturgebieten mit hoher Tanz- und Rhythmusleidenschaft leichter haben, schnell einen Rhythmus aufzunehmen, ist bekannt. In Ländern der südlichen Halbkugel wird im Schulunterricht Rhythmus als natürlichere Voraussetzung betrachtet als in nördlichen Ländern, wo sich kulturbedingt die Bewegungs- und Tanzformen unterscheiden. Das Erlernen eines Rhythmus' steht somit in nordwestlichen Kulturen nicht unbedingt an erster Stelle. Möglicherweise ist diese Aussage auch eher zu pauschal und es ist mehr eine Frage der jeweiligen gesellschaftspolitischen Form, in der Menschen leben. So weiß man ja spätestens seit der Versklavung von Afrikanern, die aus den schon damals ärmsten Regionen ihres Kontinents nach Amerika verschleppt wurden, dass sie gesungen haben, um ihre primitiven und unter schlimmsten Rahmenbedingungen durchzuführenden eintönigen Arbeiten als Baumwollplantagenpflücker überhaupt ertragen zu können. Gesungen mit einem langsamen, quälend-leidend anmutenden Rhythmus, der das I-feel-blue-Gefühl vermittelte. Die Geburtsstunde des Blues. So dürfte es viele andere Beispiele geben, die aus der Not oder Armut geboren, zu ganzen Musikstilen geführt haben. Ein markantes und noch viel älteres Exempel dürften die Rhythmusschläge römischer Steuermänner in den Rudergaleeren sein. Ob geschichtlich korrekt in den unzähligen Historienfilmen dargestellt oder nicht, zeigen sie doch auf, dass Musik schon immer auch dazu beiträgt, Unterdrückung zu effektiveren bzw. für die Betroffenen erträglicher zu machen.

Ein Mensch, der mit sich identisch ist, liebt sich und seinen Körper oder ist zumindest damit zufrieden. Dazu gehören auch die eigenen Körperinstrumente wie Hände, Füße, Finger, Stimme, mit denen er koordiniert Geräusche erzeugt. Nicht nur Kinder, die mit ihren körpereigenen Instrumenten „spielen" können, sondern auch Erwachsene drücken einen hohen Grad an Lebensfreude aus, wenn sie diese Form der *Körpermusik* beherrschen. Über die Fähigkeit rhythmischer Koordination von Händeklatschen, Füßestampfen, Fingerschnipsen und Zungenschnalzen verfügen wenig Menschen. Es kommt in den Curricula

---

53 Schyboll C. (2012): Rituale und Rhythmen. Warum Kinder von Ritualen profitieren können, http://www.gutzitiert.de/gedankensplitter_kindererziehung-rituale_und_rhythmen.

der Schulen auch nicht vor, selten in der musikalischen Erziehung des Elternhauses. Körpermusik besitzt von daher in unserem westlichen Kulturkreis wenig Relevanz und findet kaum öffentlich-pädagogische Beachtung. Würde sie breitere Anerkennung genießen und von den Schulen stärker in den Fokus gestellt werden, wäre sie auch in den Medien ein beachtetes Thema und ließe sich auch von klein auf lernen. Hier wird deutlich, dass es eher um erlernbare Prozesse geht, weniger um anlagebedingte Begabungssettings.

Notenlesen bedeutet, eine eigene Schrift zu schreiben und verstehen zu können. Wir lernen im Laufe des Lebens mit allen möglichen mehr oder weniger kryptischen Zeichen umzugehen, seien es die im Vorschulalter beigebrachten Mengen, in der Schule die Buchstaben, Schriftzeichen, Ziffern und Zahlen, Symbole im Verkehrswesen, des Sports, der internationalen Verständigung oder auch Wischbewegungen an Bildschirmen und Smartphones. Am wenigsten lernen Menschen, Musik in Notationsform zu lesen. So wird auch verständlich, warum viele Menschen damit Schwierigkeiten haben. Hat man dies jedoch einmal verinnerlicht und weiß, wie die Noten in ihrer Umsetzung klingen, ist der Sprung von der einzeiligen Notation zur Partitur im Prinzip nicht mehr weit. Wenn man Musik in Notationsform sogar so lesen kann wie einen Buchtext und die Musik dann im Inneren erklingt, dann hat die Notation deutlich mehr erreicht, als nur die Dokumentation und Wiederholbarkeit der Abläufe, nämlich gleichzeitig auch ihre individuelle Interpretation. Doch mit dieser Fähigkeit kommt niemand auf die Welt, sondern man erlernt sie im Laufe seines Lebens. Dies trifft auch auf so berühmte Beispiele wie Ludwig van Beethoven zu, der seine letzten Symphonien wohl selbst nie hörte, weil er vollständig taub, also gehörlos gewesen sein soll. Er sah somit nur das von ihm in Notenform Geschriebene und transportierte das Gesehene nach innen. *Was* letztlich *wie* ankam und über seinen etwaigen Leidensdruck ist nichts bekannt.

Schließlich gipfelt die musikalische Begabung darin, *eigene Lieder zu schreiben und eigene Musik zu komponieren*. Doch mit musikalischer Begabung hat dies allerdings nur insofern etwas zu tun, als das Brainstorming und die zu konkretisierende Ideenproduktion unterschiedlich sein dürften, was aber zunächst nichts über die Qualität der Ideen aussagt. Wenn allerdings ein außerordentliches Potenzial an Ideen vorhanden ist, also oftmals ein Leben nicht ausreicht, um sie in Musik zu übertragen und niederzuschreiben, wie vermutlich im kurzen Leben von Schubert oder Mozart, dann staut sich hier ein kreativer Drang auf, der im Falle der bekannten Komponisten ahnen lässt, was höchstwahrscheinlich noch alles an genialen Schöpfungen erfolgt wäre. Im Falle der bekannten Ausnahmeerscheinungen spricht man von höchster Talentierung und ebensolcher musikalischer Begabung. Allerdings könnte ein Blick in die Biografien, z. B. in die von W. A. Mozart und seinem überstrengen

Vater, möglicherweise auch den Rückschluss auf erzwungenes stundenlanges und gnadenloses Üben zulassen. Ob das Wunderbare und Beglückende der Musik auch zu seinem inneren Glück beigetragen hat, lässt sich bezweifeln.

Resümiert man nun diese zehn aufgeführten Befähigungen, hieße das, dass jeder im Prinzip musikalische Begabung besitzt.

Musikalische Begabung auf dem Prüfstand

Silke Lehmann, Lehrbeauftragte für Musikpädagogik und -didaktik am Institut für Musik der Hochschule Osnabrück, stellt den Begriff der musikalischen Begabung zwar nicht grundsätzlich in Frage, stellt ihn aber zumindest – wie hier auch – auf den Prüfstand.[54] Lehmann sagt, dass grundsätzlich davon auszugehen ist, dass jeder Mensch Musikalität als natürliche Anlage besitzt, wenn auch die individuellen Fertigkeiten unterschiedlich ausgeprägt sind. Gleichzeitig spielt aber die Begeisterungsfähigkeit eine Rolle, und nicht zuletzt muss die Begeisterung in eine angemessene häusliche Betätigung mit dem Instrument münden, damit Erfolge spürbar werden und die Motivation erhalten bleibt.

Auch am Institut für Begabungsforschung der Universität Paderborn geht es weniger um die Entdeckung und Förderung musikalischer „Wunderkinder", sondern um eine allgemeine Sensibilisierung von Eltern und Erziehern für das Thema der musikalischen Begabungsförderung.[55]

Die grundsätzliche Frage, was musikalische Begabung ist, beantwortet die Autorin denn auch damit, dass sie sagt, es gibt keine unmusikalischen Menschen, „genauso wenig, wie es keine unintelligenten Menschen gibt".[56]

„Jeder Mensch besitzt eine ausbildungsfähige und ausbildungswürdige musikalische Begabung, so wie jeder Mensch auch Intelligenz und geistige Fähigkeiten besitzt. Sehr unterschiedlich kann jedoch das Maß an musikalischer Begabung sein, über das Menschen verfügen."[57]

Man kann davon ausgehen, dass die wenigsten Menschen musikalisch hochbegabt sind, also beispielsweise auf ein absolutes Gehör zurückgreifen kön-

---

[54] Vgl. Lehmann S. (2010): Was heißt hier begabt? Ein Phänomen auf dem Prüfstand. Institut für *Begabungsforschung* in der Musik Band 2, S. 1.
[55] Vgl. Gembris H. et al. (2003): Musikalische Begabung fördern – Hinweise für Eltern, Erzieher und Lehrer. Universität Paderborn Institut für Begabungsforschung in der Musik (IBFM).
[56] Lehmann S.: a. a. O., S. 3.
[57] Ebd., S. 3.

nen. Gleichwohl gibt es keine objektiv anerkannten Maßstäbe. Bei den diversen Musiktests zur vermeintlichen musikalischen Begabung wird zwar die Illusion vermittelt, wenn man eine hohe Punktezahl erreicht, sei das ein Indiz für musikalische Begabung. Da sich die meisten Musiktests lediglich auf die Messung musikalischer Hörfähigkeiten beschränken, sagen sie auch nur etwas über dieses spezifische Potenzial aus. Hierfür und für die Frage, ob und inwieweit man eine musikalischen Förderung des Kindes befürworten soll, sind sie allerdings gut geeignet. „Allgemein kann man sagen, dass musikalische Begabung das individuelle Potenzial ist, Musik zu erleben, zu verstehen und Musik (mit der eigenen Stimme oder einem Instrument) zu produzieren bzw. zu komponieren."[58] Hierbei wird jedoch unterschlagen, dass Musik neben konsumtiver und produktiver auch eine kommunikative Funktion besitzt. Es wäre also angebracht zu untersuchen, inwieweit die individuelle Fähigkeit, Musik zu erleben, zu verstehen und zu produzieren hinreicht, um den unabdingbaren kommunikativen Faktor mit einzubeziehen.

Es kann durchaus die Auffassung geteilt werden, dass jeder Mensch mit der Fähigkeit zur Musik geboren wird, „genauso wie wir mit der Fähigkeit zur (verbalen, JK) Sprache geboren werden."[59] Dass die Entfaltung musikalischer Begabung vom sozialen Kontext und von der individuellen Bereitschaft zu üben abhängig ist, darf nicht außer Acht gelassen werden. Motivation, zielführendes Interesse, Absicht und Wirkung fallen nicht jedermann gleichermaßen zu, sondern werden innerhalb des sozialen und kulturellen Milieus gefördert – oder auch nicht. Im Rückschluss heißt das, dass der Grad der Entfaltung entscheidend davon abhängt, wie intensiv musikalische Anlagen gefördert und ausgebaut werden. Dabei geht es nicht vordergründig um die Frage, welche Art von Musik gefördert wird oder zu fördern ist, sondern um die individuellen Anlagen, die sich zumeist durch familiensystemnahe Vorbilder, leicht abbildbare Imitate, mediengepriesene Stars oder ähnliches äußern.

Die Gruppe um Heiner Gembris bleibt auf die Frage „warum musikalische Begabung fördern?" zunächst recht allgemein, wenn sie sagt, die Fähigkeit zur Musik sei eine spezifisch menschliche Fähigkeit, die zu ihrem Wesen gehöre, und die Förderung musikalischer Begabung trage dazu bei, am Kulturgut Musik teilzuhaben, es weiterzutragen und weiterzuentwickeln. „Für die Tradierung und Weiterentwicklung der Musikkultur in ihrer gesamten Vielfalt ist die Förderung musikalischer Begabung unerlässlich, denn die Kinder von heute sind die Kulturträger von morgen."[60]

---

[58] Ebd., S. 3.
[59] Ebd., S. 3.
[60] Gembris H.: a. a. O., S. 4.

Ohne den Begabungsbegriff zu überstrapazieren, lässt sich doch feststellen, dass die Förderung musikalischer Fähigkeiten zu jedem Zeitpunkt des Lebens möglich und sinnvoll ist. Dabei ist klar, dass eine wie immer geartete pädagogische, andragogische oder geragogische Förderung auf die Besonderheiten der einzelnen Lebensabschnitte Rücksicht nehmen muss. Überforderung im Kindesalter durch eine zu frühe Werkanalyse, aber genauso Unterforderung wie permanentes Wiederholen musikalischer Alphabetisierungsformen sind fehlplatziert, wenn es darum geht, an subjektiven Bedarfen je nach Leistungsstand anzuknüpfen. Die beim Musizieren mit älteren und alten Menschen immer wieder auftretende Unart, auf Kinderlieder zu rekurrieren, ist nur dann zu befürworten, wenn es von den Betroffenen selbst als Wunsch mit Unterstützung formuliert wird. Andernfalls kommt dies einer Infantilisierung gleich, wo altgewordene Menschen zu Kindern degradiert werden, weil sie dort angeblich ihre musikalischen Wurzeln haben. Der entscheidende Zungenschlag beinhaltet aber eher die Botschaft, erwachsene Menschen (die alte Menschen ja sind!) auf ihr Kind-Ich zu reduzieren, weil dort im Alter musikalisch nicht mehr viel herauszuholen wäre. Die hartnäckige Behauptung, dass in jungen Jahren das musikalische Lernen leichter fällt, würde einer kritischen Prüfung kaum standhalten, weil es immer an Zeit, Situation und Motivation gebunden ist, was nicht automatisch in frühen Lebensabschnitten besser als in späteren gelingt. Musikalisches Lernen und Behalten ist hingegen Lebenszeit unabhängig, das zeigen spektakuläre Lebensgeschichten. Der kanadische Dirigent Boris Brott etwa entdeckte als junger Mann, dass er bestimmte Stücke kannte, ohne sie je zuvor bewusst gehört zu haben. Als er dem Phänomen auf den Grund ging, fand er heraus, dass seine Mutter, eine Cellistin, diese Stücke während der Schwangerschaft hartnäckig geübt hatte. Angeblich konnte er bestimmte Stücke aus der Erinnerung intonieren. Er hat die Stücke immer und immer wieder im Mutterleib gehört und es vermutlich pränatal so intensiv aufgenommen, dass es ihm später gelang, auf diese tief eingegrabenen Erinnerungsspuren zurück zu greifen und sie schließlich zu kennen, ohne sie vorher bewusst gehört zu haben. Man weiß ja, dass zwischen der 20. und 24. Woche ein Hörreiz fühlbare motorische Reaktionen beim Embryo auslöst. Bei lauten Geräuschen erschrickt es, bei leisen Tönen scheint es interessiert zu lauschen. Besonders gut scheint das bei dem kanadischen Dirigenten funktioniert zu haben. Aber auch andere Geschichten sind bekannt: Immer wieder berichten Menschen, dass sie zum Beispiel Geräusche und auch Melodien wiedererkennen können, die sie vorgeburtlich vernommen haben.

Ob vor dem Hintergrund dieser Ereignisse oder weil es mittlerweile bekannt ist, dass Hören und musikalisches Lernen bereits im Mutterleib stattfindet, versuchen manche Eltern die Entwicklung ihrer noch ungeborenen Kinder bereits während der Schwangerschaft durch das Vorspielen von Musik zu fördern. „Die Wirkung und der Nutzen ist allerdings wissenschaftlich nicht nachgewiesen. Andererseits schadet das Vorspielen von Musik während der Schwangerschaft nach bisherigen Erkenntnissen auch nicht."[61]

Die Frage, woran man besondere musikalische Begabung erkennt, ist für viele Mittelschichtseltern trotz aller Skepsis ihrer Nachweisbarkeit von allerhöchster Wichtigkeit.

Außergewöhnliche musikalische Begabung zeigt sich wie andere außergewöhnliche Begabungen, z.B. das von sogenannten Mathematikgenies, meist sehr früh. Es gibt eine Reihe von Verhaltensweisen, die man an musikalisch besonders begabten Kindern beobachten kann. Listen für Begabung identifizierende Eigenschaften geben zwar Hinweise, sind aber wissenschaftlich nicht überprüft und sehr allgemein. Aus diesen Gründen bedürfen solche Checklisten einer gewissen Vorsicht. Lehmann stellt selbst folgende Checkliste auf, obwohl sie zur Vorsicht mahnt. Dennoch kann eine Checkliste als grober Anhaltspunkt hilfreich sein und dazu beitragen, die Aufmerksamkeit für besondere musikalische Begabungen zu schärfen.

Hier die Auswahl einer Liste für Begabung identifizierender Eigenschaften:

„• Ein starkes Bedürfnis nach Musik und musikalischem Lernen • Starkes Interesse an Musik und Klängen • Starkes Bedürfnis, sich musikalisch auszudrücken • Starker musikalischer Darstellungsdrang • Leichtes und richtiges Nachsingen bzw. Nachspielen von Melodien und Rhythmen • Schon im Vorschulalter richtiges, sauber intoniertes und ausdrucksvolles Singen von Liedern • Erfinden von originellen neuen Melodien, Rhythmen und Liedern • Besonders gute Merkfähigkeit für Musik • Hervorragende musikalische Hörfähigkeiten (Melodie, Rhythmus, Harmonie, Klang) • Selbständiges und unabhängiges Erarbeiten von Musik • Psychomotorisches Geschick beim Erlernen eines Instruments • Schnelles und leichtes Erlernen eines Instruments in frühem Alter • Eigener, für die Altersstufe mitunter ungewöhnlicher Musikgeschmack • Früher Zugang auch zu schwieriger, komplexer Musik • Ausdauer in der musikalischen Beschäftigung • Musikalische Neugier und starkes musikalisches Interesse • Bereitschaft zur Anstrengung beim musikalischen Lernen und Üben • Hohes Maß an Aufmerksamkeit und Konzentrationsfähigkeit auf Musik • Völliges Aufgehen im Musikhören und im Musizieren • Ungewöhnliche Kreativität im Erfinden (Komponieren, Improvisieren) und Nachspielen (Interpretieren) von Musik • Streben nach Perfektion beim Musizieren • Neigung zur selbstkritischen Betrachtung."[62]

---

[61] Lehmann S.: a.a.O., S. 5.
[62] Ebd., S. 6.

Förderung musikalischer Fähigkeiten

Die Frage, die sich aber für Eltern viel früher stellt ist die, ob es sich beim eigenen Kind überhaupt lohnt, in das Erlernen eines Musikinstrumentes zu investieren. Ob eine durchschnittliche bis überdurchschnittliche Leistung auf dem Gebiet der individuellen Begeisterungsbereitschaft zu erwarten ist, lässt sich nämlich nicht so leicht feststellen. Das ist zwar kein Argument, drückt aber die Sorgen vieler Eltern um die Förderung ihres vermeintlich unbegabten Kindes aus.

Dass wir bei der Geburt alle gleich sind, stimmt sicher nicht. Neben den unmittelbaren Schwangerschafts- und Geburtsereignissen tragen die äußeren sozialen und wirtschaftlichen Umstände zu unterschiedlichen Startbedingungen bei. So ist schon beim Auf-die-Welt-Kommen für unsere erste Begegnung mit dem Leben die Bedingung ausschlaggebend, in die wir hineingeboren werden und die uns durch Familie, soziale Schicht, Zeit, Situation und Ausstattung (vor)gegeben ist.

Was uns allen jedoch gleich ist, dürfte das instinktive Bedürfnis akustischer Lautäußerungen sein. So ist der Urschrei, den wir alle bei der Geburt von uns geben, für manche Musikwissenschaftler kein Ur-Schrei, sondern ein Ur-Laut, sozusagen unser Primärton, dem Singen ähnlicher als dem Schreien.

So sehr man darüber unterschiedlicher Auffassung sein kann, wäre interessant zu untersuchen, ob und inwieweit sich von dieser ersten Art der Tonerzeugung und dann im Laufe der nächsten Tage, Wochen und Monate des ersten Lebensjahres Rückschlüsse auf musikalische Begabung oder Fähigkeiten ziehen lassen. Das Ich des Menschen bildet sich bekanntlich im Laufe des ersten Lebensjahres heraus, von daher ist der bislang eher unterschätzte Aspekt der akustischen Tonerzeugung von größerer Bedeutung für die erste Form kindlicher Identität als man bisher angenommen hat. Eine zentrale zu untersuchende Frage wäre dabei, welche der sinnlichen Reizeinwirkungen die stärkste Ausprägung des Ichs erzeugen und ob das Individuum bereits in diesem Frühstadium einen Bedarf nach Musik verspürt. Für viele Eltern ist es unstrittig, dass Musik, meistens Singen, immer dann eingesetzt wird, wenn das Kind durch sein Verhalten Ausgleich, Ruhe oder Kompensation verlangt. Misslingt diese erste Lebensphase, dann wird in späteren Jahren oftmals Hilfe von außen nötig, also die Therapie durch eine psychologisch geschulte Fachperson. Es ist zu vermuten, dass viele diese therapeutische Hilfe mehr oder weniger spürbar schon einmal an sich selbst erlebt haben, somit ist dies zumindest kein unbekannter Vorgang.

Was hat das mit der Frage nach musikalischer Begabung zu tun? Insofern, als die Förderung musikalischer Fähigkeiten zwar nicht übertrieben aber auch nicht übersehen werden sollte. Immer häufiger werden Praxen kassenärztlich zugelassener Psychotherapeuten aufgesucht. Die Gründe liegen meistens in der Sorge, ausweglose Lebenslagen nicht mehr selbst, sondern nur noch mit professioneller Hilfe zu meistern. Pessimistisch formuliert hieße dies, dass potentielle Klienten daraus ihre eigene vermeintliche Unfähigkeit ableiten. So kann dann auch die verzweifelte Annahme des unbegabten Ichs entstehen.

In Naturvölkern sind Schamanen, Medizinmänner oder auch Priesterinnen nicht nur verbale, sondern auch immer musikalische Kommunikationsträger, also auf irgendeine Weise Musikmachende. Wir können davon ausgehen, dass die Auserwählten vor ihrer Berufung nicht auf ihre musikalische Befähigung, sondern auf andere Kräfte und Fertigkeiten hin von Ranghöheren getestet wurden. Auch ist nicht bekannt, dass beispielsweise bei Priesterseminaren das Singenkönnen eine *conditio sine qua non* wäre. Im Gegenteil: Diese Frage spielt eher eine sekundäre Rolle. Vielmehr sind andere Faktoren wie z. B. die soziale Stellung in der Gruppe, die Abstammung, das geistige Vermögen oder auch die Empathiefähigkeit von Bedeutung. Dies dürfte zur Schlussfolgerung beitragen, dass sich musikalische Begabung, wie wir sie heute verstehen, nicht als etwas von Gott oder von der Natur Gegebenes, sondern als zu entfaltende Kompetenz anzusehen ist, die über kulturpädagogische Zeremonien, Rituale und über generationenlange Lernprozesse weitergegeben wird. So könnte man die Vermutung auch als These auf heutige Annahmen musikalischer Begabung beziehen, was dann hieße, dass sukzessive und systematische Vermittlung musikalischen Kulturgutes wie z. B. Singen, Tanzen und Bewegung, Sprechgesang und Musikmachen für jeden und jede gleichermaßen gilt, sofern nicht gravierende gesundheitliche Beeinträchtigungen oder andere Störungen vorliegen und diesen Prozess behindern.

Dass diese Annahme nicht von der Hand zu weisen ist, dürfte das Beispiel der musikalischen Früherziehung in Ostasien belegen. Dort werden Kinder, völlig unabhängig von der Überlegung, ob eine musikalische Begabung vorliegt, bereits ab dem dritten Lebensjahr in musikalische Früherziehung gegeben. Etliche Spitzenmusiker sind diesen Weg gegangen.[63] Wie dies pädagogisch zu bewerten ist, liegt auf einem anderen Blatt.

Das Österreichische Zentrum für Begabtenförderung (ÖZBF), das 1999 gegründet wurde, vertritt die Auffassung, dass jeder Mensch das Bedürfnis und das Recht hat, seine Begabungen zu entfalten. „Begabungsentfaltung

---

[63] Vgl. Biografie des chinesischen Pianisten Lang Lang: Erster Klavierunterricht mit drei Jahren bei Professor Zhu Ya-Fen vom Konservatorium seiner Heimatstadt. Mit fünf Jahren Erster Preis beim Klavierwettbewerb in Schenyang und erstes öffentliches Recital.

trägt zur persönlichen Entwicklung und zum Glück jedes Einzelnen und zur Bereicherung der Gesellschaft insgesamt bei", womit zumindest implizit ausgedrückt wird, dass Begabung dem Grunde nach bei jedem vorhanden ist. Sie muss lediglich zur Entfaltung gebracht werden.[64]

Und weiter lesen wir in der Homepage der ÖZBF:

„Für die Entfaltung seiner Begabungen ist jeder Mensch verantwortlich. Die Gesellschaft und ihre Mitglieder unterstützen den Einzelnen durch Verständnis und Förderung. Begabungen sind nicht stabil, sondern entwickeln sich dynamisch über die Lebensspanne. Erst durch Förderung gelangen Begabungen zu ihrer Entfaltung, daher Fördern auf Verdacht!"

Denn Begabung sei mehr als Intelligenz. „Nicht-kognitive Persönlichkeitsmerkmale wie (Leistungs-)Motivation, Selbstvertrauen, Selbststeuerung usw. sowie förderliche Lernumgebungen sind für die Begabungsentwicklung von zentraler Bedeutung."[65]

Musikalische Begabung ist, was der Begabungstest misst

Im europäischen Kulturkreis haben sich verschiedene Autoren mit der Frage nach der Messbarkeit musikalischer Begabung befasst. Im Gegensatz zum ÖZBF wird hier jedoch angenommen, das beim Menschen vorhandene „Material" und das Reservoire an Begabung seien mit diversen Tests messbar.

So gibt es verschiedene Methoden, um musikalische Begabung zu messen. Eine einheitliche Begabungstheorie existiert nicht. Hierzu hat Arnold Bentley einen sehr erfolgreichen Test bereits in den sechziger Jahren entwickelt,[66] der heute noch angewandt und mehrmals in wissenschaftlichen Seminararbeiten besprochen wurde.[67]

Ich habe diesen Test selbst bei unterschiedlichen Zielgruppen zu unterschiedlichen Zeiten durchgeführt. Er ist ebenso für Kinder ab dem Lese- und Schreibalter, wie für deren Eltern, Großeltern, Geschwister und Freunde ge-

---

[64] Vgl. Website der ÖZBF http://www.oezbf.at/cms/index.php/unsere-philosophie.html.
[65] Ebd., a.a.O.
[66] Bentley A. (1966): Musikalische Begabung bei Kindern und ihre Messbarkeit, Frankfurt/M., Berlin, Bonn, München.
[67] Vgl. auch: Seminararbeit des Seminars „Musikalität" des Fachbereichs Musik, Kunst, Textilgestaltung, Sport und Geographie (FB 16) der Universität Dortmund mit dem Thema „Arnold Bentley – Musikalische Begabung bei Kindern und ihre Messbarkeit" WS 1998/99,: http://www.hausarbeiten.de/faecher/vorschau/.

eignet und kann gemeinsam durchgeführt werden. Meist wird daraus ein vergnügliches Familienspiel, sodass am Ende das Kind gar nicht mehr merkt, dass es sich nebenbei einem Test unterzieht.

Der Test ist einfach strukturiert, von daher schnell zu verstehen. Er besteht aus vier Säulen:

1. Tonhöhenunterscheidung
2. Tongedächtnis
3. Akkordanalysen
4. Rhythmusgedächtnis.

Zu 1. Bei der *Tonhöhenunterscheidung* werden vom VL (Versuchsleiter) auf dem E-Klavier oder auch auf der mechanischen Klaviertastatur jeweils zwei Tonpaare angespielt. Auf einem vorgefertigten Testbogen kann nun entweder ein G (für gleicher Ton), H (der zweite Ton war höher als der erste) oder T (der zweite Ton war tiefer als der erste) eingetragen werden. Maximal können bei 20 Ton-Paaren zwanzig richtige Antworten herauskommen.

Nach der ersten Testreihe setzt auch schon die erste Kritik – und zwar von Bentley selbst – an, indem er bemängelt, dass z. B. bei der Tonhöhenunterscheidung die Musikbeispiele nicht von der Schallplatte, sondern vom Klavier kämen. Allein dadurch können schon ungewollte Veränderungen der Töne wie Ungenauigkeiten in der Tonlänge oder sonstiger Parameter auftreten.

Zu 2. Beim *Gedächtnistest*, der aus zehn Aufgaben besteht, sind die ursprünglichen Kritikpunkte Bentleys inzwischen ausgeräumt, dass nämlich die Beispiele insgesamt zu lang seien, wobei die längeren Beispiele schwieriger zu lösen wären als die kürzeren. So wurden nunmehr alle Beispiele auf eine einheitliche Länge (fünf Töne) standardisiert. Die rhythmische Gewichtung sei zu ungenau. Die Töne sind nicht alle gleich lang. Daraus schlussfolgerte Bentley, dass die Testreihe überarbeitet werden müsste, was im Laufe der folgenden Jahre mehrmals geschah und schließlich auch mit Musikstudenten an unterschiedlichen Seminaren durchgeführt wurde.[68]

Zu 3. Beim *Akkordanalysentest* sieht das Ergebnis in allen Altersgruppen ungünstiger aus. Der Test besteht aus 20 Aufgaben mit Mehrklängen von zwei, drei und vier Tönen. Keine zwei aufeinanderfolgenden Aufgaben haben irgendeinen Ton gemeinsam, damit beim Kind keine Verunsicherung auftritt. Jeder Akkord soll drei Sekunden erklingen. Die Anzahl der gehörten Töne in jedem Akkord ist festzustellen und zu notieren.

---

[68] Ebd., S. 4.

Man kann sagen, dass der Akkordanalysetest im Vergleich zu den anderen Tests sehr viel schwieriger wahrgenommen wird. Dies zeigen auch die verhältnismäßig schlechteren Ergebnisse. Kaum ein Proband erreicht die volle Punktzahl.

Zu 4. *Der Rhythmusgedächtnistest* besteht aus zehn Aufgaben. Jede Aufgabe besteht aus einer rhythmischen Figur, die in vier Zählzeiten dargestellt und jeweils zweimal gespielt wird. Die Testperson soll nun feststellen, ob die wiederholte Aufgabe identisch („gleich") mit der ersten ist, oder – falls verschieden – die Zählzeit angeben, auf die die Veränderung fällt. Es sind also fünf Antworten möglich: g, 1, 2, 3, 4. Eine Aufgabe wird auf einem Ton gespielt.

Das Gesamtergebnis zeigt, dass der Tonhöhenunterscheidungstest und der Tongedächtnistest keine bis sehr geringfügige Schwierigkeiten bereiten.

Die differenzierte Hörfähigkeit einzelner Töne bei Akkorden ist für die meisten Testpersonen eine signifikante Hürde. Auch beim Rhythmusgedächtnistest treten häufiger Fehler als bei den ersten Tests auf, was jedoch an der unterschiedlichen Länge der wiederholten Aufgaben liegen kann.

Insgesamt eignet sich der Test eher zu einem vergnüglichen Gesellschaftsspiel, dafür allerdings in besonderem Maße, denn neben dem „zwecklosen" Spiel erhält jeder Mitspieler dank des Testbogens ein konkretes Ergebnis, das sich unkompliziert bei einer Wiederholung vielleicht mit einer anderen Gruppe verbessern lässt. Die Bentley-Testreihe kann nur dann als repräsentativ betrachtet werden, wenn die Indexdaten der Testgruppen weitestgehend identisch sind. Dann trifft das erzielte Ergebnis auch nur auf die am Test unmittelbar beteiligte Gruppe zu. Der Test mit überqualifizierten Teilnehmern (z. B. Musikstudenten, aktiven Instrumentalisten etc.) führt ebenfalls zu keinen normalverteilten Ergebnissen, weil die musikalische Vorerfahrung und das Erfahrungs-Know-how unverhältnismäßig stark ins Gewicht fallen.

Obwohl der Test als sehr gut erprobt und evaluiert gelten kann, löst er nicht das Versprechen ein, musikalische Begabung wirklich messen zu können. So schließe ich mich der Einschätzung des Seminars „Musikalität" der Uni Dortmund an und resümiere, dass es keine gültige Definition für den Begriff der Musikalität gibt. „Jeder versucht ihn auf seine Weise zu definieren. Deswegen kann es keinen Musikalitätstest geben, der Musikalität wirklich misst."[69] Und man kann sich getrost der Erkenntnis anschließen, dass man keinen gültigen Test entwickeln kann, solange es keine einheitliche Definition von Musikalität gibt. Bentley ist dennoch eine gute Testentwicklung gelungen. Bis auf den Akkordanalysetest sind alle anderen Komponenten

---

[69] Ebd., S. 5.

von Kindern leistbar. Doch ist selbst für musikerfahrene Testpersonen der Akkordanalysetest zu schwierig.

Musikalische Begabung ist die Fähigkeit zum musikalischen Handeln

Für unsere Fragestellung bleibt also die Erkenntnis, dass der musikalisch Begabte jeder Mensch sein kann, der akustische Gegebenheiten operational unterscheiden und danach handeln kann. Denn betrachtet man musikalische Begabung als Fähigkeit zum musikalischen Handeln, dann muss man notwendigerweise auch die handelnden Individuen miteinbeziehen, die an diesem Prozess beteiligt sind. Geht man also vom handelnden Individuum aus, so spielt die kommunikative Konvention eine allemal wichtigere Rolle als das im Test geforderte lexikalische Wissen. Genau diese Fähigkeit wird aber in allen klassischen musikalischen „Begabungstests" eingefordert; womit bewiesen wäre, dass Begabung (oder auch Intelligenz) lediglich das ist, was der Test misst. Denn mehr ist in den auch hier nicht vorgestellten Tests prinzipiell nicht möglich.

Was bleibt ist allerdings, dass musikalische Begabung durchaus als Fähigkeit zum Spiel, als eine Form interaktiver Kompetenz bezeichnet werden kann. Interaktion setzt bekanntlich Kommunikation voraus. Beide konstituieren sich über den Austausch von Informationen und sind an Informationsträger und ihre Zeichen als konventionell festgelegte und absichtlich produzierte Ereignisse mit Hinweischarakter gebunden. Es geht also bei Begabung immer darum, deutlich zu machen, dass es sich bei dieser Form des Talents nicht um eine invariante Fähigkeit sui generis handelt, sondern dass jedes kommunikative Verhalten immer zugleich etwas mit lernender Aneignung zu tun hat.

Doch diese Erkenntnis dürfte insbesondere die Gehirnforscher nicht zufriedenstellen. So ortet beispielsweise die Magnetoenzephalographie (MEG) unsere Hirnaktivitäten und ist von daher in der Lage, Untersuchungen zur angeblichen Musikalität und Legasthenie durchzuführen. Die MEG misst Magnetfelder, die durch synchronisierte Aktivität der Nervenzellen in der Großhirnrinde (Kortex) erzeugt werden. Richtet man etwa seine Aufmerksamkeit auf bestimmte Töne, so werden neben den normalerweise für das Hören zuständigen Hirnregionen („Hörkortizes") zusätzlich Areale aktiviert, denen die Aufmerksamkeit zuzuschreiben ist. Die Arbeitsgruppe der „Sektion Biomagnetismus" an der Neurologischen Universitätsklinik Heidelberg hat zeigen können: Auch die Verarbeitung der Tonhöhe und der Lautstärke ist in verschiedenen Arealen des Hörkortex angesiedelt.[70] „Erst in den letzten Jahren ist es mit Hilfe sehr empfindlicher Geräte gelungen, auch die äußerst schwachen Magnetfelder zu messen", sagt André Rupp, Leiter der Heidelberger Arbeitsgruppe. Nun können Gehirnaktivitäten, die sich beim Hören, Sehen und Fühlen in der Großhirnrinde innerhalb von Millisekunden abspielen, dargestellt und bestimmten Gehirnarealen zugeordnet werden. „Mit dem MEG lässt sich gut darstellen, wie das Großhirn verschiedene Eigenschaften von Tönen erkennt", erklärt Rupp.

Das wissenschaftliche Interesse der Heidelberger Biomagnetismus-Spezialisten gilt Personengruppen, die sich durch Begabungen oder Defizite auszeichnen und deren Gehirn deshalb möglicherweise Besonderheiten aufweist. So stellten der Physiker Peter Schneider und seine Heidelberger Kollegen fest, dass professionelle Musiker mehr als doppelt so viele graue Hirnmasse im primären Hörkortex haben als unmusikalische Menschen. Außerdem reagiert ihr Gehirn, wie MEG-Messungen zeigten, stärker auf Töne. „Vermutlich wird musikalische Begabung zum großen Teil vererbt", sagt Schneider und verweist auf die deutlich vergrößerte Hirnstruktur bei den Profi-Musikern.[71] Stimmt es also doch, dass es Kind-Genies gibt? Angeblich soll der berühmteste Absolvent von Harvard ein Wunderkind gewesen sein, das sich im Alter von sechs Jahren selbst Hebräisch beigebracht und mit zwölf sämtliche Werke von Descartes gelesen haben soll. Auch ist die Rede von einem elfjährigen Knaben, der den Collegeabschluss mit einem Einser-Durchschnitt geschafft, einen nationalen Titel in einer Kampfsportart gewonnen und mit vierzehn sein erstes Buch mit dem Titel *We Can Do* geschrieben haben soll. Kann man demnach der Phantasie Glauben schenken, dass es Kinder schon im Alter von sieben Jahren gibt, die einen IQ von 208 erreicht haben sollen?

Diese Ergebnisse darf man getrost in Frage stellen. Gleichwohl werden Erkenntnisse aus der Hirnforschung immer stabiler, nachdem man weiß, dass sogenannte PET-Scans von Großhirnen hochbegabter Kinder ergeben haben, dass diese sich physisch von anderen Großhirnen unterscheiden.[72] Das Groß-

---

[70] http://www.uni-heidelberg.de/presse/news05/.
[71] Schneider P., Andermann M., Engelmann D., Rupp A. (2006): Musik im Kopf – Individuelle Unterschiede in der Klangwahrnehmung und das zerebrale Sinfonieorchester. Dtsch. Med. Wochenschr. 131, S. 2895–2897.
[72] Positronen-Emissions-Tomographie ist als Variante der Emissionscomputertomographie ein bildgebendes Verfahren der Nuklearmedizin, das Schnittbilder von lebenden Organismen erzeugt, indem es die Verteilung einer schwach radioaktiv markierten Substanz (Radiopharmakon) im Organismus sichtbar macht und damit biochemische und physiologische Funktionen abbildet. Vgl. http://de.wikipedia.org/wiki/Positronen-Emissions-Tomographie.

hirn eines hochbegabten Kindes ist sowohl größer als auch effizienter und besitzt die Fähigkeit, räumlich-visuelle und/oder akustisch-auditive Informationen auf eine Weise zu verarbeiten, die sich die meisten Menschen nicht einmal vorstellen können. Diesen Gehirnen kann man einen ungewöhnlich schnellen Zuwachs im Gehirn zuschreiben, ähnlich einer Krebsgeschwulst, nur dass im Fall der Hochbegabung das gutartige Gewebe wuchert. Die dadurch entstehende Andersartigkeit bringt aber nicht nur Vorteile mit sich. Zwar ist immer wieder verblüffend, mit welcher ungeheuren Faszination diese Menschen ihre Umwelt beeindrucken. In der heutigen Zeit sind solche Ausnahme-Erscheinungen, nachdem sie erkannt und gefördert wurden, in guten Händen, zumindest solange sie von Neidern und anderen Mitmenschen nicht eben wegen ihrer Andersartigkeit schikaniert werden. Vielleicht war ja Mozart so ein Mensch und vielleicht war es der Fluch seiner Einzigartigkeit, dass er nicht wie normale Kinder aufwuchs und wenn doch schon als Kind entsprechend ausgegrenzt wurde und sich womöglich gequält fühlte. Dass solche Menschen vielmehr unter einer bedrückenden Einsamkeit leiden, also einem subjektiven Gefühl sozialer Isolation unterliegen, ist nachvollziehbar. Und sind nicht die vernachlässigten sozialen Fähigkeiten die Kehrseite der Medaille der Intellektuellen? Und führt nicht genau diese Verkümmerung sozialer Kompetenzen zur Ausgrenzung und zum Mobbing unter Gleichartigen? Wie lässt sich hierbei der Part, den die Pädagogen spielen, bewerten? Lässt sich der Anteil, den die musikalische Erziehung in der Kindheit ausmacht, überhaupt bestimmen? Diese Ergebnisse haben Wissenschaftler in der renommierten britischen Fachzeitschrift „Nature Neuroscience" veröffentlicht.[73] Demnach nimmt der Anteil der musikalischen Erziehung in der Kindheit keinen signifikanten Platz ein.

Noch einmal zurück zum Kind-Genie. Es ist nicht verwunderlich, wenn hochbegabte Kinder von Zuhause weglaufen und dann das Kunststück vollbringen, tagelang unentdeckt zu bleiben. Wie das Mädchen Mathilda (gespielt von Natalie Portman) in dem französischen (Kult-) Film *Leon der Profi* Geräusche mit höchster Sensitivität wahrnimmt und einstuft – sie sind für das Kind lebensrettend – so selbstsicher spielt es mit Pistolen und gibt sich als Geliebte des Profikillers aus. Allem Anschein nach hat sie sich in kürzester Zeit den ganzen Wissensstand eines Killergirls angeeignet. Auf die Frage, warum sie sich derart schnell und akribisch mit dem Töten anderer Menschen befassen konnte, antwortet sie, dass sie ihre Familie rächen wolle. Dieses Mädchen ist sozial isoliert, unendlich einsam, weil es so grundlegend anders ist als andere elfjährige Kinder.

---

[73] Vgl. Nature Neuroscience 2002, Vol. 5, S. 688–694.

Hochbegabung, die sich als vergrößerte Hirnstruktur manifestiert, kann also nicht als Segen, sondern eher als Fluch bezeichnet werden. Menschen, die so ausgestattet sind, benötigen eher eine pädagogisch-therapeutische Betreuung als dass sie aus sich heraus und selbststeuernd ihre Persönlichkeit balancieren könnten.

Quellenangaben und weiterführende Literatur

Behne Klaus E., Kleinen Günter, La Motte-Haber Helga (Hg.) (2008): Musikpsychologie. Jahrbuch der Deutschen Gesellschaft für Musikpsychologie, Band 17 Musikalische Begabung und Expertise, Göttingen: Hogrefe.

Bentley Arnold (1966): Musikalische Begabung bei Kindern und ihre Messbarkeit, Frankfurt/M., Berlin, Bonn, München: Moritz Diesterweg.

Fischer Mareike, Kretschmann Lena, Forge Stephanie (2011): Begabtenförderung und Begabungsforschung. ÖZBF, news&science. Nr. 28/Ausgabe 2, 2011, S. 10–13.

Gembris Heiner (1999): *Historical Phases in the Definition of „Musicality".* Psychomusicology, vol. 16, Spring/Fall 1997, S. 17–25 (volume published in July, 1999).

Gembris Heiner (2002): *Grundlagen musikalischer Begabung und Entwicklung.* 2. Auflage, Augsburg: Wißner.

Gembris Heiner (Hg.) (2008): Musik im Alter: Soziokulturelle Rahmenbedingungen und individuelle Möglichkeiten. Frankfurt: Peter Lang.

Gruhn Wilfried (2008): Der Musikverstand: Neurobiologische Grundlagen des musikalischen Denkens, Hörens und Lernens. Hildesheim: Olms Verlag.

Heller Kurt A. (2000): Musikalisches Talent im Lichte der Hochbegabungs- und Expertiseforschung. Theoretische Modelle, Identifikations- und Förderansätze, in: Abstracts zu den Vorträgen der DGM-Jahrestagung 2000 „Musikalische Begabung und Expertise/Musical Giftedness and Expertise", 21.–23.09.2000, Freiburg.

Helms Siegmund, Schneider Reinhard, Weber Rudolf (Hg.) (2005): Lexikon der Musikpädagogik. Kassel: Bosse Verlag.

Hemming Jan (2002).: *Begabung und Selbstkonzept. Eine qualitative Studie unter semiprofessionellen Musikern in Rock und Pop.* Münster: LIT Verlag.

Hopfgartner Herbert (2008): Der Klang des Dao. St. Augustin: Academia Verlag.

Jank Werner (Hg.) (2007): Praxishandbuch für Musikdidaktik.

Kleinen Günter (Hg.). (2003): *Begabung und Kreativität in der populären Musik.* Münster: LIT Verlag.

La Motte-Haber Helga (1996): Handbuch der Musikpsychologie. Laaber: Laaber Verlag.

La Motte-Haber Helga (Hg.) (1987): Psychologische Grundlagen des Musiklernens (Handbuch der Musikpädagogik, Band 4). Kassel et al.: Bärenreiter.

Lehmann Silke (2010): Was heißt hier begabt? Ein Phänomen auf dem Prüfstand. Institut für *Begabungsforschung* in der Musik Band 2, Münster: LIT *Verlag.*

Mantel Gerhard (2008): Kunst und Pädagogik – ein Widerspruch? Auf der Suche nach künstlerischen Kriterien, in: Frauke Grimmer/Wolfgang Lessing (Hg.): Künstler als Pädagogen. Grundlagen und Bedingungen einer verantwortungsvollen Instrumentaldidaktik, Mainz: Schott.
Olbertz Franziska (2006): The early development of three musically highly gifted children. In: Proceedings of the 9th International Conference on Music Perception and Cognition (ICMPC), Bologna, 22.–26. August 2006 (596–602).
Olbertz Franziska (2009): Musikalische Hochbegabung. Frühe Erscheinungsformen und Einflussfaktoren anhand von drei Fallstudien. In: Schriften des Instituts für Begabungsforschung in der Musik (IBFM), Bd. 1. Münster: LIT Verlag.
Schneider Peter, Andermann Martin, Engelmann Dirk, Rupp Andre (2006): Musik im Kopf – Individuelle Unterschiede in der Klangwahrnehmung und das zerebrale Sinfonieorchester: Dtsch. Med. Wochenschr. 131.
Schyboll Christa (2012): Rituale und Rhythmen. Warum Kinder von Ritualen profitieren können: www.gutzitiert.de/impressum.html.
Unkart-Seifert Jutta (Hg.) (2001): Musik als Chance.
Zeitschrift Nature Neuroscience 2002, Vol. 5, S. 688–694.

Internetquellen

http://de.wikipedia.org/wiki/Positronen-Emissions-Tomographie
http://www.besttips.de/musik_theorie/start.php
http://www.gutzitiert.de/gedankensplitter_kindererziehung-rituale_und_rhythmen
http://www.hausarbeiten.de/faecher/vorschau
http://www.hausarbeiten.de/faecher/vorschau
http://www.labbe.de/mellvil
http://www.oezbf.at/cms/index.php/unsere-philosophie
http://www.uni-heidelberg.de/presse/news05/
http://www.univie.ac.at/muwidb/dgm/german/abstracts00.htm

Kapitel 3
Unterschiedliche Vorlieben und musikalische Geschmäcker

Über Geschmack lässt sich bekanntlich streiten. Dies fängt schon in der Familie bei der Namensgebung des eigenen Vornamens an. Mal sind wir mit dem eigenen Vornamen zufrieden, mal nicht, manchmal hassen wir ihn sogar so, dass wir ihn am liebsten ändern würden. Auch der Musikgeschmack der Eltern wird uns durch die Auswahl an Einschlaf- und Kinderliedern bereits in die Wiege gelegt. Im Grund genommen wird er bereits vorgeburtlich im Mutterleib geprägt. Welche Musik Mütter in der Schwangerschaft hören oder mit welcher Musik sie sich umgeben, welche sie selbst gestalten, wirkt sich nachhaltig auf unseren späteren Geschmack und unsere Vorlieben aus. Die bereits als Embryo „gehörte" Musik durch die Bauchdecke und die Blutbahnverbindung zwischen Mutter und Ungeborenem wird aber nicht nur gehört, sondern auch gespeichert und später erinnert, ja sie trägt sogar zur Förderung der Sprachentwicklung bei. Schließlich prägen uns in der Kindheit alle möglichen Sinneserlebnisse, die wir ganz selbstverständlich an wichtigen Familienfeiern wie Geburtstagen, Hochzeiten, Beerdigungen, Weihnachten oder Ostern in uns aufnehmen. Solche Rituale sind immer mit Musik gekoppelt und werden über Generationen transportiert. Nichts ist so beständig wie musikalische Traditionen.

Eine Gesellschaft wird getragen von Personen, die in unterschiedliche Familien hineingeboren werden. Je nachdem also, wie Musik in den ersten Lebensjahren erlebt wird, bilden sich mehr oder weniger intensive Musikgeschmacksstrukturen heraus, die zunächst von den Eltern geprägt, dann durch Kindergarten, Schule, später durch Freunde und Peers modifiziert aber auch wieder vollständig gekippt werden können.

Dennoch bevorzugt jeder Mensch eine bestimmte Musik. Manche Menschen können diese sehr genau bestimmen, andere wissen zumindest, welche sie nicht mögen. Ob dabei musikalisches Outing der Preisgabe einer Geschmacks-Visitenkarte gleichkommt, mag möglicherweise zu hoch gegriffen sein. Gleichwohl ist der individuelle Musikgeschmack doch etwas wie der Ausdruck des musikalischen Selbstkonzepts. Er gibt Hinweise auf Affinität zu bestimmten Musikstücken, auf einen bevorzugten Lebensstil, auf musikalische und damit soziale Gruppenzugehörigkeit, auf musikspezifische Normen und Konventionen, natürlich auch auf unreflektierte musikbezogene Selbstverständlichkeiten, wie beispielsweise eine ständige Geräuschkulisse oder bevorzugte Stille und Musikabstinenz.

Der Wandel des Musikgeschmacks lässt sich am besten am Hörverhalten an Jugendlichen erklären, meinen die Autoren von Musikwissen A-Z. Kaum eine Bevölkerungsschicht wird in so hohem Maße von der Musik beeinflusst und konsumiert so viel Musik. Jugendliche verbringen den größten Teil ihrer Freizeit damit, Musik zu hören oder selbst zu machen. Gleichwohl ist es nahezu nicht möglich, Jugendliche heute einer bestimmten Musikrichtung zuzuordnen. Zu groß ist das Spektrum an Nischen und verschiedenen Musikstilen. Sicher spielt der Mainstream eine große Rolle. Er wird vor allem von Musiksendern in Rundfunk- und Fernsehstationen sowie von Internetzwerken bestimmt und schafft eine Akzeptanz auch in der altersübergreifenden Bevölkerung. An diesem Punkt werden Erwachsene und Jugendliche wieder vereint. Die Möglichkeit für jeden, Musik aus dem Internet herunterzuladen, bietet die Möglichkeit, individuelle CDs zu erstellen. Hinzu kommt, dass Musik durch diese Medien weit preisgünstiger geworden ist.[74]

Musikgeschmack ist nicht Schicksal

Im Musikgeschmack finden sich auch immer sozialkritische Aspekte, die sich im Laufe der Zeit verändern. Denn Geschmäcker bilden sich in sozialen Kontexten heraus, aber nicht schicksalhaft, sondern sie werden, wie Leitbilder auch, von der Musikindustrie kulturindustriell produziert. Dies geschieht durch Leitbildmontage, die letztlich zur Bestätigung angenommener Erwartungen von Bedürfnissen führt. Eine Leitfigur, ein Star zum Beispiel, wird montiert. Dadurch wird das Individuum erst einmal entpersonifiziert, der natürliche Name wird ersetzt durch ein Artefakt und dem vermeintlichen Publikumsgeschmack angepasst. Beispielsweise wird aus Gert Höllerich Roy Black, aus Heinz Georg Kramm Heino, bei Udo Jürgen Bockelmann lässt man den „Bockelmann" weg und hängt an den zweiten Vornamen ein „s" an, von Gabriele Susanne Kerner zu Nena lässt sich hingegen kaum eine Verbindungslinie ableiten, ebenso wenig bei Ludwig Franz Hirtreiter zu Rex Gildo. Oftmals ist der Name der erste „Checkpoint", in dem geprüft wird, inwieweit er zur Vermarktung taugt. In manchen wenigen Fällen sind nur geringfügige Modifikationen am bürgerlichen Namen vorzunehmen, wie etwa bei Jürgen Ludwig Drews, wo lediglich der Doppelname stört, oder bei Peter Alexander Makkay, wobei Alexander verschwindet und die beiden „kk" zu „ff" werden. Gruppen oder Bands suchen in den allermeisten Fällen einen völlig eigenständigen, mit dem ursprünglichen Musikstil identifizierbaren Namen. Bei vielen Solisten, die so aufgebaut werden, wird weniger nach der bevorzugt

---

[74] Vgl. Musik Wissen A-Z, besttips.de of music, Kap. 6, Stichwort: Hörgewohnheiten im Wandel der Zeit.

gespielten Musikrichtung gefragt, sondern neben auffälliger Stimme, Aussehen, Auftreten oder sonstiger Attribute danach, welcher Typ er oder sie darstellt und welches Bedarfssegment sich durch ihn oder sie abdecken ließe. So wollte Roy Black nie Schnulzensänger werden, er kam eigentlich aus einer Rock'n Roll Band.[75] Bei Peter Maffay war es umgekehrt: Zu Anfang seiner Karriere wurde er als Schlagersänger aufgebaut, wandelte sich dann aber zu einem erfolgreichen deutschsprachigen Rock- und Popmusiker. Auch die anderen hier exemplarisch genannten Stars ließen sich unter einem ähnlichen biografischen Gesichtspunkt beleuchten. Es würde jedoch immer nur ein Teil betrachtet werden können, da es zu viele Beispiele gibt.

Für die Weiterführung unserer Frage ist dabei wichtig, dass durch diesen Prozess schließlich die Anpassung von Bedürfnisgruppen an das Produkt entsteht. Über gezielte Werbung wird uns als Konsumenten allerdings eine andere „Wahrheit" als „wir richten uns nach den Bedürfnissen der breiten Masse. Für uns ist der Kunde König …" verkauft. Mit dieser Verschleierung wird suggeriert, dass sich Stars ganz dem Geschmack der Kunden und Fans angleichen. Da jede Zeit ihre Idole kulturindustriell produziert, sind die daraus entstehenden Geschmäcker an die jeweiligen Moden angepasste Montagen, die von den Medien geschickt als Ersatzleitbilder transportiert werden. Diese Leitbilder wiederum greifen unbewusst in die Lebenswelten, Stile und Kulturgüter ein.

Umfangreiche soziologische Untersuchungen zur Korrelation von Lebenswelten, individuellen Lebensstilen und verwendeten Musik-Kulturgütern finden wir in Quellen kultursoziologischer Forschung. Hier ist besonders Helmut Rösing vom Fachbereich Kulturgeschichte und Kulturkunde des Instituts für Systematische Musikwissenschaft der Uni Hamburg zu nennen.[76]

Als besonders wertvoll haben sich die Untersuchungen des französischen Soziologen Pierre Bourdieu (1930–2002) erwiesen.[77] Bourdieu vergleicht in seiner Kulturtheorie Interaktionen des Alltagslebens – im Sinne Ludwig Wittgensteins – mit einem Spiel. Der Lebensstil, kultureller Habitus und musikalisches Bewusstsein sind zwangsläufiges Ergebnis der jeweiligen Klassenzu-

---

[75] Höllerich trat zuerst mit der Band *The Honky Tonks* in einer Augsburger Kneipe auf. Danach gründete er die Rock'n Roll-Band *Roy Black and his Cannons*. Die Band spielte als Cover-Band gerne Lieder von Elvis Presley bis zu den Beatles. Von einem ihrer Auftritte erfuhr ein Musikproduzent und nahm mit Gerhard Höllerich Kontakt auf. Die weitere musikalische Biografie ist bekannt.

[76] Rösing H. (2000): Musikalische Lebenswelten-Lebenswelten soziologisch gesehen, S. 2 http://stange-elbe.de/grundkurs-musikwissenschaft/artikel/roesing-lebenswelten.pdf.

[77] Vgl. Bourdieu P. F. (1987): Die feinen Unterschiede, Berlin.

gehörigkeit.[78] Die Funktion des kulturellen Habitus bestehe darin, sich von anderen Klassen abzugrenzen. Durch den Habitus erfolgt die Aneignung von klassenspezifischen Kulturgütern und Verhaltensformen, durch ihn bestimmen sich auch allgemeiner und musikalischer Geschmack.

Geschichtliche Ereignisse als Spiegel des Musikgeschmacks

Ein interessantes Beispiel dafür liefert „Die Internationale". Als Kampflied der Arbeiterklasse transportiert, wurde sie zur Hymne der Mächtigen, dann zum kommunistischen Protestlied. Begonnen hat die Geschichte der „Internationale" in Russland, nach einem Aufstand im Petrograd im Jahr 1917, der Stunde Lenins. Das Lied selbst stammt aus dem Jahr 1888 und geht zurück auf eine Komposition aus der Zeit der Pariser Kommune 1881. Doch erst 1919 erklärt sie Lenin zur Hymne der Kommunisten. Im Jahr 1943 sieht Stalin die Zeit für mehr Pathos gekommen und führt eine neue Nationalhymne ein, die der Sowjetunion. Die Internationale bleibt fortan die Hymne der Kommunistischen Partei.

Eine noch weiter zurückliegende, aber nicht weniger imposante Liedgeschichte zeichnet den Weg der „Marseillaise" nach. Der Schriftsteller Stefan Zweig beschreibt in „Genie einer Nacht" aus dem Jahr 1927 brillant, dass die Entstehung der späteren französischen Nationalhymne eine spannende und ebenso tragische Unknown-Geschichte darstellt, wie es kaum eine Zweite gibt.[79] Ursprünglich als eine „recht nette Hymne an die Freiheit" geschrieben, hatte sich die anspruchslose Arbeit als sangbar erwiesen, die Militärkapelle hatte sie eingelernt, man hatte sie am öffentlichen Platz gespielt und im Chor gesungen. „Irgendeinen schrittbeflügelnden patriotischen Marschgesang könne die Rheinarmee wirklich brauchen". Nach diesem Slogan entstand von einem unbekannten Komponisten, namens Rouget, ein singbares Marschlied, das zu einem unsterblichen Lied vollendet wurde. Und dann entzündet sich der Funke mit dem neuen Lied, als wäre er in ein Pulverfass gefallen. Das Lied, das ursprünglich für die Rheinarmee bestimmt war, wurde mit einem Schlag zur Hymne, zum Bekenntnis des Lebens und des Sterbens. Es gehört plötzlich zum französischen Volk wie die Tricolore und in leidenschaftlichem Vormarsch wollen sie ihre „Marseillaise" über die Welt tragen. Lawinenhaft wird ihre Verbreitung vorangetrieben, unaufhaltsam ist ihr Siegeslauf.[80] In einem, in zwei Monaten ist die Marseillaise das Lied des

---

[78] Vgl. Rösing H. (2000): Sozialer Raum und ‚Klassen', a. a. O.
[79] Vgl. Zweig S. (1927): Sternstunden der Menschheit, Leipzig.
[80] Zit. nach ebd.: Das Genie einer Nacht.

Volkes geworden, und heute singt man es würdevoll und selbstverständlich bei jedem Fußballspiel der Nationalmannschaft, zuletzt mit Innbrunst und donnernd bei der WM in Brasilien 2014, niemals nach ihrem ursprünglichen Sinn fragend. Das wäre fast Blasphemie. Eine Hymne, so scheint es, unterliegt keinem Geschmack, man darf irgendwie nicht nach ihrem „Gefallen" fragen, sie ist gleichsam – wie Zweig die Marseillaise nennt – ein Tedeum, das sakrale Elemente enthält, aber keine Geschmacksfragen zulässt.

Gesellschaftliche, militärische und überhaupt politische Ereignisse widerspiegeln häufig musikalische Geschmäcker der Zeit. So greift die von indianischen Wurzeln abstammende amerikanische Folksängerin Joan Baez 1971 im Zeichen internationaler Protestbewegungen gegen den Vietnamkrieg die Geschichte von Nicola Sacco und Bartolomeo Vancetti auf, zwei italienischen Einwanderern, die 1920 verhaftet, verurteilt und 1927 unschuldig hingerichtet werden. Dabei gelingt es der Sängerin, das Lied zur Hymne der Unterdrückten zu stilisieren.[81] Damit ist Musik endgültig ins politische Bewusstsein gerückt, wenngleich sie im vorliegenden Beispiel als Mittel zum Zweck mit „The Agony is Your Trial" umfunktioniert wurde.[82] Bei derartigen Liedern und Hymnen spielt der Geschmack scheinbar nur eine nachrangige Rolle, gleichwohl wirkt hier eher kollektives Bewusstsein als musikästhetische Kriterien. Der Geschmack wiederum bewirkt, dass „man hat, was man mag, weil man mag, was man hat".[83] Für diesen Kreislauf von Klassenzugehörigkeit, Lebensstil, Habitus und Geschmack als wichtige Lebensweltdimensionen benennt Bourdieu drei Geschmacksebenen:

- Der legitime Geschmack. Sein Auftreten wird der Bevölkerungsschicht mit höherer Bildung zugeschrieben. Er steht für Kunstwerke, die innerhalb der vorherrschenden Ästhetik höchste Wertschätzung genießen, also z.B. die Musik der „großen Drei" des Abendlandes: Bach, Mozart, Beethoven.
- Der mittlere Geschmack ist bei Angehörigen der mittleren Klassen (etabliertes und neues Kleinbürgertum) zu finden, die sich von der unteren Klasse abgrenzen wollen. Bevorzugt werden hier „abgesunkene Werke" der legitimen Kultur, z.B. populäre Bearbeitungen von klassischer Musik und Oper, aber auch Operette, Jazz, Folklore und gehobene Unterhaltungsmusik wie etwa George Gershwins „Rhapsodie in Blue" oder Leonhard Bernsteins „Westside Story".

---

[81] Die beiden Italiener werden durch den Song von Joan Baez 50 Jahre nach ihrem Tod zu späten Märtyrern verklärt, mit diesem Lied, das in den 1970er und 80er Jahren aus der Protestbewegung auch in Europa nicht mehr wegzudenken ist.
[82] Vgl. Baez J., Morricone E., et al. (1971): „Here's to You (Nicola & Bart)", The Agony of Trial, Discographie.
[83] Bourdieu, zit. nach Rösing a.a.O., S. 3.

- Der populäre Geschmack wird als Kennzeichen der unteren Klasse (vor allem der Arbeiter und Angestellten in niedrigen Positionen) interpretiert. Das Nichtvorhandensein von Luxusgütern aus Geldmangel wird durch billigen Ersatz kompensiert, im Bereich der Musik durch angeblich passiven Konsum von populären Massenprodukten wie Schlager, Mainstream und Pop.[84]

Dieses Schichtenmodell Bourdieus ist vermutlich auf eine massenhafte Wirkung von ins kollektive Bewusstsein eingreifenden Liedern, Hymnen und Propagandamusik nur bedingt übertragbar. Es ist zudem heute differenzierter zu betrachten. Diese drei alltagsästhetischen Schemata von Geschmackskulturen als Indikatoren bestimmter Lebenswelten und Lebensstile sind sicherlich nicht – wie Bourdieu noch annahm – ausschließlich von Sozialisationsvariablen des jeweiligen gesellschaftlichen Milieus abhängig. Für die allgemeine wie musikalische Geschmacks- und Meinungsbildung ist vermutlich ein vieldimensionaleres System von personen- und gesellschaftsbezogenen Variablen verantwortlich. Zudem muss man heute davon ausgehen, dass sich jedes Individuum gemäß seinen Anlagen (Genotyp) und seiner Erziehung, jene Musik aus den Umweltangeboten aktiv aneignet, die für seine Entwicklung, für seine Konstruktion von Lebenswelt und für seine Konstruktion eines Persönlichkeits- und Selbstkonzepts bedeutsam ist.[85] Innere Realität (Genotyp) und äußere Realität (Umwelt) stehen in einem „interaktiven Passungsverhältnis", das heißt, sie bedingen sich gegenseitig.[86] Dennoch verweist die soziale Konstruktion alltagsästhetischer Schemata im Deutschland der 80er Jahre, wie sie Gerhard Schulze anhand umfangreichen empirischen Materials vorgenommen hat, trotz starker vertikaler Trends darauf, dass horizontale Schichtungen nach wie vor existieren.[87]

Allerdings, so resümiert Rösing, lassen sich direkte Korrelationen zwischen sozialen Schichten und Vorlieben für bestimmte Musikstile allenfalls in Grenzen aufzeigen.[88] Die Grenzen verschwinden völlig, wenn es um klassen- und schichtenübergreifende Musik geht, wie beispielsweise bei Hymnen.

Dass sich Geschmackskulturen weder auf alle Volksgruppen übertragen, noch eindeutig auf Musikgenres und auf ihre vermuteten Konsumenten-

---

[84] Bourdieu zit. nach Rösing a. a. O., S. 3.
[85] Vgl. Bruhn H., Oerter R., Rösing H. (Hg.) (2000): Musikpsychologie. Ein Handbuch, in: Rösing, a. a. O., S. 258.
[86] Scarr S., McCartney K. (1983): How People Make Their Own Environments. A Theory of Genotype.
[87] Schulte G. (2000): Die Erlebnisgesellschaft: Kultursoziologie der Gegenwart. Studienausgabe 2000, S. 54.
[88] Zit. nach Rösing, a. a. O., S. 3.

schichten fixieren lassen, zeigt der überwältigende Erfolg von populärer Musik: der deutsche Schlager beispielsweise.[89]

Beim deutschen Schlager scheiden sich die Geister

Einige halten ihn für tot. Andere glauben an seine Wiederauferstehung. Für viele ist er längst Kult. Und ganz gleich, wie man selbst zur populären Unterhaltungsmusik steht: Der Schlager ist ein Stück Zeitgeschichte. Von den Songs der wilden Zwanziger bis zu den Durchhalteliedern des Zweiten Weltkriegs, von den Schnulzen der 1950er Jahre bis zu den Klängen der Neuen Deutschen Welle, von seichtem Rock und Pop bis zu Helene Fischer oder Andrea Berg: Immer wieder spiegelt sich im Schlager die Seelenlage der Nation.

In der ZDF-Info-Sendung „Deutschland deine Schlager" werden die Jahrzehnte des immer wieder totgesagten, aber nicht tot zu bekommenden deutschen Schlagers deskriptiv und kritisch bewertet.[90]

Entscheidend für unsere Fragestellung ist die Tatsache, dass nicht die *musikspezifische* Analyse des Schlagers bedeutsam ist – diese kann in unterschiedlichen Quellen, insbesondere bei Hermann Rauhe aus den frühen siebziger Jahren, nachgelesen werden.[91] Vielmehr ist die *musiksoziologische* Bewertung der Rolle des Schlagers für Endverbraucher im gigantischen Musikunterhaltungsmarkt von einschneidender Bedeutung. So geht es weniger um die Seelenlage der Nation, diese ist eher ein PR- und Verkaufsgag der Macher, als vielmehr um die Geschmackslage und Geschmacksstruktur der Konsumenten einer bestimmten Kultur und ihrer Region.

In den zwanziger Jahren bedeutet der Schlager in Deutschland für jede soziale Schicht gleichermaßen anerkannten Zeitgeschmack, wenn er auch regionale Unterschiede kennt. Generell gilt, zumindest für die Großstädte, dass Schlagermusik gesellschaftsfähig und nachahmungswürdig ist. Einzelinterpreten sind dabei die Regel, aber auch Gruppenschlager wie von den Comedian Harmonists erlangen zunehmend mehr gesamtgesellschaftliche Anerkennung. Aus dieser Zeit sind keine öffentlichen kritischen Stellungnahmen zu dem Musikgenre bekannt. Vielmehr fügen sie sich als Leitbilder perfekt in die „wilden" zwanziger Jahre ein. Anders verhält es sich mit den Liedern des Dritten Reiches. Diese meist als harmlose Kampflieder getarnten

---

[89] Das Wort „Schlager" lässt sich so gut wie nicht übersetzen. Von daher ist es in der Tat ein typisch deutsches Phänomen.
[90] Vgl. ZDF-Info History 4.5.2013/WH 6.8.2014, Moderation Guido Knopp.
[91] Vgl. Rauhe H. (1972): Zur Funktion des Schlagers im Leben Jugendlicher und Erwachsener, in: Helms S. (Hg.) Schlager in Deutschland.

Schlager („Das kann doch einen Seemann nicht erschüttern", „Ein Freund, ein guter Freund") erfahren vom sog. Volksganzen Anerkennung, Entlastung und positive Stimmung. Die Idole werden sorgfältig gewählt und schließlich für die Zwecke der Zeit montiert. Ein gutes Beispiel ist „Lili Marleen" in der gesungenen Fassung von Lale Andersen. Nicht leicht zu interpretieren, aber dennoch so gut gemacht, dass es für Millionen von deutschen und internationalen Hörern zum Lieblingssong wurde.[92] Auch Durchhaltelieder wie die von Zarah Leander „Davon geht die Welt nicht unter" oder „Es wird nochmal ein Wunder geschehn" werden von Millionen Deutschen gehört und im gleichnamigen Film gesehen. Das Lied ist überall. Es erzeugt Hoffnung, verherrlicht Opferbereitschaft. Die Lieder sollen siegen helfen, vorwärts treiben. Es handelt sich dabei um ein geschickt gefördertes Leitbild der beiden Schwedinnen Andersen und Leander im nationalsozialistischen Deutschland. Erst im Laufe des näher heran rückenden Untergangs und der Tatsache, dass eben kein Wunder mehr geschieht, kommt auch Kritik an dieser Art der Situationsbeschönigung auf; allerdings nicht an der künstlichen Figur, sondern eher an der vermittelten Botschaft. Das Hinter-die-Kulissen-Schauen oder gar Kritik ist während der Zeit des Nationalsozialismus nicht angesagt und ein Zuwiderhandeln auch nicht bekannt geworden. Erst Jahre später gelangen die Durchhaltelieder und ihre Interpreten in den Fokus musikkritischer, d. h. musiksoziologischer Betrachtungen. Ob es sich dabei allerdings um Schlager handelt, ist zumindest umstritten und äußerst unscharf. Vierzig Jahre später erscheint ein Remake von der ostdeutschen Sängerin Nina Hagen, die das Lied der Leander beinahe deckungsgleich, allerdings mit veränderter Aufnahmetechnik, interpretiert. Beim ersten Hinhören entdeckt man in der sonoren tiefen Frauenstimme kaum einen gesanglichen Unterschied zum Original. Auch Lili Marleen wird später mehrfach neu interpretiert.[93] Ob es zutreffend ist, auch hierbei von Schlagern zu sprechen, ist ebenso ungewiss, da exakte Kriterien fehlen.

Anders in der Nachkriegszeit. Die Schlager der 1950er Jahre muten nur uns Heutige als Schnulzen, mitunter als Kitsch an. Das Triefen der hingezogenen Melodieschleifen vor allem männlicher Interpreten drücken das am Ende

---

[92] Der Schriftsteller und Dichter Hans Leip schrieb den Text zu Lili Marleen im Ersten Weltkrieg vor seiner Abfahrt an die russische Front Anfang April 1915, während einer Wache vor der Gardefüsilierkaserne in der Chausseestraße in Berlin. Norbert Schultze verfasste dann eine Melodie dazu. Wie die Idee zum Titel „Lili Marleen" entstand, ist in der Literatur umstritten, ebenso wie auch viele Einzelheiten seiner späteren Verbreitung. In der Fassung von Lale Andersen 1939 wurde es zum ersten deutschen Millionenseller und zum deutschen und internationalen klassischen Soldatenlied.
[93] Vgl. Interpretationen von Marlene Dietrich oder Hanna Schygulla.

des ersten Jahrzehnts nach dem Zweiten Weltkrieg vorhandene Bedürfnis nach heiler Welt und gut genährten Männern aus. In den „Caprifischern" tritt Rudi Schuricke als vollschlanker, hochstimmiger Tenor auf, der die große Masse der Ausgehungerten zum Träumen anregt, was ihm mit dem Genre italienischer Vespa-Urlaubs-Aura auch scharenweise gelingt: Eine perfekte Montage eines Sängers, der für Vergessen, Urlaub, Neuanfang und Zukunft steht.

Scheinbar völlig konträr zu diesem Bild entsteht Mitte der 1950er Jahre die Geburtsstunde der modernen Popmusik mit dem einmaligen „Rock around the Clock" von Bill Haley mit 1 Million verkaufter Singles im Monat (!). Rock'n Roller gelten als aufmüpfig, das ist neu. Neu ist auch der sich sofort darauf stürzende Musikmarkt. Singles entstehen zu Hauf. Sie sind die deutlich billigere Version der Produktion, im Gegensatz zur schweren Großscheibe. Ein Besitz der kleinen Scheibe bedeutet, leicht in den Besitz der Musik zu gelangen und damit Teil der Jugendkultur zu sein. Auch die Musik eines Elvis Preßley wird tsunamihaft von USA nach Deutschland gespült. Sie steht für jung und sexy. Die neuen Käuferschichten ohne Zwänge und Konventionen zeigen, dass die aufgedrehte Neuheit im Vergleich zum bisher eher biederen Schlager von Jugendlichen und jungen Erwachsenen bevorzugt wird. Diese entkrampfte und sexbefreiende Musik lässt sich gut verkaufen und steigert den in USA bereits vorhandenen gigantischen Erfolg. Ein Protagonist der Nachahmung amerikanischer Rockmusik in Deutschland ist Peter Kraus, der mit seinem „Sugar Sugar Baby" allerdings keine deutsche Rockmusik begründet, sondern vielmehr eine Art Hillbilly mit deutschem Text kreiert. Auch dieses Leitbild entsteht nicht zufällig, sondern geschieht nach dem geschilderten Muster der Leitbildmontage, ergänzt durch Filme, wie „Wenn die Conny mit dem Peter", in denen sich die Paare unbeschwert das Leben durch Musik erleichtern, indem sie Lieder vergnügt rauf und runter singen. Jeder kennt in der Zeit die gesungene Version der Peter-und-Conny-Story, die auch durch ständige Wiederholungen in den Radiosendern unvergesslich gemacht werden soll.

Gegen Ende der 1960er Jahre wird der deutsche Schlager im Strudel der Studentenrevolution verpönt. Erstmals wird die Technik industrieller Leitbildmontage und ihrer kapitalistischen Vermarktungsstrategie kritisch hinterfragt. Es geht abwärts mit der Nachfrage. Auch mit den Verkaufszahlen. Bis Heintje Simons (Heintje) mit „Mama" wieder einem Kindschlagertypus entspricht, der für eine bestimmte Schicht Leitbild wird, das soziale Milieu mit einfachster Melodienfolge anspricht, dabei mit einem simplen Kadenzschema direkten Eingang in jedes gemüt-gesteuerte Herz findet. Diese Leitbildmontage funktioniert in einer pluralistischen Gesellschaft hervorragend bei den unterschiedlichsten Konsumentengruppen.

Der Geschmack wird vielseitiger

Zur gleichen Zeit werden scheinbar zufällig ganz andere Jungs aus England emporgespült, die sich „The Beatles" oder „The Rolling Stones" nennen. Die Beatles sprechen eher intellektuelle, und die Stones eher rebellierende Schichten an. Beide Bands spielen demzufolge in einer anderen Liga, mindestens aber läuten sie eine völlig neue Ära von Blues und vor allem Beat ein. Anfangs auch textlich noch harmlos an Liebeslieder anknüpfend, „I want to hold your hand", „She loves you yeah yeah yeah" werden John, Paul, George und Ringo aus Liverpool im Laufe der kommenden zehn Jahre kritischer und anspruchsvoller in Text und musikalischem Arrangement „When I'm Sixtyfour", „Norwegian Wood", „Yesterday". Parallel dazu erobern sich die Stones eine andere Konsumentenschicht, die mehr auf hartem Beat und auf sexy Themen steht „I'm a King Bee", „I can't get no satisfaction". Auch sie fügen sich wie andere Musikgruppen ihrer Zeit geschickt in den kommerziellen Regelkreis von Bedürfnis, Leitbild und Anpassung ein, brechen allerdings total aus dem Schlagerimage aus. Die Grenzen zur Pop(ulären) Musik werden fließender. Musiksendungen öffnen sich immer mehr auch internationalen Songs. Man spricht nicht mehr von Schlagern, nur noch von Hits und Hitparaden.

1970er Jahre. Jetzt greifen auch in den deutschsprachigen Schlagerhitlisten Kunstnamen und exotische Titel um sich (Booney M. „Rivers of Babylon", Rex Gildo „Fiesta Mexicana") und vermischen den Schlager-Pop immer mehr mit international approbierten Rock- und Popklängen. Die Welt der Unterhaltungsmusik wird differenzierter, die Käuferschichten werden breiter. Neue Sound- und Stilbegriffe tauchen auf, wie z.B. Psychedelic Music, die ihre Klangbilder der Drogenszene entlehnen und melodisch fast rhythmenlos in Klangschwaden dahinzieht. Diese Musik wird kombiniert mit ineinander verschwimmenden Erotik-Diashows in Discotheken präsentiert. Mit voller Absicht ihre konsumtive Wirkung planend, werden Dias auf Tanzbühnen und vor allem auf Privatpartys gezielt zur Musik eingespielt. So verstärken sie mithilfe des optischen und akustischen Reizes das kommunikative Geschehen. Solche Musikspezialisierungen sind allerdings nicht für ein breites Publikum bestimmt, sondern füllen eher die Nischen der Avantgardisten.

Musikalisch geschieht in der Rockmusik – wir sind erst einmal weg vom deutschen Schlager – in diesem Jahrzehnt ein Quantensprung. War es bisher üblich, Musiktracks auf maximal drei Minuten zu begrenzen, den musikalischen Aufbau klar zu strukturieren und in die Teile A-B-A zu gliedern, wird dieser Regelkreis jäh durchbrochen.

Was es bisher nicht gab, waren Überlängen von Musiktracks. Auch das Orientierung gebende klassische Blues-/Beatschema wird immer häufiger verlassen.

Freie Musikpassagen ohne Einordnung in irgendwelche musikalischen Gesetze nutzen viele Bands als eigenes Stilmittel (Pink Floyd, Deep Purple usw.). Immer mehr Bands gestalten diese Freiheiten zeitlicher und struktureller Muster innovativ und lassen ihre Kritiker aufhorchen.[94] Im deutschen Schlager oder den Hits der deutschen Hitparaden bleibt man bei den Dreiminutensongs und ihrer Liedstrophen, die um den unvermeidlichen Refrain kreisen. Angekündigt werden sie in Fernsehsendungen über ihre Schnellsprecher Dieter-Thomas Heck[95] oder durch den Künstlermoderator Ilja Richter in der erfolgreichen deutschen Musiksendung „Disco" mit höchsten Einschaltquoten.[96]

Auch in den 1980er Jahren bedient sich die Musikindustrie zunehmend der TV-Medien und unterstützt diese Entwicklung, nachdem sich die erhöhten Einschaltquoten auf das gigantische Musikgeschäft förderlich auswirken.

Stilistisch greift jetzt allerdings eine interessante Neuerung mit der Neuen Deutschen Welle (NDW). Mit reduzierten Textbausteinen *Da da da – sie liebt dich, sie liebt dich nicht*, man könnte auch sagen: mit Text ohne Sinn und entsprechend knappen Musikelementen wie elektronischer Trommel anstelle eines Schlagzeugs, Melodica statt Klavier oder Orgel, mit monotoner Gesangsstimme, greift sie in das Musikgeschehen ein und wirbelt die Gemüter, Geschmäcker und Ansichten über Sinn und Unsinn völlig durcheinander. Gleichwohl funktionieren die Vermarktungs-Mechanismen auch weiterhin perfekt.

Schlager im ursprünglichen Sinne sind Lieder der NDW weiterhin, allerdings nur im Wortsinne des „Schlagens/Einschlagens", weniger vom Musikstil. Auch der Trend der NDW entwickelt sich in veränderter, teilweise in der beschriebenen minimalisierten Struktur weiter, dominiert von synthetischer Musik und elektronischer Studiotechnik. Ein besonderes Augenmerk legen die Produzenten und ihre Verkaufspsychologen auf die typischen gesellschaftlichen Trends im Konsumentenverhalten der 1980er Jahre. Mit Nenas „99 Luftballons" wird ein Sprachtrick aufgegriffen, nämlich mit symbolischen Metaphern Kritik am System, hier an der zunehmenden Aufrüstung im kalten Krieg zu üben und das Musikprodukt mit dem Sound eines kin-

---

[94] Vgl. Rolling Stones: „Goin' home", 16 Min., Rare Earth: „MA", 17 Min., Temptations: „Papa was a Rolling Stone" und „Masterpiece", beide über 17 Min. Donna Summer: „Love to love me Baby", 20 Min.
[95] *ZDF Hitparade,* Moderatoren: 1969–1984: Dieter Thomas Heck; 1985–1989: Viktor Worms; 1990–2000: Uwe Hübner.
[96] Disco. Musiksendung des ZDF, 1971 bis 1982 produziert und von Ilja Richter moderiert. Der unmittelbare Vorgänger von Disco war die Musiksendung *4-3-2-1 Hot & Sweet,* die von 1966 bis Ende 1970 produziert und ab 1969 von Ilja Richter und Suzanne Doucet moderiert wurde.

derähnlichen Liedes zu verpacken. Mit diesem Kunstgriff hat sich bereits die DDR-Gruppe Karat „Albatros", „Über sieben Brücken musst du geh'n" eindrückliche Aufmerksamkeit erworben und breite Hörerschichten auch im Westen gewonnen. Ihre hintersinnigen und systemkritischen Songs sind aufgrund ihrer allgemeinen Symbolsprache nicht angreifbar oder zu verbieten. Am Beispiel des Songs „Albatros" lässt sich sehr gut zeigen, wie allein schon der Text diese Symbolik stützt.[97] Er zeigt deutlich die Botschaft. Die dazu passend komponierte und perfekt arrangierte Musik gibt dem Lied fast schon einen „Werkcharakter". Damit brechen sie zumindest im ersten Anschein aus der Leitbildmontage aus bzw. nutzen sie musikalisch geschickt für eigene Botschaften.

Gegenüber der musikalischen Innovationen der 1970er Jahre sinken ansonsten die 1980er Jahre insgesamt qualitativ ab. Allerdings, wenn man den veröffentlichten Verkaufszahlen der deutschen Musikindustrie glauben darf, lassen diese zumindest kein quantitatives Absinken erkennen. 1981 hatte die Vinylschallplatte mit 1,14 Milliarden verkauften Tonträgern weltweit ihren Höhepunkt, wurde aber in den folgenden Jahren von der CD als Standardtonträger und mittlerweile durch den digitalen Download abgelöst. Dennoch konnte sich die Schallplatte über die Jahre hinweg auch wegen ihres satten und warmen Klangs eine treue, wenn auch kleine Käuferschicht erhalten. Heute ist die Schallplatte vor allem bei Klassik-/Musikliebhabern und DJs beliebt.[98] Geblieben ist die Bezeichnung „Platte", die nach wie vor auch für unterschiedliche Computertransporter verwendet wird.

---

[97] Auszug aus „Albatros-Songtext" der Gruppe Karat (1982, 7:40 Min.):
„Es gibt einen Vogel, den haben Matrosen zum Herrscher gekrönt.
Er fliegt um die Erde vom Südpol nach Norden, kein Ziel ist zu weit.
Der Albatros kennt keine Grenzen.
...
Gefangen sein heißt für ihn tot.
...
Die Sklaven der Erde, verhöhnt und geschunden, sie teilen sein Los,
wenn er lag gefesselt, verblutend am Ufer, gebrochen sein Flug:
Der Albatros war ihr Symbol.
Doch ruft ihn die Weite, die endlose Macht,
dann stürmt er ins Freie mit maßloser Kraft;
er schwingt seine Flügel, sprengt Schlösser und Riegel der Fesseln und Ketten.
Und türmen sich Wände und greifen ihn Zwingen ((richtig?)) aus Wolken wie Blei;
und schlagen ihn Blitze,
er kämpft mit den Schwingen das Hindernis frei.
Er findet den Weg auch im Orkan."

[98] Vgl. Lubik O. (2008): Das Ende der Musikindustrie – oder die digitale Revolution – http://www.hdm-stuttgart.de/~curdt/Lubik.pdf.

Die 1990er Jahre sind in Deutschland geprägt von der Wiedervereinigung. So öffnet sich auch die Musikbranche dem Thema bzw. dem Gefühl der vereinten Nation durch die Gruppe Scorpions mit „Wind of Change" (4:40 Min. Länge), dem Song der Wende. Der 1988 bereits in Leningrad dargebotene Song der Hannoveraner Gruppe wird erst zwei Jahre später zur Hymne der Freiheit und der Einheit hochstilisiert. Zwei deutsche Staaten werden friedlich revolutioniert, der Song überlebt, die Systeme werden Geschichte. Deutschland wird zum dritten Mal Fußballweltmeister. Musik wird an die Zeit des Umbruchs angepasst. Die insgesamt überwältigende Euphorie soll sich auch in der Musik der Massen ausdrücken. Die Stile in Ost und West heben sich zunehmend auf, die Einheit ist ebenfalls in der Musik zu spüren. Desgleichen wird die sexuelle Freiheit in den öffentlichen Medien musikalisch ausgenutzt, wie beispielsweise in der Fernsehsendung Tutti Frutti, indem sich die Protagonisten zur rhythmisch betonten, aber melodisch seichten Musik tanzend entkleiden.[99]

Mit Beginn der Verbreitung des Internets wird die klassische Musikwerbung im Kino oder in den TV-Musiksendungen (VIVA, MTV) überall zurückgedrängt bzw. erhält eine aufkeimende bis heute ins Gigantische gewachsene Kommerzialisierung. Dann kommt der die Welt schockierende Tag des Nineeleven (01-11-09) in den USA, zwölf Jahre nach der deutschen Wiedervereinigung. Sprachlos hält man bei den unglaublichen live übertragenen Bildern den Atem an. Um die Betroffenheit abzufedern, hilft musikalisch die sanfte „Stimme der Stille" von Enja mit „Only Time". Obwohl das Lied schon vorher komponiert war, trifft es genau das Schockgefühl der Menschen, das in Worten nicht mehr ausgedrückt werden kann. Das Lied „Only Time" lässt mit den Worten „wann der Schmerz endet, weiß nur die Zeit" den notwendigen Raum für Interpretationen. Die Musik trägt dazu bei, dass in der verletzten Welt eine Einigkeit besteht, die selten so stark ist, obwohl man die Musik gar nicht bewusst in einen unmittelbaren Zusammenhang stellt.

Die Weiterentwicklung der Kommerzialisierung elektronischer Studiomusik hält ungebrochen an. Inhaltlich verbreitern sich die musikalischen Facetten um Genderthemen, wie etwas *Ich will so bleiben wie ich bin, Ich will alles*, oder um Lebenshilfethemen wie *Geboren um zu leben*. Musik wird zur gesellschaftlichen Ich-Botschaft und zur Ratgeberin für Notlagen, die sich als eigenes Genre einen festen Platz im Musikgeschäft erobert. Lieder werden mit Phra-

---

[99] Tutti Frutti war die deutsche Version der italienischen Erotik-Spielshow Colpo Grosso. Sie wurde vom 1990 bis 1993 auf einem Sendeplatz am späten Sonntagabend auf dem Privatsender RTL plus ausgestrahlt. Aufgelockert wurde das Programm durch live gespielte Musikdarbietungen der Studioband (mit Hugo Egon Balder am Klavier und Mikrofon) und kurzen, vorher aufgezeichneten Strip-Clips z. B. des Cin-Cin Balletts.

sen zur Lebenshilfe und verschaffen sich so die eigene Existenzberechtigung. Ob sich diese Facettenerweiterung auch auf die musikalische Professionalität der Innovation und Kreativität auswirkt, bleibt fragwürdig. Denn viel Neues ist kaum zu identifizieren, es gibt nicht mehr viele Spielräume. So sind es textliche Varianten, Sprechgesänge und irgendwie die immer gleich gültigen Botschaften von Liebe, Schmerz, Sehnsucht und Egogefühlen. So suggerieren Fernsehsendungen wie DSDS (Deutschland sucht den Superstar) mit ihren aus unbekannten Quellen rekrutierten Laiendarstellern und deren schrillen Auftreten durch Peinlichkeitsverhalten hinter diesen Parametern musikalische Professionalität. Etwas anders, besser, aber nach den gleichen Leitbild orientierten Marketinggesetzen funktioniert „Voice of Germany". Alle Kandidaten singen hier besser als Otto Normalo. Angeblich fallen schon in der Vorauswahl durch die „Jury" schlechte Stimmen und Sänger heraus. Die inhaltliche Message geht vielfach unter oder wird gar nicht erst innerhalb der Kandidatenbewertung thematisiert. Im Endeffekt geht es aber auch hier um eine künstliche Montage von – und das ist neu – öffentlich gemachten Leitbildern, deren Erfolg man möglichst ebenfalls medial auf breiter Basis mitverfolgt.[100]

Auch wenn hier nur ein kurzer Streifzug durch die Machart musikalischer Vorlieben und Geschmäcker möglich ist und subjektiv ausgewählte Beispiele nur angerissen werden können, zeigt sich dennoch eine interessante Tendenz. Musik verrät uns trotz oder gerade wegen ihrer kommerziellen Vermarktung immer etwas über den Zeitgeist, bildet sie doch gesellschaftliche Trends ab und verstärkt diese. Das sehen wir besonders auch in der Werbung, in der das Phänomen noch einmal verdeutlicht wird.

Der Einfluss der Werbung auf den Musikgeschmack

Es gilt generell das Motto: Keine Werbung ohne Musik, ohne Musik keine Werbung. So wie vor hundert Jahren Reklame mit Klavierbegleitung wie beim Stummfilm das Kaufverhalten stimulieren sollte, Persil-Werbung im Dritten Reich die Persilkartons zur Musik marschieren ließ, in der Nachkriegszeit bei Mouson Lavendel die Musik genauso wie das Eau de Cologne in Erinnerung bleibt, ist Musik stets der Ausdruck des Zeitgefühls, das bestimmte gesellschaftliche Vorlieben widerspiegelt. Durch die manipulative Wirkung der Kulturindustrie, die Wahrnehmungsmuster vorgibt, spielt Musik in der Werbung eine hochbedeutsame, vor allem psychologische Rolle, die diese Wahrnehmungsmuster vermittelt und sie damit nach vorgefertigten Sche-

---

[100] Vgl. auch: Heidi Klum's „Germany's Next Top Model", das nach denselben Mustern funktioniert.

mata kanalisiert, einengt und schließlich in Richtung auf ein Ziel hin steuert, wo man sich den größten Absatz verspricht. Das Wissen darum ist nicht neu. In den 1950er Jahren taucht musikalisch bei der Rama-Werbung Musik erstmals als Bigband auf. Wer sich dem Zeitgeschmack anpasst, ist modern, geht mit der Zeit. In den 1960er Jahren bedient sich die gesamte PR dem Genre der damals für ein breites Publikum sehr prägenden Filmmusik. Man geht also ins Kino. Reklame gehört zu jedem Film wie Langnese-Eiskonfekt, Popcorn oder Cola. Ein gutes Beispiel ist die Marlboro-Werbung, die nicht fehlen darf (solange Zigarettenwerbung noch erlaubt war) und die den Geist von Freiheit und Abenteuer bedient und dazu Bonanzaklänge einspielt. Die unterlegten Synchronstimmen der Westernhelden John Wayne oder Clint Eastwood lösen dabei einen typisch männlichen, verkaufssteigernden Machoeffekt aus. Bei der Pril-Ente, deren Werbung eher im häuslichen Fernsehen als im Kino präsentiert wird, klingt im Hintergrund eine langandauernde Hammondorgel mit einigen wenigen Akkorden. Sie soll Hausfrauen ansprechen. Auch Sprechgesang bei Butter- und Zuckerwerbung ist beliebt, der immer mehr an ein Gute-Nacht-Liedchen zum Betthupferl erinnert. In der DDR-Werbung zu Konsumgenossenschaften erklingen auffällig zitternde Geigen, wenn es heißt: „Der Konsum deckt den Gabentisch."[101] Musik verstärkt auch hier eindrücklich, aber für den Konsumenten unsichtbar, die Verbrauchslenkung. Nur das HB-Männchen, eine der beliebtesten Kinowerbungen, verzichtet bis auf einen knöchernen Xylophonklang auf Musik. Allerdings wird der Werbegag („Wer wird denn gleich in die Luft gehen, greife lieber zur HB") dann als Höhepunkt mit einem Kirchenorgelsound unterlegt. Er suggeriert auf diese Weise innere Gelassenheit und plötzliche sakrale Ruhe nach der vorhergehenden cholerischen Aufregung. Beim Esso-Tiger („Pack den Tiger in den Tank") poltern Trompeten im Hintergrund. Sie sollen Kraft und Zielstrebigkeit zum Ausdruck bringen. Ein Antitranspirant wird mit Chorklängen wie aus dem Musical HAIR gemischt, Africola-Spots leben durch „LSD-Musik" (Geigen, Schlagzeug, Musikclouds). Als erstmals in der deutschen Seifen-Werbung der grünen FA die Hüllen fallen, erklingen illustre Frauenstimmen und imaginieren das Eintauchen in einen grünschimmernden See. Sie lassen Assoziationen an den französischen Kultfilm „Die Abenteurer" mit Alain Delon und Lino Ventura und der Musik von „The Swingle Singers" aufkommen.

Erst als Werbung konkreter wird, wandelt sie sich auch von der Produkt- zur Kommunikationswerbung. Im Vordergrund steht jetzt scheinbar Aufklärung über das Produkt. Sogenannte Experten – als solche durch weiße Kittel zu erkennen – kommunizieren mit dem desinformierten und tumben poten-

---

[101] Mit Konsum war in der DDR ein bestimmter Einkaufsladen, eine Art bescheidener Supermarkt gemeint (der allerdings so nicht genannt werden durfte).

tiellen Kunden und erklären das Produkt wie im Physikunterricht, stellen es aber nicht über andere Konkurrenzprodukte, betreiben also keine komparative Werbung. Musik tritt für Sekunden in den Hintergrund, es wird bewusst eine Pause gesetzt, sie erklingt erst synchron mit dem direkten Benennen des Produktes selbst. Bereits in den 1970er Jahren tritt erstmals Werbung in Form von Nachrichten auf, Werbung wird versachlicht, Musik wird auf wenige Töne reduziert.

In den 1980er Jahren, der Stunde des Parlaments, treten die Grünen in den Bundestag ein. Ökotrends werden musikalisch auch in der Werbung umgesetzt „I see trees... what a wonderful world". Parallel zur Einführung des Privatfernsehens wird der NDW-Lifestyle eingeführt, was bedeutet, dass mehr Öffnung für Werbung erfolgt, Sendungen unterbrochen werden und die Zwischenwerbung mit Klangassoziationen der Neuen Deutschen Welle agiert. Nun geht fast alles.

Heute werden beispielsweise viele Formen der Werbung angewandt, einem Musikmix von simpler Weichspüler Werbung bis zu artifiziellen Musikformen ausgeklügelter Kommunikationsrätsel. Songs sind im Hintergrund wirksam, d. h. bei Abschalten des Tonknopfes verfließt die Werbung zum Nichts. Für viele Menschen ist ihre Selbstwahrnehmung eng mit musikalischen Vorlieben verbunden.

Der Einfluss der Technik auf den Musikgeschmack

Die Musik und damit der Musikgeschmack der sog. Nullerjahre (2000-2009) sind geprägt von hoher technischer Finesse. Durch die Ausbreitung des Internets entsteht eine neue Form der Vermittlung, die man sich selbst sozusagen autodidaktisch durch Downloads zuführen kann. Absoluter Musikgigant ist nach wie vor die deutsche Musikindustrie. Hier laufen alle musikalischen Vermarktungsfäden zusammen. Ihre unbestrittene Machtstellung ist so dominant, dass niemand, der sich in diesem Metier entfalten möchte, um sie herumkommt. Dennoch gibt es Kritik gegen den Giganten, im Internet verpackt in zehn Vorurteilen.[102]

1. Die Musikindustrie hat das Internet verschlafen.
Heute sind weltweit rund 30 Millionen Musiktitel online verfügbar. Allein in Deutschland gibt es knapp 100 Musikdienste im Netz – vom Downloadshop über Bestelloptionen für CDs bis hin zu den zahlreichen Streamingdiensten.

---

[102] Vgl. Bundesverband Musikindustrie e. V.: Jahrbuch Musikindustrie 2013, http://www.musikindustrie.de/jahrbuecher/jahrbuch.

2. Das Internet hat die Musikfirmen überflüssig gemacht.
Mit dem Internet nimmt die Komplexität der Musikvermarktung und des Musikverkaufs erheblich zu und damit auch die Bedeutung von Musikfirmen als Partner der Kreativen. Kein Künstler kann alle potenziellen physischen und digitalen Medien- und Vertriebskanäle bespielen und sich gleichzeitig auf das Machen von Musik konzentrieren. Vor allem aber kann die Selbstvermarktung die wichtigste Funktion der Labels nicht ersetzen: Viele junge Talente können nur deshalb gefördert und bekannt werden, weil Musikfirmen das Geld, das sie mit etablierten Künstlern verdienen, zu einem großen Teil in den Nachwuchs investieren.

3. Musikdiebstahl im Netz lässt sich nicht bekämpfen.
Nachdem verschiedene Aufklärungskampagnen wirkungslos verpufft sind und die Zahl der illegalen Downloads in immer astronomischere Höhen steigt, haben sich die Musikfirmen 2004 entschlossen, juristisch gegen illegale Uploader von Musik erfolgreich vorzugehen. Deutschland hat heute eine der niedrigsten Piraterieraten weltweit, da Verfahren in hohen Fallzahlen aufgrund der rechtlichen Situation nur in Deutschland möglich sind. Ziel der Abmahnungen bleibt die Eindämmung der illegalen Musikbeschaffung. Hierzulande beläuft sich die Zahl derer, die ihre Medieninhalte illegal per Tauschbörse oder Sharehoster beziehen, trotzdem auf fast sechs Millionen – und das, obwohl die Musikindustrie längst günstige und legale Angebote geschaffen hat.

4. Die Musikindustrie kriminalisiert ihre Kunden.
Viele Bürger zeigen übrigens Verständnis dafür, dass sich die Musikindustrie gegen illegale Angebote verteidigt. So zeigte die Studie zur Digitalen Content-Nutzung 2013, dass es zwei Drittel der Bevölkerung als unfair bewerten, wenn einige Menschen illegale Angebote nutzen, während diejenigen, die sich legal verhalten, dafür zahlen müssen. 61 Prozent befürchten, dass Verluste durch Urheberrechtsverletzungen in die legalen Medienangebote eingepreist werden und diese verteuern. Dementsprechend finden auch bisher gängige Rechtfertigungsstrategien für Urheberrechtsverletzungen kaum mehr Zuspruch.

5. Illegale Downloads schaden der Musikindustrie nicht, sondern fördern den Musikverkauf.
Verschiedene Studien versuchen, den Nachweis zu erbringen, dass es keinen Zusammenhang zwischen illegalen Downloads und den Umsatzrückgängen in der Musikindustrie gibt. Oft reicht ein kritischer Blick auf die Studien, um methodische Fehler zu entlarven. Seit dem Aufkommen von Tauschbörsen und der massenhaften Verbreitung von CD-Brennern ab der Jahrtausendwende sind die Umsätze der deutschen Musikindustrie trotz ständig steigender Musiknutzung um mehr als 40 Prozent zurückgegangen. Nachdem

in Schweden Anfang 2009 ein Gesetz in Kraft getreten war, das die Verfolgung von Urheberrechtsverletzungen im Internet ermöglicht, ging der P2P-Datenverkehr massiv zurück und die Umsätze der Musikindustrie gingen zweistellig nach oben.

6. Künstler und Musikfirmen erhalten für Privatkopien eine angemessene Vergütung.
Das wäre schön, wenn es so wäre. So erhielten die Künstler und Labels zum Beispiel in 2008 für rund 370 Millionen CD-Kopien und 26 Milliarden gespeicherte Musikdateien eine Vergütung von rund 30 Millionen Euro. Ein schlechtes Geschäft. Denn wäre nur jede zehnte gebrannte CD stattdessen gekauft worden, wären über 300 Millionen Euro geflossen. Das zeigt, dass man hier nicht von einer „angemessenen Vergütung" sprechen kann.

7. Musik ist zu teuer.
Das Gegenteil stimmt: Wer Musik hören will, musste dafür im Laufe der Jahre immer weniger Geld ausgeben. Besonders deutlich zeigt das das Phänomen der Streamingdienste. Sie lassen sich in den Anfangsmonaten oder mit reduziertem Leistungsumfang sogar oft gratis nutzen. Auch die Geschichte zeigt, dass Musik immer preiswerter zu bekommen ist: Als die CD Anfang der 1980er Jahre auf den Markt kam, kostete eine der begehrten Silberscheiben rund 30 DM. Mitte der 2010er Jahre liegen die Preise selbst für aktuelle Alben bei rund 15 Euro, dank zahlreicher Angebote häufig auch weit darunter. Preissteigerung selbst ohne Berücksichtigung der Inflation in den vergangenen Jahrzehnten: gleich null. Noch günstiger können Konsumenten heute Musik online erwerben. Die Preise für Single-Downloads starten bei 49 Cent. Aktuelle Alben sind im Internet ab knapp 8 Euro zu bekommen.

8. Die Musikindustrie beutet die Künstler aus.
Zu diesem Vorurteil haben publikumswirksam ausgetragene Konflikte zwischen Plattenfirmen und Künstlern beigetragen, beispielsweise bei George Michael, Prince oder Courtney Love. Die Realität sieht aber anders aus, denn die Mehrzahl der Künstler scheint mit ihren Labels und dem, was sie verdienen, durchaus zufrieden zu sein. Die meisten Künstler wünschen sich einen Vertrag mit einem Label und sehen diesen als den Grundstein für eine erfolgreiche Musikerkarriere. Nach einer Berechnung, die vom Verband Unabhängiger Musikunternehmen (VUT) erstellt wurde, erhalten Künstler durchschnittlich rund zehn Prozent vom Verkauf einer CD und können diesen Anteil sogar auf fast 15 Prozent steigern, wenn sie Text und Musik selbst geschrieben haben und ihre eigenen Produzenten sind. Dabei sollte nicht vergessen werden, dass Musik ein hochrisikoreiches Investment ist. Eine goldene Branchenregel besagt, dass nur einer von zehn Künstlern die in ihn getätigten Investitionen auch wieder einspielt. Investitionen, zu denen auch Vorschusszahlungen gehören. Floppt ein Künstler, trägt das Ausfallrisiko in der Regel das Label.

9. Die Musikmanager feiern einfach zu viele Partys.
Zugegeben, in den goldenen 1990er Jahren mag der eine oder andere mal über die Stränge geschlagen haben, aber das kann keine Rechtfertigung sein, noch zwanzig Jahre später einer ganzen Branche den Mittelfinger zu zeigen. Seit dem Jahr 2000 ist die Zahl der Beschäftigten in der Musikindustrie aufgrund illegaler Musikbeschaffung aus dem Netz und massiv gestiegener Privatkopien um ca. 50 Prozent zurückgegangen. Die Zeit der wilden Partys ist lange vorbei.

10. Die Musikindustrie muss nur weniger „Schrott" produzieren.
Ein Vorurteil von unerträglicher kultureller Arroganz, bei dem Massentauglichkeit mit mangelnder Qualität gleichgesetzt wird. Dabei wird oft vergessen, dass in der Musikindustrie Hits die finanzielle Basis für die Förderung von Nischenprodukten sind. Dieses System der Umverteilung hat eine einzigartige Vielfalt von Musikprodukten und Künstlern hervorgebracht, die vom avantgardistischen Jazzquartett über Musikstile wie Punk oder Techno bis zu internationaler Massenware reicht. Die Musikindustrie ist nicht dazu da, über den Geschmack ihrer Konsumenten zu richten. Ihre Aufgabe ist es, den Verbrauchern ein möglichst großes Angebot zu machen, aus dem diese dann auswählen können.

Unabhängig vom Format wird heute noch das Album als Gesamtwerk eines Künstlers bzw. einer Band von den Fans nach wie vor geschätzt. 2012 wurden insgesamt 112 Millionen Musikalben entweder als CD, Download, auf Vinyl oder SACD (Super Audio Compact Disc) abgesetzt, die ein deutlich breiteres Frequenzspektrum als die CD besitzt und damit ein feinstes Klangspektrum bietet. Die kontinuierliche Verlagerung von physischen Tonträgern zu digitalen Formaten setzt sich weiter fort.

Interessant ist, dass das beliebteste Albumformat die CD bleibt. Trotz leichtem Rückgang ist die Silberscheibe damit ungeschlagen das wichtigste Trägermedium für Musik in Deutschland. Jedes sechste verkaufte Album – 17,5 von insgesamt 112 Millionen – wird digital heruntergeladen. Dies entspricht einem Anstieg um 20 Prozent im Vergleich zum Jahr 2014 (14,6 Millionen Downloads).

Diese von der deutschen Musikindustrie veröffentlichen Fakten weisen einerseits die Sorgen um den Verlust ihrer Reputation und andererseits den durch sie gesteuerten riesigen Musikmarkt augenfällig aus.[103]

Deutlich wird in jedem Fall, wo sich die Musikmacht produktionstechnisch konzentriert.

---

[103] Vgl. http://www.musikindustrie.de/fileadmin/piclib/statistik/branchendaten/jahreswirtschaftsbericht-2013/download/140325_BVMI_2013_Jahrbuch_ePaper.pdf.

Alter Wein in neuen Schläuchen?

Nach diesem Exkurs nun wieder zurück zum Zeitgeschmack der Musikszene. Im Jahr 2014 holen Schlager und Klassik wieder auf. Zwar sind internationale Pop- (30,5 Prozent) und Rockmusik (19,2 Prozent) nach wie vor mit weitem Abstand die meistverkauften Musikstilrichtungen in Deutschland, vor allem der Schlager nähert sich an und hat gemessen an den Umsätzen mit physischen Tonträgern und Downloads mittlerweile einen Anteil von 5,8 Prozent. Damit erreicht dieses Genre einen neuen Spitzenwert seit mehr als zehn Jahren. Zusammen mit dem Deutschpop-Genre kommen die Umsätze dieser Musikrichtung sogar auf über 11 Prozent.

Die klassische Musik verteidigt mit einem Umsatzanteil von 7,2 Prozent ihren dritten Platz, nachdem in diesem Musikbereich in Deutschland erstmals wieder ein kräftiges Umsatzplus verzeichnet werden kann. Neben Crossover-Größen wie den Geigern Vanessa Mae, David Garett oder Lindsey Stirling machten sich nach dem Mozartjahr das Wagner- und Verdijahr positiv bemerkbar und gaben klassische Wachstumsimpulse.

Eine wachsende Bedeutung im deutschen Musikgeschehen verzeichnet auch der Hip-Hop. Neben dem Erfolg des US-Rappers Eminem überzeugen vor allem auch Deutsch-Rapper in den Charts, darunter Caspar oder Cro, die ihre Erfolgsgeschichte weiter fortsetzen konnten.[104]

Hinter all diesen Zahlen und Fakten steht der beabsichtigte Zwang, Musik zu konsumieren. Ungebremst erleben wir diese Form des Musikzwanges, d.h. es gibt kaum eine Gelegenheit im gesellschaftlichen Leben, wo wir uns irgendeiner Form der Musikberieselung entziehen oder ihrer Manipulation entfliehen können. Oft nehmen wir Musik nicht einmal mehr wahr. Darin liegt aber gerade ihre machtmäßig unterschätzte Wirkung, die sie für die Musikindustrie so unbezahlbar macht.

Sind unsere Vorlieben für Musik also doch gemacht – und lassen sich nicht objektivieren? Was sind Trends? Wer bestimmt sie? Sind wir hier bei der Frage nach der Henne und dem Ei? Was war zuerst? Die kreative Idee oder das Medium, das die Idee transportiert und schließlich für den Trend verantwortlich ist? Kreative Ideen gab und gibt es immer. Sie klingen nur stets anders, je nach Epoche, Situation und gesellschaftlicher Wirkung. In der Unterhaltungsmusik war dies Elvis genauso, wie es die Beatles und viele andere Trendmaker ihrer Zeit waren. In ihrer Epoche waren es auch Schubert und Mozart. Im Rückblick lassen sich sogar Trendsetter singulär relativ leicht identifizieren und auch zuordnen. Aktuell ist dies schon schwieriger festzulegen. Was heute *in* ist, ist

---

[104] Vgl. a.a.O., http://www.musikindustrie.de/jahrbuch-repertoire-2013/.

morgen *out*. Wer hat gerade als erster den Fuß in der Tür, um eine produzierte Idee zu sichern und damit den Grundstein für die Bekanntheit zu legen? Die Unterscheidung zwischen sogenannter E(rnster)-Musik und U(nterhaltungs)-Musik gibt es nicht mehr, die Trennlinien sind verschwunden, Grenzen fließend geworden. Bei der erschlagenden Fülle an hunderttausenden von Musikproduktionen wäre es verwegen, bestimmte Gruppen als Trendmaker festzulegen. Es macht also wenig Sinn, beispielsweise so bekannten Bands wie *Deichkind*, einer zeitgenössischen, sehr erfolgreichen Hamburger Hip-Hop- und Electropunk-Formation, das Prädikat „trendy" zu geben.[105]

Um den Markt immer wieder aufzumischen, gibt es neben Musikmachern auch aktuelle wissenschaftliche Musikstudien, die ihren Namen eigentlich nicht verdienen. Sie besitzen jedoch einen hohen Unterhaltungswert, tragen vermeintlich zur Steuerung von Musikgeschmäckern bei und berufen sich auf technisch neuzeitliche Verfahren, mit denen willkürliche Erhebungsdaten zur Grundlage für höchst fragwürdige Aussagen gemacht werden. Eine solche Studie ist die von Virgil Griffith[106] mit dem Titel „Music that makes you dumb" – Welche Musik macht dumm? deshalb, weil sie ein hohes Medieninteresse ausgelöst hat. Seine Leitfrage lautet: Kann man anhand des Musikgeschmacks auf die Intelligenz des Menschen schließen? Die Studie behauptet: Intelligenz lässt sich am Musikgeschmack ablesen. Beyoncé und Gospel machen dumm, Bob Dylan, Beethoven und Sufjan Stevens schulen das Gehirn. So einfach stellt sich App-Hersteller Griffith das vor. Gehören zu den Dummmachern auch Bands wie Deichkind oder Alt-J[107], zu den Gehirnschulern die 12-Ton-Musik[108] oder Musik aus Mali[109]?

---

[105] Die Band Deichkind hatte ihre ersten Erfolge um die Jahrtausendwende mit der Single „Bon Voyage". Im Verlauf der 2000er griff ihr Stil immer mehr elektronische Elemente auf. Die bekanntesten Beispiele für diesen an Elektro angelehnten Hip-Hop-Sound sind die drei Singles „Remmidemmi (Yippie Yippie Yeah)" (2006), „Arbeit nervt" (2008) und „Leider geil" (2012), die sich alle in den Charts platzierten.
[106] Griffith Virgil, auch als Romanpoet bekannt geworden, ist ein US-amerikanischer Hacker und Wissenschaftler und wurde 2003 wegen einer Klage der Blackboard Inc. bekannt, vgl. http://de.wikipedia.org/wiki/Virgil_Griffith.
[107] Alt-J ist eine britische Alternative-Pop-Band aus Leeds. Ihr bisher größter Erfolg ist der Gewinn des englischen Mercury Music Prize 2012.
[108] Grundlage der Zwölftontechnik ist die Ideologie des Komponierens mit zwölf nur aufeinander bezogenen Tönen. Die Zwölftonreihe und ihre regelrechten Modifikationen wurden in den dreißiger und vierziger Jahren zum neuen Ordnungsprinzip des musikalischen Materials und lösten in der Folge die keinen spezifischen Regeln unterworfene freie Atonalität ab. Ihr prominentester Vertreter ist Arnold Schönberg (1874–1951).
[109] Musik aus Mali ist zuweilen in unterschiedlichen Kultur-Programmsendern zu hören, meist ist dies der Desert Blues, ein Musikprojekt mit Habib Koité, Afel Bocoum und dem Tuareg-Women-Ensemble Tartit aus Timbuktu.

Natürlich fühlen wir uns alle ein wenig geschmeichelt, wenn wir uns die Intelligenzliste von Virgil Griffith anschauen und uns in irgendeiner Nische entdecken. Eine seriöse wissenschaftliche Studie wird aber sicher anders als die vorliegende durchgeführt: Griffith, ein App- und Softwareprogrammierer, hat die Lieblingssongs von College-Studenten zusammengetragen und die Ergebnisse in Relation mit der jeweils erzielten Abschlussnote gesetzt. Daraus ergibt sich ein Diagramm, das Aufschluss darüber geben soll, wie klug oder wie kognitiv eingeschränkt ein Mensch ist. Auf seiner Internetseite *Musicthatmakesyoudumb* sammelt er Daten, die er in ein Diagramm überträgt. Auf der horizontalen Achse von links nach rechts gelesen steigern sich die Testergebnisse der Studenten, dementsprechend sind die Lieblingskünstler der Testpersonen angeordnet. Ziemlich dumm sei demnach jeder, der – wie bereits angedeutet – Beyoncé, Reggaeton und Lil Wayne hört, besonders schlau hingegen sind Menschen, die Counting Crows, The Shins oder Beethoven hören. Klüger seien übrigens auch jene, die lieber John Mayer als Pink Floyd hören. Durchschnittlich schneiden Rockbands wie System of a Down, Maroon 5 oder Rage Against The Machine ab. Eine Rechtfertigung gibt Virgil Griffith auf seiner Seite schon selbst, denn man findet dort folgenden Hinweis: „Ja, ich bin mir bewusst, dass Zusammenhang nicht gleich Ursächlichkeit ist."[110]

Vorlieben und Geschmäcker sind sozialisationsbedingt und kulturabhängig

Für die Bedeutung musikalischer Kommunikation sind die Erkenntnisse rund um Vorlieben und Geschmäcker vor allem in dem Augenblick von hoher Relevanz, in dem sich die Frage nach ihrer Vermittlung aufdrängt. Vor dem Hintergrund der hier dargestellten Ausführungen ist allein die didaktische Auswahl ein Vabanquespiel. Sie ist völlig losgelöst vom jeweiligen Lebensalter, setzt aber Kenntnis über Geschmäcker sowie Bereitschaft und Verständnis für Menschen mit unterschiedlichen Vorlieben in unterschiedlichen Lebenslagen voraus. Musikpädagogisches Einfühlungsvermögen fußt auf Begegnung der Menschen, weniger auf Beeinflussung von Musikgeschmack einer manipulierenden Musikindustrie. Unberücksichtigt bei allen Geschmacksfragen und individuellen Vorlieben bleiben kulturell verschiedene Musiksozialisationserfahrungen, die in verschiedenen Regionen und in jeweils andersartigen Kulturen abweichend ausfallen werden. Obwohl Musik genau diese Hürden und bekanntlich Grenzen überwinden hilft, drückt sie zunächst einmal Unterschiede aus, bevor es zu Verbindungen oder zu Verschmelzungen kommt.

---

[110] Vgl. Griffith V. (2008): http://musicthatmakesyoudumb.virgil.gr/.

Dies zeigen besonders deutlich religiös-kultisch-sakrale Rituale, die nur von Eingeweihten verstanden werden können. Für Außenstehende bleiben sie zumeist fremd. Man merkt dies sehr schnell, wenn man an Gottesdiensten oder rituellen Veranstaltungen außerhalb des eigenen Erfahrungsbereiches teilnimmt. Schließlich befremden uns musikalische Erfahrungen, die in unserem Kulturkreis gar nicht als Musik bezeichnet werden, durch völlig andersartige Hörerfahrungen. Ein für Europäer kaum nachvollziehbares Hörerlebnis sind die südafrikanischen Klicklaute, die – zwischen Silben eingestreut – in unserem sprachlichen Kommunikationsverhalten völlig unbekannt und deshalb schwer erlernbar sind.

Unterschiedliche Vorlieben und Geschmäcker sind also sozialisationsbedingt und kulturabhängig, somit von jeweils gesellschaftlichen Einflüssen abhängig und werden durch sie bestimmt.

Um all die damit zusammenhängenden Aspekte zu beleuchten, reicht ein Kapitel nicht aus. Deshalb wurde hier folglich eine subjektive Auswahl vorgenommen.

Im folgenden Kapitel handelt es sich bei der Frage nach der Kraft von Musik, wie sie auf unser Gedächtnis ausgeübt wird, weniger um kulturell-, sozialisations- und gesellschaftsbedingte Einflüsse als dies bei der Herausbildung von Vorlieben und Geschmäckern der Fall ist. Den Dauerspeicher Musik besitzen im Prinzip alle Menschen. Die Forschungen stehen jedoch erst am Anfang. Doch vieles ist bereits bekannt. Einiges davon wird nachfolgend dargestellt.

Quellenangaben und weiterführende Literatur

Baez Joan, Morricone Enno, et. al. (1971): Here's to You (Nicola & Bart), The Agony of Trial, Discographie.
Bourdieu Pierre Felix (1987): Die feinen Unterschiede, Berlin: Suhrkamp Taschenbuch Wissenschaft.
Bourdieu Pierre Felix (2000): Sozialer Raum und ‚Klassen', Berlin: Suhrkamp Taschenbuch Wissenschaft.
Bruhn Herbert, Oerter Rolf & Rösing Helmut (Hg.) (1993): Musikpsychologie. Ein Handbuch. Reinbek: Rowohlt (2. Auflage 1994; 3. Auflage 1997, 4. Auflage 2002).
Bundesverband Deutsche Musikindustrie http://www.musikindustrie.de/jahrbuch-repertoire-2013/.
Bundesverband Deutsche Musikindustrie http://www.musikindustrie.de/filead min/piclib/statistik/branchendaten/jahreswirtschaftsbericht-2013.
Dollase Reiner, Rüsenberg Michael, Stollenwerk Hans J. (1986): Demoskopie im Konzertsaal, Mainz: Schott.

Griffith Vigil (2008): Musicthatmakesyoudumb – http://musicthatmakesyoudumb.virgil.gr/ sowie: https://www.google.de/webhp?sourceid=chrome-instant&ion=1&espv=2&ie=UTF-8#q=virgil%20griffith.

Lubik Oliver (2008): Das Ende der Musikindustrie – oder die digitale Revolution. Diplomarbeit Hochschule der Medien Stuttgart, Studiengang Audiovisuelle Medien – http://www.hdm-stuttgart.de/~curdt/Lubik.pdf.

Musik Wissen A–Z, besttips.de of music: http://www.besttips.de/musik_hoergewohnheiten im wandel der zeit.php.

Rauhe Hermann (1972): Zur Funktion des Schlagers im Leben Jugendlicher und Erwachsener, in: Helms Siegmund (Hrsg.) Schlager in Deutschland. Dortmund: Klangfarben Musikverlag.

Rauhe Hermann, Hahn Werner (1970): Der deutsche Schlager. Wiesbaden: Breitkopf & Härtel Verlag.

Rösing Helmut (2000): Musikalische Lebenswelten – Lebenswelten soziologisch gesehen – http://stange-elbe.de/grundkurs-musikwissenschaft/artikel/roesing-lebenswelten.pdf.

Scarr Sandra, McCartney Kathleen (1983): How People Make Their Own Environments. A Theory of Genotype, Retrieved from http://www.jstor.org/stable/1129703.

Schulze Gerhard (2000): Die Erlebnisgesellschaft: Kultursoziologie der Gegenwart: Studienausgabe.

Zweig Stefan (1927): Sternstunden der Menschheit, Leipzig: Insel Verlag.

Internetquellen

http://de.wikipedia.org/wiki/Virgil_Griffith
http://stange-elbe.de/grundkurs-musikwissenschaft/artikel/roesing-lebenswelten.pdf
http://www.besttips.de/musik_hoergewohnheiten im wandel der zeit.php
http://www.hdm-stuttgart.de/~curdt/Lubik.pdf
http://www.jstor.org/stable/1129703
http://www.musikindustrie.de/fileadmin/piclib/statistik/branchendaten/jahreswirtschaftsbericht-2013
http://www.musikindustrie.de/jahrbuch-repertoire-2013/

Fernsehsendungen

ZDF-Info vom 4. Mai 2013, WH 6.8.2014 et al.: History, Moderation Guido Knopp
ZDF-Info vom 6. August 2014: „Deutschland deine Schlager"
ZDF-Info vom 6. August 2014: „Deutschland deine Werbung"

Kapitel 4
Dauerspeicher Musik: Die enorme Kraft des musikalischen Gedächtnisses

Das Thema dieses Kapitels ist deshalb so faszinierend, weil ständig neue Erkenntnisse gewonnen werden, wie kaum in einem anderen Bereich, der sich mit der Wirkung von Musik befasst. Die Schnelligkeit im Wissenszuwachs allein im Rahmen der letzten Jahrzehnte ist auch deshalb so bemerkenswert, weil Kenntnisse bezüglich menschlicher Hirnforschung durch technische Weiterentwicklungen methodisch erst einen Zugang zu ungeklärten Fragen ermöglichten oder sie sogar überhaupt erst angestoßen haben.

Aus diesem Grund ist es nicht nur legitim, sondern auch sinnvoll, einmal die ersten zaghaften Fragestellungen zu betrachten. Die Thematik war beispielsweise zu Beginn der 1970er Jahre noch verhältnismäßig unbekannt, wenig erforscht und sozialkommunikatives Neuland, als im Rahmen eines zweisemestrigen Seminars zum Thema „Persönlichkeitsentwicklung bei Kindern im Vorschulalter" an der Hamburger Fachhochschule erstmals die Wirkung optischer und akustischer Reize bei Kindern im Vorschulalter untersucht wurde.[111] Die Frage nach der spezifischen Funktion des menschlichen Gehirns unter Einwirkung musikalischer Reize war aufgrund des damaligen Erkenntnisstandes nur sehr grob skizziert.[112] So ist die Studiengruppe entsprechend damaligen Wissens davon ausgegangen, dass die linke Hirnhälfte, also der kortikale Anteil, eher für die visuelle, der subkortikale Anteil der anderen Hirnhemisphäre für die Verarbeitung von auditiven Reizen zuständig sei. Es gab weder bildgebende Verfahren, wie funktionelle Magnetresonanztomographie (fMRT) noch andere technische Möglichkeiten zur Untersuchung des menschlichen Gehirns. Gleichwohl hat die Studiengruppe brennend interessiert, wie sich sowohl einzelne als auch kombinierte Reize auf das sozialkommunikative Verhalten von Kindern auswirken würden. Ausgangspunkt für die Fragestellung war die kritische Feststellung, dass die sich im Studium der Sozialen Arbeit vermittelten Kenntnisse ausschließlich auf den methodischen Aspekt der Anwendung pädagogischer Medien be-

---

[111] Vgl. auch: Bär B., Floch H., Geintzer M., Kemser J., Stauss E., Wiehe B. (1972): Untersuchung zur Persönlichkeitsentwicklung bei Kindern im Vorschulalter aufgrund gesteuerter optischer und akustischer Reizeinwirkungen. Projektbericht zur staatlichen Anerkennung als Dipl. Soz.päd., unter Leitung von Prof. Dr. Neumann, Kurt-Konrad; unveröffentl. Skript der Fachhochschule Hamburg.
[112] Vgl. Pech K. (1968): Hören im optischen Zeitalter, Karlsruhe.

zogen, was mit den noch nicht überarbeiteten Ausbildungsanforderungen der ehemaligen Höheren Fachschulen zusammenhing. Die Wissenslücke hinsichtlich der Wirkung eines bestimmten Mediums – hier der Musik – als Voraussetzung für notwendige didaktische Überlegungen stellte sich jedoch als Theoriedefizit dar. Das erforderliche sozialpädagogische Handeln konnte nicht hinreichend theoretisch begründet werden, obwohl es im curricularen Anforderungsprofil der neu gegründeten Fachhochschulen durchaus schon vorgesehen war. Die Durchführung dieser Untersuchung im Rahmen eines Forschungsprojektes stellte im Bereich Sozialpädagogik zur damaligen Zeit einen völlig neuen Studienakzent dar.[113]

Was wir damals nicht wussten, waren insbesondere neurowissenschaftliche Gesetzmäßigkeiten der Plastizität des menschlichen, beispielsweise des kleinkindlichen Gehirns. Heute geht man ja davon aus, dass sehr früh musizierende Kinder ihre neuroplastischen Netzwerke so gut trainieren, ohne dass ihnen bewusst wäre, wie sehr sie neben dem Training von Finger, Hand und Stimme für ihr ganzes Leben das Gedächtnis dadurch kräftigen, dass sie ihre auditiven Zentren einer regelmäßigen Stimulation und Reizverarbeitung aussetzen.

Wir haben hingegen bei der Auswahl unserer Versuchsgruppe auf den Aspekt selbst musizierender Kinder im Vorschulalter überhaupt nicht geachtet. Vielmehr sind wir davon ausgegangen, dass bei jedem Kind die gleichen musikalischen Voraussetzungen anzunehmen sind, insbesondere bei denen unserer untersuchten Kohorte. Auch wenn die nach streng wissenschaftlichen Regeln aufgeworfenen Fragen nur oberflächlich beantwortet werden konnten, waren sie unter der Perspektive sozialpädagogischer Relevanz optisch-akustischer Reizeinwirkungen für die Praxis innovativ und absolut brauchbar. Damit hat sich Projektstudium allgemein als hochschulpolitisches Konzept anwendungs- und vor allem praxisbezogener Forschung als die emanzipiertere und adäquatere Form gegen die traditionelle Form von Vorlesungen und Seminaren erwiesen.

---

[113] In Deutschland, so auch in der Freien und Hansestadt Hamburg, wurden zu Beginn der 1970er Jahre die Fachhochschulen gegründet. Das Besondere daran war, dass sie durch ihren gesetzlich verbrieften Praxisbezug die Hochschullandschaft von Grund auf erneuerten. Rechtlich waren sie in die Hochschulstruktur (z. B. Hochschullehrergesetz) eingefügt. Die bis dato existierenden Höheren Fachschulen kannten kein Projektstudium, ergo auch keine Untersuchungen mit strukturierten Forschungsfragen. So war das Projekt zur „Persönlichkeitsentwicklung bei Kindern im Vorschulalter" in Hamburg ein Novum in der Fachhochschulszene. Seit dieser Zeit stehen die Fachhochschulen in Deutschland (heute Hochschulen für angewandte Wissenschaften – HAW) generell und nach wie vor für den Theorie-Praxis-Bezug.

Musik als positive Stimulanz für Gehirn und VNS

Für die hier aufgeworfene Fragestellung ist es zunächst erforderlich, vor dem Hintergrund heutiger Erkenntnisse auf die Funktion unseres vegetativen Nervensystems (VNS) aufmerksam zu machen.[114] Unser VNS wird durch unbewusste Abläufe angesprochen, d. h. ohne in unser Bewusstsein zu dringen, überspringen Lautstärke und rhythmische Dominanz die Ratio und erreichen somit das VNS auf direktem Wege. Äußere akustische Taktgeber können bestimmte Funktionen, die dem Willen völlig entzogen sind, irgendwie beeinflussen, zum Beispiel wird Arbeit beschleunigt, Marschmusik geht ‚in die Beine' etc. Schließlich werden über das VNS Assoziationen und Emotionen erreicht, was einen wichtigen Ansatzpunkt für Musik als Therapie darstellt. Zunächst aber dient das VNS der Registrierung von äußerlichen und innerlichen Reizen. Dann leitet es die elektro-chemischen Erregungsvorgänge über das Rückenmark in das Gehirn weiter. Dort werden die Nervenerregungen koordiniert und zu Botschaften des Handelns verarbeitet. Dies geschieht in Form der Aussendung von Impulsen bis zur Peripherie des Körpers. Wenn durch Musik unser vegetatives Nervensystem positiv stimuliert werden kann, dann trägt Musik auch zur Konstanthaltung des psychoenergetischen Zustandes wie Hunger, Wärme, Sauerstoff etc. bei. Die dabei freigesetzten Gefühlsregungen werden als Antrieb erlebt, es kommt zu Wechselwirkungen zwischen vegetativem Nervensystem und ausgewogenem Gemütsleben.

Was passiert aber bei Störungen bezüglich der Identifikation von Klängen und Tönen, also bei sensorischer und rezeptiver Amnesie? Geschieht diese pathologische Störung in der linken Hirnhälfte, also derjenigen für verbale Sprachfähigkeiten, oder in der rechten, also derjenigen für emotionale, akustische, geometrisch-bildliche Informationen? Werden diese Störungen mit Emotionen in Verbindung gebracht, finden sie also im subkortikalen Bereich statt, und ist somit die rechte Gehirnhälfte dafür quasi zuständig? Sind die Ursachen hingegen auf rationale Vorgänge zurückzuführen, entstammen sie dem kortikalen Hirnbereich, werden also der linken Hirnhemisphäre zugeordnet? Dies ist ein möglicherweise vereinfacht dargestelltes Fragemodell, welches aber die weiterführenden Frage nach dem Zusammenhang zwischen Musik und Gehirn leichter verständlich macht.

Bis vor kurzem herrschte in der Forschung weitgehend Unkenntnis über die neurophysiologische Wirkung akustischer Reize. Das Wissen darüber ist aber weiter fortgeschritten. An verschiedenen Instituten werden seit einigen

---

[114] Vgl. Birbaumer N., Schmidt R. F. (2010): Autonomes Nervensystem. In: dies., Biologische Psychologie, S. 101–115.

Jahren Untersuchungen des menschlichen Gehirns hauptsächlich mittels moderner bildgebender Verfahren durchgeführt.[115]

So sagt der Neuropsychologe Lutz Jäncke von der Universität Zürich, dass sich durch diese geänderten Rahmenbedingungen viele neue Möglichkeiten zur Untersuchung des menschlichen Gehirns ergeben haben. Auch der Zusammenhang zwischen Musik und Gehirn hat neue Befunde gezeigt, insbesondere die lange unbeantwortete Frage nach der Verarbeitung akustischer Reize und des Einflusses von Musikhören und Musikmachen.[116] Diese für die Musikwissenschaft unabdingbaren Erkenntnisse sind interessanterweise Forschungsgegenstand zumeist der Neurobiologie, Neuroanatomie, Neurophysiologie oder der Musikmedizin. Bemerkenswert dabei ist, dass die für die Musikwissenschaft so bedeutungsvollen Wissensbestände bevorzugt an psychologischen Instituten erforscht werden.

Letztlich geht es bei allen musikwissenschaftlich relevanten Forschungsfragen, die in mehr oder weniger breiten und dauerhaft angelegten Longitudinalstudien durchgeführt werden darum, herauszufinden, welche Bedeutung, welchen Einfluss und welche Wirkung Musik auf menschliche Gehirnfunktionen besitzt. Dabei stehen Fragen im Vordergrund, wie beispielsweise individuelles und soziales Verhalten durch Musik beeinflusst und gesteuert werden kann. Oder, wie der Arzt und Musiker Eckart Altenmüller sagt: „…noch viel aufregender ist es, wie Musik sich zur Behandlung von Hirnleiden bewährt bis hin zur möglichen Therapie von Alzheimer."[117]

Ein interessanter Tatbestand ist, dass die Medizin ihre Nähe zur Musik – oder umgekehrt – schon in den 1970er Jahren publizistisch dokumentierte.[118] Die Beiträge der bis in die 1980er Jahre erhältlichen Fachzeitschrift beziehen sich deutlich mehr auf den musikbezogenen Handlungsaspekt und seine therapeutische Wirkung, als auf medizinische Erkenntnisse bezüglich musikalischer Wirkung. Obwohl vergleichbar stabile Forschungsergebnisse, wie sie erst aus jüngster Zeit vorliegen, noch nicht zur Verfügung standen, werfen die verantwortlichen Redakteure Harm Willms und Hans Peter Reinecke

---

[115] Vgl. auch Jäncke L.: Psychologisches Institut an der Universität Zürich; Birbaumer, Niels: Institut für Medizinische Psychologie und Verhaltensneurobiologie an der Universität Tübingen; sowie Altenmüller, Eckart: Institut für Musikphysiologie und Musiker-Medizin an der Hochschule für Musik, Theater und Medizin in Hannover.
[116] Vgl. Jäncke L. (2005): Methoden der Bildgebung in der Psychologie und den kognitiven Neurowissenschaften.
[117] Altenmüller E. (2014): Musik ist das Brot unseres Geistes – nicht nur die schönste Nebensache der Welt, in: FAZ Natur und Wissenschaft, S. N2.
[118] Vgl. MUSIK und MEDIZIN – Organ für Musik und Musiktherapie in Verbindung mit Internationale Fachzeitschrift für Medizin, Neu Isenburg, 1975 ff.

grundlegende Fragen auf, die das enge Verhältnis zwischen der kommunikativen Funktion der Musik und ihrer therapeutischen Wirkung auf Medizin hypothetisch auf den Punkt bringen und so die weitere wissenschaftliche Diskussion vorantreiben. Bestärkt wird diese Relation von Musik und Medizin durch themenzentrierte Interviews mit zeitgenössischen Komponisten und Dirigenten (z. B. Leonhard Bernstein, Karl Böhm), die in den Beiträgen ausführlich zu Wort kommen. Da man in den 1980er Jahren noch nicht wusste, welche genauen Anteile menschliche Gehirnhälften am Lernen haben, wie sie daran beteiligt sind und ob beispielsweise geschulte Musiker, wie etwa Dirigenten, anders lernen, weiß man heute zumindest, dass sich das Gehirn durch Musizieren verändert. „Die Anpassung der Hirnstruktur und der Hirnfunktion an Spezialaufgaben wird Neuroplastizität genannt und entsteht, wenn wir von früher Kindheit an lange, intensiv und freudig etwas tun, das genaue Wahrnehmungen und sehr präzise motorische Aktionen erfordert."[119]

„Um plastische Prozesse im menschlichen Hirn zu untersuchen, verfolgt man im Wesentlichen zwei Untersuchungsansätze: – den Querschnittansatz, in dem Experten (hier Musiker) mit Nicht-Experten im Hinblick auf wichtige anatomische und neurophysiologische Kennwerte verglichen werden und – den Längsschnittansatz, in dem Experten und Laien im Hinblick auf Musikfertigkeiten über einen bestimmten Zeitraum trainiert werden."[120]

Beide Ansätze haben erstaunliche Befunde zu Tage gefördert:

„Intensives Musiktraining ist mit erheblichen makroskopischen Veränderungen in Hirnbereichen gekoppelt, die besonders stark in die Kontrolle des Musizierens eingebunden sind. Dies sind vor allem jene Hirngebiete, die mit der Kontrolle folgender Funktionen assoziiert sind: (1) Die Motorareale, die für die Kontrolle der motorischen Akte beim Musizieren verantwortlich sind; (2) der Hörkortex, welcher für die Verarbeitung der Klangmuster wesentlich ist; (3) verschiedene Bereiche des Assoziationskortex (frontal aber auch parietal), die eher mit der intellektuellen Durchdringung und den kognitiven Begleitumständen (z. B. Gedächtnis) des Musizierens betraut sind. Diese anatomischen Veränderungen hängen im Wesentlichen von der Intensität und Häufigkeit des Musizierens ab. Je häufiger trainiert wird, desto ausgeprägter sind die Veränderungen."[121]

---

[119] Altenmüller E. (2014): a. a. O., S. 2.
[120] Jäncke L. (2008): Musik. Gehirn und Lernen. Vortrag bei gleichlautender Tagung, Universität Zürich, S. 2.
[121] Ebd., S. 2.

Anatomische Veränderungen sind allerdings auch bei Nicht-Musikern im Zusammenhang mit dem Lernen spezifischer Inhalte bekannt. Insofern scheint die anatomische Anpassung an Lerninhalte ein grundsätzliches Prinzip des Lernens zu sein.

„Offenbar scheinen sich jene Hirngebiete, die in die Kontrolle intensiv trainierter Funktionen eingebunden sind, anatomisch zu ändern. Bei der Musikwahrnehmung durchlaufen die einzelnen Musikreize auf verschiedenen Ebenen eine Kaskade von Verarbeitungen. Diese ‚Verarbeitungen' erfolgen sequentiell, können sich aber auch gegenseitig auf verschiedenen Stationen beeinflussen."[122]

Wo diese Verarbeitungen abgespeichert werden, ist nicht genau zu beschreiben. Dass sie allerdings irgendwo gespeichert werden, scheint gewiss. Musikreize scheinen allerdings in hoher Geschwindigkeit aufeinander zu folgen.

„Im Grunde ist diese doch schnelle Aufeinanderfolge von Analyseprozessen sehr bemerkenswert, denn innerhalb von weniger als einer halben Sekunde werden schon komplexe Informationen aus dem Musikreiz extrahiert. Auf jeder Verarbeitungsstufe existieren Querverbindungen zu motorischen Modulen. Für die Wahrnehmung von Musik sind viele Hirngebiete verantwortlich. Interessant ist, dass diese Hirngebiete nicht ausschließlich in die Verarbeitung von Musik eingebunden sind, sondern auch an vielen anderen Funktionen beteiligt sind. Insofern kann man im menschlichen Gehirn kein typisches Musikwahrnehmungsareal identifizieren. Wir sprechen heute eher von einem Netzwerk für die Musikwahrnehmung. Interessant ist, dass wahrscheinlich Musiker beziehungsweise Personen mit Musikerfahrung auf all diesen Verarbeitungsstufen effizientere neurophysiologische Verarbeitungen aufweisen, was darauf hinweist, dass sie diese Analysen anders und wahrscheinlich effizienter bewältigen."[123]

Andererseits können auch Nicht-Musiker, also jene Menschen, die vorwiegend passiv Musik hören, ihr räumliches Vorstellungsvermögen verbessern. Unter dem Begriff „Mozart-Effekt" wird ein kurzzeitig fördernder Einfluss des passiven Hörens von zehn Minuten Mozart-Musik (genauer das Hören der Sonate KV 448) bei normalkonsumierenden Musikhörern auf verschiedene intellektuelle Leistungen zusammengefasst.[124] Im Wesentlichen ist dieser Effekt durch eine Publikation der Psychologen Frances Rauscher und

---

[122] Ebd., S. 3.
[123] Ebd., S. 3.
[124] Mit dem Mozart-Effekt wird die Hypothese bezeichnet, dass sich das räumliche Vorstellungsvermögen durch das Hören klassischer Musik, insbesondere der Musik von Wolfgang Amadeus Mozart, verbessert.

Katherine Ky sowie des Physikers Gordon Shaw in der angesehenen wissenschaftlichen Zeitschrift Nature aus dem Jahr 1993 berühmt geworden.[125] Die Hypothese geht auf eine Forschungsarbeit der University of California, Irvine zurück, deren Ergebnisse in dem Aufsatz von der Forschergruppe dargelegt werden und die von verbesserten IQ-Test-Leistungen nach dem Hören von Mozart-Musik ausgehen.[126]

Die anfangs aufgestellte Hypothese wurde weder durch zahlreiche unabhängige Nachfolgeexperimente noch durch bei der Vielzahl von Experimenten mögliche Metastudien bestätigt.

Die Autoren vermerken noch, dass die Verbesserung der kognitiven Leistungen nur temporär und nach ca. 10-15 Minuten wieder verschwunden sei. Der Mozart-Effekt, so wie ihn Rauscher und Kollegen publiziert haben, hat dennoch

---

[125] Rauscher F. H., Shaw G. L., Ky K. N. (1993): Music and spatial task performance. In: Nature Vol. 365, S. 611.

[126] In dieser Publikation berichten Rauscher und Kollegen von einem Untersuchungsergebnis, das bis heute insbesondere die populärwissenschaftliche Presse interessiert. Die Forscher hatten insgesamt 36 College-Studenten untersucht, die drei unterschiedlichen Bedingungen ausgesetzt waren: In einer Bedingung hörten die Versuchspersonen die ersten 10 Minuten von Mozarts Sonate für zwei Klaviere in D-Dur (KV 448). In einer zweiten Bedingung hörten die Versuchspersonen Entspannungsinstruktionen und in der dritten Bedingung saßen die Versuchspersonen in völliger Stille und hörten demnach nichts. Unmittelbar nach jeder Versuchsbedingung waren die Versuchspersonen angehalten, jeweils einen Untertest des Standford-Binet-Intelligenztestes zu bearbeiten. Hierbei handelte es sich um Tests, die insbesondere räumlich intellektuelle Leistungen erfassen (Musteranalyse, Matrizentest und ein sog. Papier-Falte-Test). Rauscher und Kollegen stellten eine vorübergehende Steigerung des räumlichen Denkens nur nach der Darbietung der Mozart-Klaviersonate fest. Konkret konnten sie zeigen, dass die Leistungen in diesen Untertests nach der Präsentation der Mozart-Sonate 119 IQ-Punkte betrug, während nach dem Hören der Entspannungsinstruktion ein IQ von 111 und in der Ruhebedingung ein IQ von 110 erzielt wurde. Die unterschiedlichen Messwerte wurden dann noch einer statistischen Analyse unterzogen, wobei sich ergab, dass die räumlichen Leistungen nach der Präsentation der Mozart-Sonate signifikant höher ausgefallen waren als die räumlichen Leistungswerte nach der Entspannungsinstruktion und der Ruhebedingung. Die Leistungskennwerte nach der Ruhebedingung und nach der Entspannungsinstruktion waren identisch und unterschieden sich demzufolge auch statistisch nicht voneinander. Zur Kontrolle der allgemeinen vegetativen Erregung haben die Forscher noch die Pulsrate (also die Herzschlagfrequenz) jeweils vor und nach den Versuchsbedingungen gemessen. Die Pulsraten unterschieden sich nicht für die drei Versuchsbedingungen. Daraus schlossen die Forscher, dass die grundlegende Erregung in allen drei Bedingungen identisch war und demzufolge die unterschiedlichen kognitiven Leistungen nicht auf einen allgemeinen und damit unspezifischen Erregungseffekt zurückzuführen sind.

ein enormes Echo in der wissenschaftlichen und populärwissenschaftlichen Literatur hervorgerufen. Bemerkenswert ist, dass dieser Befund insbesondere in den Medien recht unreflektiert kommentiert wurde. Die Kommentare reichen von uneingeschränkter Zustimmung und Konstatierung eines neuen didaktischen Konzepts bis zur völligen Ablehnung. In der wissenschaftlichen Literatur wurde, vielleicht wegen der medialen Präsenz, diese Diskussion vielleicht etwas abgeschwächter, aber für wissenschaftliche Diskussionen recht kontrovers und angriffslustig geführt. Bei manchen Untersuchungen konnte man sich des Eindrucks nicht erwehren, dass die beteiligten Forscher angetreten sind, um den Mozart-Effekt ad absurdum zu führen.[127]

Zusammenfassend stellt Jäncke zum Mozart-Effekt fest:

„Es kann kein spezifischer Effekt des kurzzeitigen Hörens von Mozart-Musik und insbesondere des Hörens der besagten Mozart-Sonate auf räumliche Fertigkeiten zweifelsfrei nachgewiesen werden.

Sofern Effekte vorliegen, treten sie immer in Bezug zu Ruhe und Entspannungsbedingungen auf, aber nicht zu anderen Bedingungen, in denen akustische Stimulationen mit anderem Material als Mozart-Musik erfolgen.

Diese fördernden Effekte beschränken sich nicht nur auf das Hören von Mozart-Musik, sondern ergeben sich auch für das Hören anderer akustischer Ereignisse (z. B. das Hören von Textpassagen einer Diskussion), sofern sie als angenehm und einigermaßen erregend bzw. anregend empfunden werden.

Als relativ stabil erweist sich die durch das Hören der akustischen Ereignisse hervorgerufene Stimmung und subjektiv empfundene Erregung auf die zu erbringende Leistung für die räumlichen Aufgaben.

Es kann allerdings nicht ausgeschlossen werden, dass sich bei einigen Versuchspersonen nach dem Hören der Mozart-Musik ein Hirnaktivierungsmuster einstellt, welches eine optimale Grundlage für die später zu bearbeitenden räumlichen Aufgaben bietet."[128]

Auch diese Versuchsreihe zeigt, dass ein Test dieser differenzierten Methoden nur das misst, was er messen soll. Er bestätigt zweifelsfrei die Kraft des musikalischen Gedächtnisses. Man könnte aber auch behaupten, dass es für diese Hypothese keines Mozart-Effekts bedarf, sondern dass sich bereits aus der Versuchsanordnung der zu untersuchenden Gegenstände das erkenntnisleitende Interesse ergibt.

---

[127] Vgl. Chabris C. F. (1999): Prelude or requiem for the 'Mozart effect'? S. 827–828.
[128] Jäncke L., a.a.O., S. 5.

Unabhängig davon, welchen Versuchsansatz man wählt: Sowohl der Prozess, als auch das Ergebnis werden immer davon abhängen, welches Untersuchungsdesign als das wissenschaftstheoretisch Beste betrachtet wird und welche Mittel man zur Verfügung hat. Der geeignetste Versuchsansatz, um die Wirkung musikalischer Reize auf kognitive Leistungen zu untersuchen, sind langangelegte Studien, in denen die gleichen Versuchspersonen über einen längeren Zeitraum untersucht werden. Dies setzt voraus, dass mindestens zwei möglichst konstante Versuchsgruppen zur Verfügung stehen, die sich im formalen Leistungsniveau gleichen. Also beispielsweise Kinder im Vorschulalter oder Schüler aus zwei identischen Grundschulklassen. Sicher dürfte auch der „sozioökonomische Status" eine wesentliche Rolle spielen.[129] Die Frage ist jedoch, was man am Ende herausbekommen will.

Um einen Vergleich anzustellen, ob man mit oder ohne Musikstimulation mehr oder weniger Gedächtnisleistung erzielt, ist müßig, solange man keine Vergleichskriterien entwickelt. Unter dem Gesichtspunkt von Lernfähigkeit generell und von Sprachentwicklung im Besonderen zeigen sich Versuchsergebnisse mit Schülern, die Musikunterricht erhalten und solchen, die keinen erfahren, als wenig überraschend. Noch dazu sind alle noch so aufwändig konstruierten Untersuchungen relativ, solange das Interesse und das Ziel nicht klar formuliert sind. Dabei sticht bei den sogenannten MINT-Fächern (Mathematik-Informatik-Naturwissenschaften-Technik) ins Auge, dass nie an ihrer Effizient gezweifelt wird. Dementsprechend braucht es anderswo, zum Beispiel bei Studien zur Wirkung musikalischer Kommunikation durch den Einfluss akustischer Reize auf das menschliche Gehirn, ausgefeilt begründete Untersuchungen, da ihre Wichtigkeit nicht als adäquat selbstverständlich zu den MINT-Fächern betrachtet wird. Je näher sich dabei die Grundhypothesen an diejenigen der MINT-Fächer anlehnen oder sich gar aus ihnen ableiten lassen, umso einfacher wirkt ihre Überzeugungskraft. Wenn sich beispielsweise musikalische Ereignisse in einen Zusammenhang kognitiver Ursache, Wirkung und Reaktion bringen lassen und die zu erwartenden Ergebnisse in sichtbar wirksame Handlungen effektiver Leistungssteigerungen umzusetzen sind, dann sind Forschungsprojekte auch für solche Softskills deutlich leichter. Sind jedoch auf der emotionalen und auf der psychisch-sensitiven Ebene eher singuläre und noch dazu „weiche" Ergebnisse zu erwarten, ist die Überzeugungsarbeit für die Realisierung für vergleichbare Projekte politisch ungleich schwieriger. Noch mehr Mühe ist bei der Argumentation für soziale, sozialkommunikative oder sozialkritische Aspekte aufzuwenden. Hier ist das Erfordernis, einen Begründungszusammenhang herzustellen hoch.

---

[129] Ebd., S. 6.

Diesen Begründungszusammenhang herzustellen bedeutet, dicke Bretter zu bohren und noch einen weiten Weg zu gehen.[130]

Geht man also von der im Grunde bekannten Tatsache aus, dass Musik und Musikunterricht nicht nur soziale und kommunikative, sondern insgesamt schulische Leistungen begünstigen, sich also auf kognitive Funktionen respektive das sprachliche Gedächtnis positiv auswirken, so ist doch verwunderlich, dass es verhältnismäßig wenig vergleichbare Studien und Projekte gibt. Es hängt vermutlich damit zusammen, dass potentielle Auftraggeber dabei Ergebnisse erwarten, die sich auch und möglichst deutlich ökonomisch umsetzen lassen, was man kommunikativen Studien zur Musik nicht zutraut.

In seinem Vortrag zum Thema Musik, Gehirn und Lernen hebt Lutz Jäncke die Untersuchung einer chinesischen Forschergruppe von der Hong Kong University aus dem Jahr 2003 besonders hervor, in der „sehr überzeugend" gezeigt wird, dass Kinder mit Musikunterricht nach einem Jahr bessere verbale Gedächtnisleistungen erbringen als andere.[131] Der Grund ist, so wird angenommen, dass die chinesische Sprache als tonale Sprache im Hinblick auf die auditorischen Verarbeitungsgrundlagen viele Ähnlichkeiten mit der auditorischen Verarbeitung der Musik aufweist.

Weitere Schulstudien zur Wirkung des Musikunterrichts liegen bereits vor. Alle sind sich in der Kernaussage darin einig, dass musikalisches Training, wie es im Musikunterricht praktiziert wird, in musik-immanenten Bereichen günstige Effekte erzielt. Es ist darüber hinaus anzunehmen, dass diese auch nachhaltig wirken.

Musik als Entschlüsselung versiegelter Erinnerungsspuren

Entfernt man sich vom verengenden Blick auf das Schulalter, das in jeder Biografie auf irgendeine Weise nachwirkt, und blickt auf den ganzen Lebenslauf, ist erstaunlich, dass vermeintlich viele Erinnerungen aus unserem Gedächtnisspeicher aus unterschiedlichen Gründen im Laufe des Lebens wieder gelöscht werden. Viele Erinnerungsspuren sind scheinbar einfach zugeschüttet, verschwunden, dadurch überhaupt nicht mehr abrufbar und wenn, dann nur äußerst schwer mit Hilfe therapeutischer oder langwieriger analytischer Verfahren. Man könnte fast glauben, dass man sich nur an das erinnert, an was

---

[130] Wenn die Fähigkeit, über Musik besser kommunizieren zu können, sowohl verbale wie non-verbale Verdichtung heißt, dann müssten diese Fähigkeiten auch als soziale und sozialkritische Rhetorik Einzug in die Curricula von Schulen und Hochschulen erhalten.
[131] Ho Y. C., Cheung M. C., Chan A. S. (2003), zit. nach Jäncke L. (2008): a.a.O., S. 6.

man sich auch erinnern *will*. Interessant könnte der Rückschluss dann sein, wenn Gedächtnis und Erinnern etwas ist, das man nur zulässt, wenn es mit angenehmen Gefühlen verbunden wird und man sich ja bekanntlich an das Angenehme immer gerne erinnern will. Der eigene Wille scheint demnach ein sehr starkes Steuerungselement zu sein, der sich im Zuge von Identitätsentwicklung schon früh herausbildet und den es im Sinne der Selbstbestimmung auch zu schützen gilt. Ihn zu brechen ist von daher eine Kampfansage gegen die persönliche Autonomie. Andersherum: Will sich jemand an ein wichtiges, lebensveränderndes Ereignis erinnern, kann es aber nicht, dann verzweifeln nicht selten Betreuer oder Therapeuten bei der Suche nach einem Dooropener für die richtige Tür. Spätestens hier bekommt der Gedächtnisspeicher Musik eine zentrale Funktion in der Entschlüsselung versiegelter Erinnerungsspuren. Ein methodisch sehr geeigneter Weg ist neben anderen Methoden – etwa der Validation[132] – die Biografiearbeit[133].

Ein Teil der biografischen Arbeit betrifft das Gedächtnis, der andere das Erinnern im Sinne der Rückschau (Life Review). Obwohl man unter Gedächtnis auch Erinnerung verstehen kann, meint Gedächtnis doch eher die Kodierung, Speicherung und Reaktivierung aufgenommener Informationen. Gespeicherte Informationen sind das Ergebnis von bewussten und unbewussten Lernprozessen. Komplexität und Umfang menschlicher Gedächtnisleistungen haben im Laufe der Evolution zugenommen. Man unterscheidet heute zwischen dem sensorischen Gedächtnis, dem Kurzzeitgedächtnis und dem Langzeit-

---

[132] Validation oder auch Validieren ist zum einen eine wertschätzende Haltung, die für die Begleitung von Menschen mit Demenz entwickelt wurde. Sie basiert insbesondere auf den Grundhaltungen der klientenzentrierten Gesprächsführung nach Carl Rogers und hat zum Ziel, das Verhalten von Menschen mit Demenz als für sie gültig zu akzeptieren („zu validieren"). Zum anderen ist das Validieren eine besondere Kommunikationsform, die von einer akzeptierenden, nicht korrigierenden Sprache geprägt ist, die die Bedürfnisse des betroffenen Menschen versucht zu verstehen und zu spiegeln. Die Methode der Validation wurde zuerst von Naomi Feil, einer in München geborenen, amerikanischen Sozialarbeiterin und Gerontologin, entwickelt. Vgl. auch: http://de.wikipedia.org/wiki/Validation.

[133] Das von dem US-amerikanischen Mediziner und Gerontologen Robert Neil Butler (1927–2010) entwickelte Konzept einer Lebensrückschau (Life Review), hat sich in Deutschland für die Bereiche Soziale Arbeit und Pflege als Biografiearbeit mittlerweile fest etabliert. Biografiearbeit gilt als eine strukturierte Form zur Selbstreflexion der Biografie in einem professionellen Setting. Die Reflexion einer biografischen Vergangenheit dient ihrem Verständnis in der Gegenwart und einer möglichen Gestaltung der Zukunft. Dabei wird die individuelle Biografie in einem gesellschaftlichen und historischen Zusammenhang gesehen. Aus dieser Erkenntnis lassen sich zukünftige persönliche und soziale Handlungspotenziale entwickeln. Vgl. auch: http://www.pflegewiki.de/wiki/Biographiearbeit.

gedächtnis. Innerhalb der Gedächtnisstruktur unterscheidet man ferner zwischen deklarativem und prozeduralem Gedächtnis, wobei das *deklarative* Gedächtnis Fakten und Ereignisse speichert, die entweder zur eigenen Biografie gehören (episodisches Gedächtnis) oder das Allgemeinwissen eines Menschen, wie etwa geschichtliche, politische, gesellschaftliche Zusammenhänge, oder alltagspraktische Belange, Selbstversorgung etc. (semantisches Gedächtnis) betreffen. Das *prozedurale* Gedächtnis umfasst Fertigkeiten, die aufgrund des Mechanismus Aktion/Reaktion quasi automatisch eingesetzt werden. Dazu gehören vor allem motorische Abläufe wie Wandern, Fahrradfahren, Schwimmen, Laufen.[134]

Der andere Teil der Biografiearbeit ist die Erinnerungskultur. Eine Beurteilung der erlebten Vergangenheit aus nachträglicher Sicht kann zu einer Integration der Biografie und in Folge mit entsprechenden Handlungskonsequenzen zur Identitätsfindung führen. Im strengen Sinne bezeichnet Erinnerungskultur die Gesamtheit der Verhaltenskonfigurationen und sozial zugelassener oder erworbener Umgangsformen einer Gesellschaft oder Gruppe, Teile der Vergangenheit im Bewusstsein zu halten und gezielt zu vergegenwärtigen.[135] In der sozial-gerontologischen Arbeit gewinnt Erinnerungskultur eine besondere Bedeutung vor allem deshalb, weil sie gezielt Wert auf Lebensereignisse legt, die dem Betroffenen wichtig sind oder waren und die einen wesentlichen Teil des deklarativen Gedächtnisses ausmachen, aber mitunter verlorengegangen oder verschüttet sind. Sie als einen realen Bestandteil der eigenen Identität quasi freizulegen, stellt eine Herausforderung für jede Art von sozialer Betreuung dar. Gelingt diese Handlung, trägt sie nachhaltig zur Förderung der individuellen Autonomie der Person bei.

Der Bezug zur Kraft der Musik ist dabei leicht herzustellen. Musikger(ont)agogik als ein zwar völlig eigenständiger Bereich im Schnittfeld von Musikpädagogik und Geragogik, die sich mit musikalischer Bildung im Alter sowie mit musikbezogenen Vermittlungs- und Aneignungsprozessen beschäftigt, wird oft im Rahmen von Biografiearbeit eingesetzt und erweist sich als äußerst hilfreich und wirksam.[136] Wie bereits mehrfach betont, löst Musik Verkrampfungen, entschlüsselt Zugeschüttetes und hilft bei der Spurensuche nach verschwundenen Erinnerungen. Besonders für demenziell veränderte

---

[134] Vgl. Gruber T. (2011): Gedächtnis. Basiswissen Psychologie. Wiesbaden VS Verlag. Vgl. auch http://de.wikipedia.org/wiki/Gedächtnis.

[135] Vgl. Welzer H. (2002): Das kommunikative Gedächtnis: eine Theorie der Erinnerung. München.

[136] Vgl. Hartogh T. (2005): Musikgeragogik, ein bildungstheoretischer Entwurf. Musikalische Altenbildung im Schnittfeld von Musikpädagogik und Geragogik. Augsburg. Vgl. auch: http://de.wikipedia.org/wiki/Musikgeragogik.

Menschen kann Musikger(ont)agogik in mehrfacher Hinsicht zur biographischen, zur intergenerativen und zur kultursensiblen Orientierung, zum Lernen bei geistigen und körperlichen Beeinträchtigungen sowie zur Validation wirksam sein.[137] Im Kapitel „Transfer in die Praxis" wird darauf näher Bezug genommen.

Die starke Ausprägung des musikalischen Gedächtnisspeichers

Alle Annahmen lassen vermuten, dass es auf die enorme Kraft des musikalischen Gedächtnisses zurückzuführen ist, den Tresor auch weit zurückliegender, vergessener Erinnerungsspuren mit Musik aufzuschließen. Da musikalisches Gedächtnis sehr frühzeitig im menschlichen Leben einsetzt, die zeitigen Spuren aber oft verwischt werden, beginnen die nachhaltigen Effekte im Musikunterricht der Schulen. Studien zu langfristigen Effekten des Musikunterrichts thematisieren allerdings nicht ihre Dauerhaftigkeit. Die einzige Ausnahme bildet die bereits erwähnte Studie der Hong Kong University.[138] So zeigen sich bei Menschen mit abrufbarer Musikerfahrung bessere Leistungen in visuell-räumliche Hinsicht. Dies hängt wahrscheinlich damit zusammen, dass verschiedene Aspekte der Musik in unserem Gehirn räumlich repräsentiert sind. Durch das Musizieren werden diese visuell-räumlichen Funktionen offenbar häufig trainiert. Bei Musikern ist der Gedächtnisspeicher stärker ausgeprägt als bei Nicht-Musikern. Allerdings dürfte sich dies mehr auf musikalisches Expertengedächtnis beziehen, als auf allgemeine musikalische Erinnerungsspuren. „Wesentliches Element dieses Expertengedächtnisses ist die ‚Abrufstruktur'. Diese Abrufstruktur kann man sich als ein assoziatives Netzwerk vorstellen, indem Hinweisreize mit vielen anderen musikrelevanten Informationen gekoppelt sind."[139]

Der Umgang mit Zahlen hängt ebenfalls stark von visuell-räumlichen Fähigkeiten ab. Es ist anzunehmen, dass zwischen dem Musizieren und diversen Rechenleistungen ein Zusammenhang besteht. Inwieweit allerdings die Hypothese, dass Musizieren die Rechenleistung fördert, für unsere Fragestellung hier relevant ist, kann nur mit *eher nicht* beantwortet werden. Hingegen beschäftigt uns mehr die Frage nach der Speicherleistung des musikalischen Gedächtnisses. Diese dürfte bei jedem in der kortikalen Struktur gleich angelegt sein. Vermutlich ist ein geschultes Musikergehirn, das zudem ein Leben lang ein Instrument gespielt hat, wesentlich schneller und effizienter in der

---

[137] Vgl. ebd.
[138] Vgl. Jäncke L., a.a.O., S. 7.
[139] Ebd., S. 8.

Lage, spezielle Wahrnehmungen und Funktionen dem Speicher zu entlocken und diese bestimmten Programmen zuzuordnen. Diese Form der Überlegenheit zwischen Musik-Geschulten und Nicht-Musikern mögen sich in veränderter Art und Weise äußern. Wie die anteilmäßig beteiligten Gehirnstrukturen Musikreize verarbeiten, sollten aber nicht zu einem Schwarz/Weiß – oder Gut/Schlecht-Vergleich führen. In jedem auch sonstigem Wissensgebiet weisen praxiserprobte Fachleute eine jeweils ausgeprägtere Expertise aus, die durch ständiges Auseinandersetzen und Üben mit dem Gegenstandsbereich effizienter als einmalig abgerufenes Erfahrungswissen ist. Dieser selbstverständliche Zustand ist bei Musikern nicht anders als bei anderen Spezialisten auch zu werten. Die einzige, zugegebenermaßen sehr interessante, aber eigentlich von der Natur gegebene Ausnahme ist die Fähigkeit des absoluten Gehörs, die im Prinzip bei jedem vorkommen kann.[140] Absolutes Gehör ist die höchste Form musikalischer Treffsicherheit. Sie hat mit Sicherheit Einfluss auch auf den Dauerspeicher Musik. Von daher tragen Menschen, die mit dieser natürlichen Fähigkeit ausgestattet sind, einen besonderen musikalischen Gedächtnisschatz in sich. Da es sich um eine recht seltene Fähigkeit handelt, deren neuronale Zusammenhänge noch weitgehend unbekannt sind, ist unser Blick mehr auf die Menschen mit normalen Gehörleistungen gerichtet. Auch diese Ergebnisse sind beachtlich, wenn es um die Gedächtnisleistungen durch Musik geht.

So hat die kognitionswissenschaftliche Forschung insgesamt gesehen interessante Befunde bzgl. des Einflusses von Musik auf andere kognitive Leistungen zu Tage gebracht. Man kann durchaus konstatieren, dass die Einwirkung von Musik auf unser Gedächtnis einmal gezogene Spuren schnell wiederentdecken kann. Forschungstechnisch sind die Einflüsse von Musik jedoch sehr differenziert zu betrachten und zu interpretieren.[141]

Gleichwohl ist eine differenzierte Betrachtung der Wirkung von Musik erforderlich, die nämlich ergibt, dass einige kognitive Bereiche durchaus von Musik bzw. dem Musizieren profitieren können. Dazu gehören „… (1) das verbale Gedächtnis, (2) räumlich-geometrische Leistungen, (3) grundlegende

---

[140] Hierunter wird die meist angeborene, aber auch erlernbare Fähigkeit eines Menschen verstanden, die Höhe eines beliebigen gehörten Tons zu bestimmen, d. h. ihn innerhalb eines Tonsystems exakt einzuordnen, ohne dabei einen Bezugston zu hören. Diese recht seltene Fähigkeit wird offenbar in der Kindheit entwickelt und scheint auf genetische Einflussfaktoren in Verbindung mit entsprechenden Erfahrungen und Erwartungen zurückzuführen sein. Weitgehend ungeklärt ist, welche neuronalen Zusammenhänge dies erreichen und welche Funktionen im Gehirn und Hörnerv dazu benötigt werden. Vgl. auch: http://de.wikipedia.org/wiki/Absolutes_Gehör.

[141] Vgl. Jäncke L., a. a. O., S. 9.

intellektuelle Fähigkeiten und (4) bessere Hörleistungen im sprachlichen Bereich. Besonders bemerkenswert sind m. E. die Befunde bezüglich der neuroanatomischen und neurophysiologischen Anpassung im Zusammenhang mit dem Erwerb der Musikexpertise. Diese Befunde belegen eindrücklich, dass das menschliche Gehirn auch auf dieser Ebene über eine bemerkenswerte erfahrungsbedingte Anpassungsfähigkeit verfügt."[142]

Wenn also der Erwerb von Musikexpertise und Anpassungsfähigkeit des menschlichen Gehirns in einem inneren Zusammenhang stehen, dann bekommt die enorme Kraft des musikalischen Gedächtnisses eine faszinierende Dimension. Ohne genau zu wissen, wo sich diese Gedächtnisleistung abspielt, kann sich jeder von diesem Phänomen mit einem simplen Selbstversuch überzeugen. Man braucht nur eine alte Venylschallplatte, eine Audiocasette oder frühe CD aus der eigenen Sammlung auflegen, ein Buch dazu zu lesen, einen persönlichen Brief, eine private Mail oder ähnliches schreiben, wird man schnell Gefühlen nachspüren können, die einen zeitgenau an den Ort führen, an dem die gerade gehörte Musik im eigenen Lebensbezug ihren Ursprung oder ihre unersetzliche Bedeutung bekommen hat. Im Zweifelsfall spürt man einfach nur ein gutes Gefühl, das jedoch ist sicher. Das lässt einen auch im Kontakt mit Menschen, die alt, schwach oder krank sind, immer wieder erstaunen, wenn sich in festgefahrenen Situationen beim Erklingen von Musik ein spontanes Lächeln abzeichnet, eine sanfte aber deutliche motorische Regung zeigt und sich so die Entkrampfung, manchmal auch Angst löst.

Diese Überlegungen führen uns zum nächsten Kapitel und vermitteln eine wohltuende, hoffnungsvolle Erkenntnis.

Quellenangaben und weiterführende Literatur

Altenmüller Eckart (2014): Musik ist das Brot unseres Geistes – nicht nur die schönste Nebensache der Welt, in: FAZ Natur und Wissenschaft vom 19.11.2014, S. N2.

Bär Brigit, Floch Hannelore, Geintzer Marlies, Kemser Johannes, Stauss Editha, Wiehe Barbara (1972): Untersuchung zur Persönlichkeitsentwicklung bei Kindern im Vorschulalter aufgrund gesteuerter optischer und akustischer Reizeinwirkungen. Projektbericht zur staatlichen Anerkennung als Dipl. Soz.päd., unter Leitung von Prof. Dr. Neumann Kurt K.; unveröffentl. Skript der FH Hamburg.

Baudson Tanja Gabriele (2013): Macht klassische Musik schlau? – Warum Mozart hören allein nicht reicht. In: MinD-Magazin, 97, Dezember 2013.

Birbaumer Niels, Schmidt Robert F (2010): Autonomes Nervensystem. In: dies.: Biologische Psychologie, 7., Heidelberg: überarb. und erg. Aufl., Springer.

---

[142] Ebd., S. 9f.

Bundesministerium für Bildung und Forschung (Hg.) (2006): Macht Mozart schlau? Die Förderung kognitiver Kompetenzen durch Musik. Bildungsforschung Band 18, Bonn und Berlin. PDF.

Chabris Christopher F. (1999): Prelude or requiem for the ‚Mozart effect'? Nature, 400.

Gruber Thomas (2011): Gedächtnis (Basiswissen Psychologie) Wiesbaden: VS Verlag.

Hartogh Theo (2005): Musikgeragogik, ein bildungstheoretischer Entwurf. Musikalische Altenbildung im Schnittfeld von Musikpädagogik und Geragogik. Augsburg: Wißner.

Ho Yim-Chi, Cheung Mei-Chun, Chan Agnes S. (2003): Music training improves verbal but not visual memory: cross-sectional and longitudinal explorations in children. Neuropsychology Inc. Vol. 17.

Hüsing Bärbel, Jäncke Lutz, Tag Brigitte (2006): Impact Assessment of Neuroimaging: Final Report. Vdf Hochschulverlag.

Jäncke Lutz (2005): Methoden der Bildgebung in der Psychologie und den kognitiven Neurowissenschaften. Stuttgart: Kohlhammer.

Jäncke Lutz (2008): Musik. Gehirn und Lernen, Vortrag bei gleichlautender Tagung, Universität Zürich.

Jäncke Lutz (2008): Macht Musik schlau? Neue Erkenntnisse aus den Neurowissenschaften und der kognitiven Psychologie. Bern: Huber.

Pech Karel (1968): Hören im optischen Zeitalter, Karlsruhe: Verlag G. Braun.

Rauscher Frances H. (1999): Prelude or requiem for the Mozart effect? In: Nature Vol. 400, 26. August 1999, S. 827–828.

Rauscher Frances H., Shaw Gordon L., Ky Katherine N. (1993). Music and spatial task performance. In. Nature Vol. 365, 14. Oktober 1993.

Schumacher Ralph (Hg.) (2006): Macht Mozart schlau? Die Förderung kognitiver Kompetenzen durch Musik. Bundesministerium für Bildung und Forschung, Bildungsforschung Band 18.

Welzer Harald (2002): Das kommunikative Gedächtnis: eine Theorie der Erinnerung. München: C.H. Beck.

Internetquellen

http://de.wikipedia.org/wiki/Absolutes_Gehör
http://www.pflegewiki.de/wiki/Biographiearbeit
http://de.wikipedia.org/wiki/Gedächtnis
http://de.wikipedia.org/wiki/Musikgeragogik
http://de.wikipedia.org/wiki/Validation
http://www.smpv.ch/myUploadData/files/D_A_CH_08_Jaencke_Referat.pdf

Kapitel 5
Hoffnungsvolle Erkenntnis?
Wie mit Musik demenzielle Veränderungen ohne Medikamente in den Griff zu bekommen sind

Heute leben allein in Deutschland ca. 1,4 Millionen Menschen mit einer diagnostizierten Demenz. 2060 werden es mehr als doppelt so viele sein. Deutsche haben mehr Angst davor, im Alter demenziell, als davor, an Krebs zu erkranken.[143]

Aber es gibt auch gute Nachrichten: Heute entstehen Demenzen in deutlich höherem Alter als noch vor 30 Jahren. Relativ gesehen sinkt die Zahl der Demenzkranken sogar. Mit zunehmendem Lebensalter nimmt die Demenz zu, und ab dem 90. Lebensjahr ist die Steigerungsrate am höchsten. Trotzdem ist sie geringer als noch vor einigen Jahren, denn die höhere Lebenserwartung und das längere Fitbleiben wirken sich auf demenzielle Veränderungen aus. Warum das so ist und wie diese Veränderungen aussehen, weiß man nur vage.

Zunehmend stellen immer mehr Wissenschaftler diese und ähnliche Fragen. Wie wir gesehen haben, ist Musik einer unser verlässlichsten Dauerspeicher. Schon vor diesem Hintergrund sind die Erkenntnisse umso wichtiger, die sich bereits abzeichnenden Entwicklungen nicht überraschend. Nichts wird in unserem Gedächtnis so lange konserviert wie Musik. Selbst Gerüche haben nicht diese phänomenale Langzeitwirkung wie akustische Sinnesreize. Melodien, ganze Liedpassagen, gepaart mit Textzeilen oder kompletten Strophen, Klanggebilde, Tontrauben oder clusterartige Figuren speichern wir offensichtlich im Gehirn dauerhaft, d.h. ohne Einschränkung ab. In vielen Fällen schlummern diese Musikdaten zwar, bleiben ein Leben lang ungenutzt. Sie sind jedoch abrufbar. Dieser unglaublichen Gehirnleistung wollen wir im Folgenden weiter nachspüren und unseren Fokus dabei auf demenziell veränderte Menschen richten.[144]

---

[143] Vgl. Statistisches Bundesamt DESTATIS (2009): Bevölkerung Deutschlands, 12. Koordinierte Bevölkerungsvorausberechnung bis 2060.
[144] Auch in diesem Kapitel beziehe ich mich auf keine eigenen Forschungsergebnisse. Die hier dargestellten Erkenntnisse beruhen vielmehr auf Quellen der Demenzforschung sowie auf Kenntnissen hinsichtlich erforschter Wirkung von Musik.

Der positive Einfluss von Musik auf unsere Gesundheit

Bei der Pflege von demenziell erkrankten Menschen erhält die Wirkung von Musik insbesondere auf den Stresslevel eine besondere Relevanz. Entsprechend setzt der Einsatz von Musik auch auf die Verbesserung des individuellen Wohlbefindens und damit auf die Reduktion von Depressionen, Stress, Angst, agitierenden Verhaltens sowie auf körperlich und verbal aggressiven Verhaltens. In dem Sinne ist Musik Therapie für die Seele.[145]

Diese Erkenntnis ist nicht neu, gleichwohl hält sie heute einer wissenschaftlichen Überprüfung stand. Im alten Ägypten, im antiken Griechenland oder auch im dynastischen China standen Musik und Medizin immer in einer direkten Verbindung und wurden zur Heilung angewendet. Selbst im Mittelalter war es üblich, dass jeder Arzt im Nebenfach Musik belegt. Weit bis ins 18. Jahrhundert hinein war Musik ein fester Bestandteil von Lazaretten und Krankenhäusern. Als jedoch der Wandel zur modernen Medizin einsetzte, wurden die Theorien um Musik und Gesundheit ad acta gelegt und sanft belächelt. Erst Ende des 20. Jahrhunderts nahm das wissenschaftliche Interesse wieder zu. Es konnte definitiv belegt werden, dass Musik, egal welcher Art, einen Einfluss auf die Herzfrequenz und somit auf Atem und Kreislauf hat. Genau wegen dieser Aspekte wird Musik im medizinischen Bereich vor allem bei der Behandlung von Depressionen, Koma-Patienten, bei Migräne, zur allgemeinen Schmerzkontrolle, bei Drogen- und Alkoholentzug, als Geburtshilfe und sogar bei der psychiatrischen Behandlung angewendet.[146]

In der Musik Wissen A-Z wird auf eine umfangreiche Untersuchung des deutschen Arztes Ralph Singte hingewiesen, der nahezu 100.000 Patienten mit Musik beschallt hat. Wie die „Beschallung" vorgenommen wurde, ist der Quelle nicht zu entnehmen. Die Quintessenz war, dass vor allem Depressionen, Ängste und auch allgemeine Schmerzleiden mit Musik therapiert werden können.[147]

Bereits in der pränatalen Phase schafft Musik - wie bereits gezeigt werden konnte - eine gesundheitsfördernde Wirkung. Doch nicht nur die Geräusche von außen wirken auf das ungeborene Kind. Vielmehr stellt der Kreislauf der werdenden Mutter mitsamt dem Herzschlag, dem fließenden Blut und dem leisen Atmen schon fast ein Musikstück für das Ungeborene dar.[148]

---

[145] Vgl. Quarks & Co-Summary (2014): Demenz - Wie wir uns vergessen und was wir dagegen tun können, Wissenschafts-Fernsehmagazin WDR Fernsehen vom 12.08.2014, Programmankündigungstext.
[146] Vgl. auch: Musik Wissen A–Z besttipps.de of music (2001): Kapitel „Musik als Therapie" 2. Gesundheitliche Wirkung von Musik.
[147] Zit. nach ebd., a.a.O.
[148] Zit. nach ebd., a.a.O., Gesundheitliche Wirkung von Musik.

Unter dem Gesichtspunkt musiktherapeutischen Handelns dürfte von großer Bedeutung sein, dass der Einsatz von Musik nachhaltig beruhigend wirkt. Zunächst ist das nichts Besonderes, weil dies ja immer schon bekannt war. „Als beruhigender Faktor bei lokalen Operationen bzw. bei örtlicher Betäubung ist wissenschaftlich nachgewiesen, dass die Anzahl der verwendeten Beruhigungsmittel drastisch zurückgegangen ist."[149]

Wenn also tatsächlich durch therapeutische Musikbehandlung die Anzahl der verwendeten Beruhigungsmittel deutlich abnimmt, bedeutet dies mindestens zweierlei: erstens eine bessere Verträglichkeit für den Patienten, zweitens eine spürbare Kosteneinsparung für das gesamte Gesundheitssystem.[150]

Jeder glaubt es zu wissen und doch ist man immer wieder erstaunt, welch spürbare gesundheitsfördernde Wirkung von Musik ausgeht. Es soll Menschen geben, die sogar ihre Pflanzen, d. h. Blumen und Lebendgewächse mit Musik beschallen in der Annahme, dass sich die akustischen Wellen günstig auf das Wachstum auswirken. Auf das Verhalten von Tieren hat Musik vermutlich einen ähnlichen Einfluss. Wie und warum allerdings Musik so wirkt, konnte bisher noch nicht eindeutig geklärt werden, ist aber sicher für die biologische Verhaltensforschung von Interesse. Da unterschiedliche Fauna- und Floragattungen auch mit je anderen sensorischen Systemen ausgestattet sind, werden gesicherte Aussagen zunächst nur vereinzelt möglich sein. Selbst bei der Vermehrung von Mikroorganismen schließt man im Übrigen Auswirkungen durch Musik nicht aus.

Für uns Menschen ist der Effekt der Musik auf unser gesundheitliches Wohlbefinden unbestritten. Dabei ist Musikhören der erste Schritt und das Entree auch für andere Musikbereiche. Im 6. Kapitel „Intensiver leben durch Musikhören und Musikmachen" wird darauf Bezug genommen.

Welche Musik in welcher Situation jeweils die zutreffende ist, lässt sich nicht mit Sicherheit bestimmen. Wann und wo Musik gehört wird, liegt meistens nicht in der eigenen Entscheidungsmacht über Zeit und Situation. Selbst bei privaten Einladungen wird man nicht gleich bei der Begrüßung bzw. beim Eintreffen nach der – subjektiv als unpassend empfundenen – Musik fragen: „Was haben Sie denn da für eine Musik?" Noch weniger stellt man diese oder ähnliche Fragen nach der „richtigen" Musikwahl bei öffentlichen Empfängen. Andererseits: Spürt man mit der musikalischen Hintergrundkulisse gleich zu Beginn eine Art deckungsgleicher Symmetrie mit dem eigenen Musikgeschmack, ist die Situation schon halb gerettet, weil der Start harmonisch beginnt, der für jede atmosphärische Situation, vor allem wenn

---

[149] Ebd., a. a. O., Gesundheitliche Wirkung von Musik.
[150] Zit. nach ebd.

sie schwierig zu werden droht, positive und kommunikative Brücken baut. Wie gezeigt werden konnte, sind musikalische Vorlieben und Geschmäcker sehr unterschiedlich angelegt und ausgeprägt. Eine Vereinheitlichung ist von daher nicht möglich. „In erster Linie stehen Harmonie und Entspannung im Vordergrund, sodass sich Musik im Zuge einer therapeutischen Behandlung immer an Puls und Herzschlag orientieren sollte. Gerade wer über einen hohen Ruhepuls verfügt, der weit über die 60 bis 70 Schläge pro Minute reicht, sollte auf eine leichte und fließende Musik achten. Das bewusste Zuhören schafft einen Entspannungsmoment für den kompletten Körper."[151] Wer aber weiß schon über seinen Ruhepuls Bescheid? Und wer kann in der konkreten Alltagssituation, die von Musik beflutet wird, auf fließende und leichte Musik achten, oder gar auf ihre Strömung Einfluss nehmen?

Wohlmeinende Empfehlungen, welche Musik, welcher Stil und welche Instrumente in welchen Lebenslagen anzuwenden sind, werden hier nicht weiter thematisiert, weil sie eben nicht verallgemeinerbar sind und somit nur sehr zufällige Aussagekraft besitzen. Ob es sich um laute, leise, schnelle, langsame, sentimentale, melancholische, ruhige oder dramatische Musik handelt, kann weder hinreichend beschrieben noch umfänglich definiert werden. Dennoch scheuen sich öffentliche Medien nicht, wie z. B. der Fernsehsender Pro Sieben, für gehörlose Zuseher seine Sendungen zu untertiteln in der Annahme, mit geschriebenen Wörtern wie „Keuchen, Stöhnen, Ächzen" das auszudrücken, was gerade in der Filmszene passiert. Möglicherweise gelingt es sogar, mit den Wortassoziationen recht nahe an die Vorstellungen einiger Zuschauer zu kommen. Musik beschreibend zu untertiteln, wirkt aber eher befremdlich, regt bestenfalls zum Schmunzeln an. Eine Übernahme in die eigene Hörvorstellung kann aufgrund der unterschiedlichen Bilder, die Musik erzeugt, nicht gelingen.[152] Ob es darum geht, Spannung, Melancholie oder andere Erregungszustände mit Musik zu beschreiben: Alles weist auf ein Bemühen hin, von Taubheit betroffene Menschen durch subjektive Sinneseindrücke in das reale, klingende Geschehen hereinzuholen. Das ist jedoch unmöglich. Weshalb sollte ein Gehörloser nicht ebenso wie jeder hörende Mensch unter vorangestellten Adverbien wie spannende, festliche Musik etc. etwas anderes verstehen? Es wäre günstiger, entweder die Komponisten der Filmmusik

---

[151] Zit. nach ebd.
[152] Hier eine kleine Auswahl von Untertiteln bei Musik für gehörlose Zuseher aus TV-Sendungen, wie sie bei Pro Sieben zu sehen waren: „Germanys Next Top Model" (09. April 2015) oder „Vikings" (10. April 2015): Euphorische Musik – dramatische Streichmusik – emotionale Musik – elektronische Spannungsmusik – langsame Musik – fröhliche Popmusik – dramatische Popmusik – spannende/spannungsgeladene Musik – festliche Musik – unheilverkündende Musik – schneller werdende dramatische Musik – melancholische Musik.

selbst aufzufordern, ihre Musik zu untertiteln, was ebenfalls keine Garantie für besseres Verstehen darstellen würde, aber wenigstens die den Komponisten motivierende Musikidee wiedergeben würde. Am fairsten wäre es vermutlich, nur „Musik" zu untertiteln, dann hätte zumindest jeder Zuschauer selbst noch die Freiheit für sich zu entscheiden, wie sich die dazugehörige Musik für ihn wohl anhören könnte.

Um auf die hoffnungsvolle Erwartung der Musik in Verbindung mit Gesundheit zurückzukommen, dürfte die sogenannte vibrationale Medizin mit ihrem Wegbereiter, dem Norweger Olav Skille, einer näheren Betrachtung wert sein. Skille „... stellte fest, dass nicht nur das Hören von Musik, sondern eben auch das Fühlen der Schwingungen einen positiven Einfluss auf den Genesungsprozess hat. In den verschiedenen Tests konnte festgestellt werden, dass vor allem tiefe Frequenzen, die beim Musikhören strikt vermieden werden, zum Ergebnis führten. Frequenzen zwischen 30 und 130 Hertz gelten hier als optimal. Vibrationale Medizin kann vor allem bei Kopf- und Rückenschmerzen, Kreislaufschwäche und spastischen Störungen angewendet werden. Ob die Symptome gänzlich verschwinden, lässt sich im Vorfeld nicht sagen, jedoch kann mit einer enormen Minderung der Beschwerden gerechnet werden."[153]

Musik wirkt meditativ

Dass Musik auch meditativ wirken kann, ist eine Binsenweisheit. Nachdenklich macht eher die Frage, welche Musik das sein könnte und wie sie *konkret* als Meditation eingesetzt und genutzt werden kann. Wie einzelne Töne auf unseren Körper wirken können, sagt schon etwas mehr aus. Sie wirken zumindest pfeilgenauer als eine mehrtönige Klangfülle. Einzeltöne üben durch ihre klare Identifizierbarkeit auch eine besondere Form der Zielgerichtetheit auf uns und damit – systemisch betrachtet – auch auf unsere Lebensenergie aus. Das heißt, wenn ein einzelner Ton eine ohrenfällige (um ein alternatives Wort zu „augenfällig" einzuführen) körpernahe Zuordnung erfährt, verstärkt dies das gesamte körpernahe System. Was ist damit gemeint? Bevor ich ein praktisches Beispiel dazu gebe, ist zunächst anzumerken, dass Einzeltöne und -klänge (Unisono) trotz oder gerade wegen ihrer klar nachvollziehbaren Linien geradezu als schöner empfunden werden als etwa volle Klangspektren. Auf (unrepräsentative) Nachfragen bei Studierenden, wie denn Einzeltöne auf sie wirkten, wurde mir zurückgemeldet: „Sie wirken meditativ." Die reine Nachvollziehbarkeit musikalischer Figuren, wie sie bevorzugt im

---

[153] Musik Wissen, a. a. O., 2. Gesundheitliche Wirkung von Musik.

gregorianischen Gesang oder beispielsweise in den Kompositionen einer Hildegard von Bingen vorkommen, sind in der heutigen musikalischen Medienwelt verlorengegangen, wenngleich sie ihre meditative Wirkung deshalb nicht eingebüßt haben. Im Gegenteil, sie werden anscheinend wieder entdeckt.[154] Das technisch ungestörte Leuchten einer Melodieführung (die auch von mehreren Stimmen gesungen werden kann) weist auf eine beinahe sakrale Sehnsucht und ihrer damit verbundenen meditativen Wirkung hin. Ohne den Gedanken zu überhöhen, üben viele youtube-Auftritte gerade der *nicht* von Instrumentenfülle umrankten, aber deshalb nicht weniger emotionalen Musik eine magische Anziehungskraft aus. Sie deuten offensichtlich auf ein Bedürfnis nach meditativer Kontemplation hin.[155] Ein Vergleich zum Vogelgesang mag abwegig erscheinen, aber selbst komplexe Vogelmelodien sind immer „einstimmig". Die musikalische Fülle dieser Gesänge – despektierlich auch Vogelgezwitscher genannt – stellt eine einmalige Selbstdarstellung von Arten dar, die im scheinbaren Durcheinander vieler verschiedener Tiergattungen kakophonisch anmuten, aber nebeneinander wunderbar funktionieren. Eine andere, aber doch vergleichbare Funktion nehmen das Heulen und die Gesänge von Säugetieren ein. Das Einstimmen des Wolfsrudels in das Heulen ihres Alphatiers verstärkt das Hervorbringen langgezogener weithin hörbarer Töne positiv.[156] Ob es noch andere, möglicherweise „zweckfreie" Gründe gibt, ist nicht bekannt. Einzelne Tiere heulen, um die Suche nach einem Partner zu signalisieren, sowie um das Territorium auf Rivalen zu überprüfen. Bei Walen spricht man nicht von Heulen, sondern von Gesängen. Die akustische Kommunikation der Meeressäuger wird deshalb „Walgesänge" genannt. Wale scheinen mit vorhersehbaren und sich wiederholenden Strophen zu kommunizieren. Darin ähnelt ihr Gesang dem Vogel- oder auch dem menschlichen Gesang. Buckelwale singen oft den ganzen Tag lang. Der angenommene Grund ist, dass sie mit ihrem Gesang Weibchen anlocken und für die Paarung gewinnen wollen. Ob es noch andere Gründe für das lange Singen gibt, ist ebenfalls nicht bekannt.[157]

---

[154] Vgl. von Bingen H.: Music and Visions https://www.youtube.com/watch?v=Q8gK0_PgIgY, 329.510 (!) Aufrufe am 27.04.2015.

[155] Vgl. auch die vielen „Follow ups" der Einzelgesänge, die automatisch auf einen Internetauftritt folgen.

[156] Die Wölfe festigen mit dem meist nächtlichen gemeinsamen Heulen ihre Zugehörigkeit zum Rudel, die Bereitschaft zur Jagd und markieren ihr Territorium. Das Geheul ist bis zu 15 km weit vernehmbar und dient der tierischen Kommunikation über große Distanzen. Es wird von evtl. in der Nähe befindlichen Artgenossen erwidert. Vgl. http://de.wikipedia.org/wiki/Heulen.

[157] Interessant dabei ist, dass ein Wal, der aus irgendeinem Grund seinen Gesang unterbrechen muss, ihn dann später an genau dieser Stelle wieder fortsetzt, wo er ihn unterbrochen hat. Jedes Tier hat beim Singen seine speziellen Eigenheiten, es singt

Allen ist gemeinsam, dass Musik als Nachricht und Kommunikation genutzt wird. Gesänge wie das Heulen sind Rufe, Mitteilungen und Informationen aus dem eigenen Selbst. Stark naturverbundene Menschen wissen diese Kommunikationen von Tieren aus langer Erfahrung und intuitiv zu deuten, manche sind auch in der Lage, sie nachzuahmen. Es ist nicht auszuschließen, dass aus dem Drang, verschlüsselte Botschaften über größere Entfernungen zu übermitteln, lautmalerisches Singen ohne Text, nur mit Lautsilben bei häufigem schnellen Umschlagen zwischen Brust- und Kopfstimme, entstanden sind. Kehllautgesänge wie z. B. das Jodeln zählen zu dieser Kategorie. Um Nachrichten an andere Peers, meist Gleichgesinnte, über Berge und Täler hinweg zu übermitteln, eignen sich diese oder vergleichbare Wechselgesänge von Falsett- und Bruststimme besonders gut. Wer hier wen nachahmt, lasse ich offen. Vermutlich geht die Imitation auf Viehrufe zurück.[158]

Doch nun zu dem angekündigten praktischen Beispiel. An einem erwachsenen Klavierschüler, der mit der Vorstellung, Schubert „richtig" spielen zu lernen erfüllt war, ist dies gut zu veranschaulichen. Ihn, ich nenne ihn Herrn W., haben häufig zu wiederholende, jeweils anders klingen sollende Einzeltöne schier zur Weißglut getrieben, bis er selbst spürte, wie sich die energetische Wirkung über die Konzentration auf den einzelnen Ton auf seinen Körper übertrug. Schließlich ist ihm über das bewusste Auf-den-Ton-Hören die meditative Ruhe gewährt worden, die Grundvoraussetzung für jede musikalisch-künstlerische Interpretation ist.[159] Das Klavier hat für Herrn W. die hauptsächliche Funktion, einzelne Töne nach der beschriebenen Methode „fixieren-zielen-fallenlassen" zu erzeugen. Ohne es selbst so zu benennen,

---

aber immer alleine. Nur zu einer bestimmten Jahreszeit singen alle Tiere die gleiche Melodie, die sich mit der Zeit verändern kann. Wale lassen Teile weg oder fügen etwas Neues hinzu. Vgl. auch: http://de.wikipedia.org/wiki/Walgesang.

[158] Vgl. auch http://de.wikipedia.org/wiki/Jodeln, Stichwort Ursprünge.

[159] Diese Meditationsform beinhaltet, einen Ton auf der Tastatur zu fixieren, anzupeilen und mit je wechselndem Finger aus einer Höhe von ca. 30 cm auf das Elfenbein „herunterzufallen", beim Auftreffen des Fingers auf die Taste in langsam absinkender Handbewegung den Ton bis zum Abklingen zu fühlen und in sich aufzunehmen. Die Methode wurde mir von meiner Klavierlehrerin Prof. Maria Landes-Hindemith an der Staatlichen Hochschule für Musik in München nahegebracht. Jahre später konnte ich sie bei eigenen Schülern selbst anwenden. Heute befindet sich mein ehemaliger Klavierschüler in einem Senioren-Pflegeheim, ist durch eine mittelschwere Form demenzieller Erkrankung nicht mehr oder nur äußerst gering in der Lage, verbal zu kommunizieren. In seinem Appartement hat er jedoch sein Schimmel-Klavier, das er auch – in Ruhezeiten mit Dämpferpedal – benutzen darf. Um das Instrument herum befinden sich Notenberge, Schallplatten, CDs und Audiocasetten. Alles, mit Ausnahme der Noten, wird regelmäßig, oft den ganzen langen Tag genutzt, so weit möglich intensiv gehört und gespielt.

wirken die Töne schwingungsabhängig auf seine Lebensenergie meditativ, wenngleich sie ebenfalls erreichen, dass er sich sowohl gegenüber anderen Mitbewohnern, als auch gegenüber dem Pflegepersonal nahezu vollständig abschottet und als äußerst eigenwillig und ebenso schwierig gilt.

Der Schwerpunkt des therapeutischen Ansatzes liegt bei jedem Patienten allerdings in einem anderen Bereich. Es geht nicht immer nur darum, mit Musik Stress abzubauen und auf ihre meditative Wirkung zu setzen, sondern zu lernen, mit sich selbst in Einklang zu kommen. Wenn es mithilfe der Musik gelingt, Ordnung ins eigene Denken und Handeln zu bekommen, und wenn dann auch noch das Gefühl von Ruhe und ausgewogener Balance hinzukommt, ist man genau auf diesem Weg. Musik ist dann das Medium, das Konzentration und den Zustand von Erwartung vs. Befreiung, also Balance gleichermaßen herstellt. Dieser konzentrierte Ausgleich, also die bewusst hergestellte Wechselwirkung zwischen Spannung und Entspannung ist nicht nur anstrengend, sondern kann durchaus Lustgefühle erzeugen. Die kommunikative Wirkung der Musik in all ihren Facetten trägt exakt dazu bei. Entscheidend dabei ist aber nicht, ob die Lust positiv oder negativ motiviert ist und ob sie stets Freude auslöst. Über Musik kann auch Lust als Frust wahrgenommen werden, beispielsweise wenn über musikalische Assoziationen Sehnsüchte wachgerufen werden, die nicht erfüllbar sind. Auch andere Beispiele bewegen sich in diesem Spannungsverhältnis, wie etwa das Erkennen von Leid, Schmerz, Angst, Zorn, Liebesverlust, die alle etwas Trauriges an sich haben. Musik verstärkt diese Gefühle, erzeugt energetische Kräfte und gibt der belasteten Seele die Chance, intensiver zu spüren, was durchaus als lustvoll erlebt wird. All dies sind Beispiele, die den Einfluss von Musik auf unser Wohlbefinden und damit auf unsere Gesundheit bekräftigen.

Noch einmal zitiere ich dazu die Autoren von Musik Wissen, die noch viel Handlungsbedarf sehen: „Abschließend lässt sich sagen, dass Musik und Gesundheit noch immer in den Kinderschuhen stecken. Von vielen belächelt werden musikmedizinische Maßnahmen strikt abgelehnt. Hinzu kommt, dass das deutsche Gesundheitssystem derartige Behandlungen nicht leisten kann oder will. Es ist nur noch eine Frage der Zeit, bis sich auch Musik und Medizin in einer harmonischen Symbiose zusammenfinden. Es geht dabei nicht vorrangig um den medizinischen Aspekt, sondern gerade aus Sicht des deutschen Gesundheitssystems sollten die immensen Kosteneinsparungen, die sich durch eine effektive und erfolgreiche Therapie einstellen, überwiegen."[160]

---

[160] Musik Wissen (2001): Musik als Therapie – Kap. 2 Gesundheitliche Wirkung von Musik.

Mittlerweile haben auch andere Wissenschaften die gesundheitsfördernde Wirkung von Musik entdeckt. Nach dem Sozialwissenschaftler Stefan Görres, Professor für Gerontologie und Pflegeforschung an der Fakultät Pflegewissenschaft der Universität Bremen, konnten bereits verschiedene wissenschaftlichen Studien positive Musikeffekte nachweisen. So haben Forscher der Kobe University Graduate School of Health Sciences in Japan im Jahr 2013 den Einsatz von Musik untersucht: Sie ermittelten unter anderem den Effekt des passiven Einsatzes von Musik (Musikhören) gegenüber interaktiven Musikinterventionen, d. h. Abspielen von Musik per CD-Player mit Aktivierung zum Klatschen, Singen oder Tanzen. Ergebnis der japanischen Studie ist, dass sowohl der passive als auch der interaktive Einsatz von Musik zu einer signifikanten Reduktion von Stress führt. Im Gegensatz zur passiven Gruppe war in der interaktiven Gruppe auch noch drei Wochen nach der Musikintervention ein Effekt zu verzeichnen. Demenziell Erkrankte zur aktiven Teilnahme an musikalischen Ereignissen zu motivieren, ist angesichts der einfachen und kostenfreien Umsetzung sowie nachhaltigen Wirksamkeit sehr empfehlenswert.[161]

Musik und ihr Einfluss auf demenziell veränderte Menschen

Bezüglich dieser sehr speziellen Frage nach der Funktion von Musik bei demenziell veränderten Menschen ist offen, ob es einen genauen Speicherpunkt im Gehirn für Musik gibt und wo sich dieser befindet. Es ist jedoch klar, dass es Zuständigkeiten sowohl für kognitive als auch für gefühlsmäßige Reaktionen gibt. Die moderne kapitalistische Gesellschaft hat den Kopfmenschen systematisch produziert, sodass kognitiv gesteuerte Hirnleistungen alle erforderlichen Überlebensnotwendigkeiten dominieren. Handlungen, die von den emotionalen Hirnarealen gesteuert werden, sind von ihrer Existenzberechtigung her betrachtet, nachrangig, obwohl man weiß, dass bei an Demenz Erkrankten dieser „gesunde" Anteil im Gehirn mindestens stabil bleibt, wenn nicht sogar funktional zunimmt. Würde man den emotionalen Hirnarealen mit all ihren assoziativen Schattierungen einschließlich olfaktorischen und taktilen Sensibilitäten mehr Aufmerksamkeit und Bedeutung im Laufe des ganzen Lebens zukommen lassen, käme es im Stadium der Hochaltrigkeit[162] vermutlich zu deutlich weniger demenziellen Veränderungen als dies derzeit der Fall ist. Wie komme ich zu dieser Aussage?

---

[161] Zit. nach Görres S. (2014): Musik differenzierter für Demenzkranke einsetzen, in: Care Konkret 7, Ausgabe 51/52 vom 19.12.2014.
[162] Hochaltrigkeit beginnt ab dem 85. Lebensjahr. Vgl. auch Statistisches Bundesamt (2009), a. a. O.

Für die emotional-assoziativen Areale im Gehirn sind musikalische Impulse und frühe musikalische Aktivitäten von entscheidender Bedeutung. Ob sie auch verlorengegangene oder gar zerstörte Hirnzellen ersetzen können, ist nach heute vorliegendem Wissen zu bezweifeln. Dass allerdings eine kontinuierliche Betätigung dieser Areale im Sinne eines lebenslangen Trainings verlorengegangene Reize kompensieren kann, davon darf ausgegangen werden. Denn wenn unsere Hirnhälften tatsächlich miteinander in Verbindung stehen oder gar miteinander kommunizieren, könnte die eine Seite die andere bei defizitären Anzeichen unterstützen. Wann dieser wechselseitige Kommunikationsprozess im Gehirn erstmals einsetzt, ist offen. Denn „die enorme Plastizität des Gehirns schließt (also) mit ein, dass sie zunächst richtungslos ist und erst später, im Laufe eines fortwährenden Lern- und Gedächtnisprozesses, eine Richtung erhält."[163]

Dass ein solches Wissen zu Beginn des 20. Jahrhunderts noch nicht vorlag, weil es keinen annähernd gesicherten Erkenntnisstand gab, ist nicht verwunderlich. Als sensationell für die damalige Zeit kann allerdings gelten, als Alois Alzheimers Fallbeschreibung von Auguste Deter aus dem Jahr 1901 über die Veränderungen bei demenziell veränderten Menschen bekannt wurde. Der deutsche Arzt aus München ging erstmals davon aus, dass es sich bei dieser Form der Veränderung einer 50-jährigen Frau um eine Gehirnkrankheit handelte. Frau Deter lebte noch bis zum Jahr 1906. Alois Alzheimer untersuchte das Gehirn der verstorbenen Patientin und veröffentlichte erst danach seine Ergebnisse. In den folgenden fünf Jahren wurden elf ähnliche Fälle in der medizinischen Literatur beschrieben, einige bereits unter Verwendung der Bezeichnung »Alzheimer-Krankheit». Da die von Alois Alzheimer betreute Patientin mit 50 Jahren relativ jung war, beschrieb er die Erkrankung als *präsenile Demenz*. Erst später erkannte man, dass dieselben histologischen Veränderungen auch bei älteren Demenzkranken auftreten. Im Jahr 1997 (!) wurden originale Mikroskop-Präparate von Alois Alzheimers Arbeit in München wiederentdeckt und neu evaluiert. 2012 wurde in dem Material eine Präselinin-Mutation nachgewiesen.[164]

Wie kommt es zu einer präsenilen Demenz? Im Gehirn kommt es bei der Erkrankung zum Absterben der kortikalen Nervenzellen, was durch Zellablagerungen (senile Plaques) in der grauen Hirnsubstanz bedingt ist. Bisher ist nicht bekannt, aus welchem Grund die Ablagerungen entstehen. Das Leitsymptom der präsenilen Demenz ist die Gedächtnisstörung, die langsam fortschreitet. Dazu treten Sprachstörungen und ähnlich neuropsychologische Symptome auf. Das Bewusstsein ist klar und nicht gestört. Für die Entste-

---

[163] Birbaumer N. (2014): Dein Gehirn weiß mehr als du denkst, S. 50.
[164] Zit. nach ebd., a. a. O., S. 179.

hung der präsenilen Demenz werden zu zehn Prozent genetische Anlagen verantwortlich gemacht. Die restlichen Erkrankungen treten sporadisch auf. Mit steigendem Alter nimmt die Häufigkeit der Erkrankung zu. Die Therapie erfolgt mit einem starken Hemmstoff (sog. Inhibitoren), einem Stoff, der eine oder mehrere Reaktionen – chemischer, biologischer oder physikalischer Natur – so beeinflusst, dass diese verlangsamt, gehemmt oder verhindert werden. Gleichzeitig wird vermehrt Acetylcholin als einem der wichtigsten Neurotransmitter – das sind biochemische Botenstoffe, die an chemischen Synapsen die Erregung von einer Nervenzelle auf andere Zellen übertragen – zur Verfügung gestellt. Trotz dieser Behandlung kann keine Heilung erfolgen. Vielmehr wird der Erkrankungsverlauf lediglich verzögert.[165]

Es handelt sich hier um Erkrankungssymptome der Alzheimer-Demenz als einer von vielen unterschiedlichen Formen der Demenz.[166] „Ist es vielleicht so, dass Demenz- und Alzheimer-Patienten unbewusst etwas verdrängen, an etwas nicht denken wollen, eine innere Entscheidung getroffen haben, sich mit einem persönlichen Thema nicht weiter beschäftigen zu wollen? Vielleicht, weil es emotional zu schmerzhaft ist, sich dieses Thema jedoch traumatisch immer wieder ins Bewusstsein drängt (so wie es unverarbeitete Erlebnisse zu tun pflegen) und immer wieder vom Betroffenen gehemmt wird? Das würde bedeuten, dass ein ‚Sich-nicht erinnern-*wollen*' vorherrscht, eine innere bewusste Entscheidung. Das Vorhandensein von Gedächtnis aktivierenden Neurotransmittern läuft ins Leere, ist geradezu unerwünscht. Vielleicht bilden sich deswegen die weißen Eiweißrückstände, die der Entdecker Herr Alzheimer damals in den Hirnen der Betroffenen fand? Hat man die Lebensgeschichte der Alzheimer-Patienten aufgezeichnet und mit dem Krankheitsbild in Beziehung gesetzt?"[167]

Ist vielleicht Alzheimer-Demenz „einfach" nur ein familientherapeutisches Phänomen (in Japan erkranken deutlich weniger Menschen an Alzheimer)? In einer Studie des deutschen Soziologen Ronald Grossarth-Maticek, der die

---

[165] Vgl. auch: George D. R., Whitehouse P. J. (2014): Alzheimer: Wo steht die Forschung? In: Dr. med. Mabuse 209, Schwerpunkt: Demenz, S. 26–29, auch: http://www.vista noportal.com/wissenlexikon/psychologie_wissen/p/prasenile_demenz.html.

[166] Da es hier den Rahmen sprengen würde, alle unterschiedlichen Demenz*formen* zu beschreiben, sei nur auf die wichtigsten möglichen Ursachen hingewiesen:
  1. Degenerativ
    – kortikal (>60 %): Alzheimerkrankheit, frontotemporale Demenz
    – subkortikal (<10 %): Morbus Parkinson, Chorea Huntington, Systemdegeneration
  2. Vaskulär (10–15 %): Multi-Infarkte
  3. Gemischt (10–15 %): Degenerativ und vaskulär
  4. Sekundär (<10 %): Toxisch, metabolisch, infektiös, Mangelzustand

[167] Zit. nach: http://www.deutsche-alzheimer.de/die-krankheit.html.

Lebensqualität der älteren Generation über mehr als 30 Jahre von 35.000 Personen untersucht hat, stellt sich letztendlich heraus, dass die Lebensqualität im Alter optimal durch eine als emotional und körperlich wohltuend erfahrene Gottesbeziehung (egal welcher Religion) bis ins hohe Alter vor Krankheit am besten schützt.[168]

Leider oder Gott sei Dank ist es nicht ganz so einfach, die verschiedenen Formen demenzieller Erkrankungen wie in der zugegebenermaßen groß angelegten Studie zu erklären, wenn auch der Wunsch, dass es so ist, völlig nachvollziehbar und verständlich ist. Demenzforschung wird, respektive im klinisch-medizinischen Sektor, zum Glück finanziell sehr gut gesponsert. Dies hängt möglicherweise auch damit zusammen, dass die in den vergangenen Jahren bekannt gewordenen und öffentlich diskutierten prominenten Demenzfälle wie der des Rhetorikprofessor Walter Jens, des Schauspielers Harald Juhnke oder des Unternehmers Gunther Sachs die Bevölkerung in hohem Maße aufgewühlt, erschüttert und aufgerüttelt haben. Auf irgendeine beinahe merkwürdige, weil irrationale Angst erzeugende Solidarität lösen diese Fälle einen hohen Grad mitfühlender Anteilnahme aus. Die menschlich völlig verständliche Hoffnung, nicht eines Tages selbst von Demenz betroffen zu sein, mag bei vielen Bürgern die potentielle Spendenbereitschaft erhöhen, sich mit finanziellen Zuwendungen an der Demenzforschung zu beteiligen.

Offen ist allerdings trotz einseitig gesicherterer Erkenntnisse, ob Demenz eine Krankheit oder eine Verhaltensänderung ist.[169] Diese im Grunde ungeklärte Frage dürfte bei der Auslobung von Forschungsaufträgen und ihrer Vergabe eher nicht als eine Änderung des Verhaltens betrachtet werden, sondern wohl eher als Erkrankung, der eine überprüfbare Diagnose zugrunde liegen muss. Dies ist auch nachvollziehbar, hat es doch enorme Auswirkungen auf die für die Finanzierung zuständigen Systeme. Klar ist, dass bei einer medizinischen Diagnose die Finanzierung der Krankheit und ihrer Therapien gesichert ist. Die finanziellen Aufwendungen werden aufgrund der demografischen Entwicklung, insbesondere der steigenden Hochaltrigkeit in Verbindung mit erhöhtem Demenzrisiko voraussichtlich bis zum Jahr 2060 unaufhaltsam ansteigen. Von daher müssen die Kostenträger und ihre sie tragenden Landes- und Bundesbehörden schon heute ein signifikantes Interesse an der Beforschung nicht nur der Symptomdeskription, sondern ebenso an den Ursachen von Demenz haben.

---

[168] Vgl. Grossarth-Maticek R. (1999): Systemische Epidemiologie und präventive Verhaltensmedizin chronischer Erkrankungen. Strategien zur Aufrechterhaltung der Gesundheit, Berlin, New York.
[169] Vgl. dazu: Dammann R., Gronemeyer R. (2009): Ist Altern eine Krankheit? Wie wir gesellschaftliche Herausforderungen der Demenz bewältigen. Frankfurt/Main, auch: Gronemeyer R. (2013): Das 4. Lebensalter. Demenz ist keine Krankheit. München.

Dies gilt im Prinzip auch bei einer Verhaltensänderung. Nur greifen hier völlig andere Zuständigkeiten. Nicht die medizinischen Dienste der Krankenkassen finanzieren die Behandlungen, sondern wenn überhaupt, dann tritt nach heutigen Rechtsstand der jeweilige Sozialhilfeträger ein. Auch würden sich andere Forschungsfragen und Hypothesen ergeben, die stark auf Anwendungsbezug ausgerichtet wären. Zuständige Fort- und Weiterbildungs-Institute wären dann solche, die handlungsbezogene Forschungs- und Entwicklungsprojekte durchführen. Dass es sich hier um unvergleichbar niedrigere Summen an Forschungsmitteln handelt, liegt auf der Hand, wenn man sich vergegenwärtigt, dass es sich um praktische Handlungskonzepte und nicht um Grundlagenforschung handelt. Die Wichtigkeit einer optimalen Versorgung und Betreuung der Bevölkerung ist unbestritten, wobei die Entwicklung von Maßnahmen immer leichter ist, als ihre sie auslösenden Ursachen zu erforschen. So klagen Institute für anwendungsbezogene Forschung und ihre sie repräsentierenden Hochschulen und Professoren nicht etwa über zu wenig Nachfragen, um Maßnahmen zur besseren Versorgung zu entwickeln. Eher sind die geringen Summen, die bei unvergleichbar hohem Aufwand an wissenschaftlichem Personal gezahlt werden, der Grund für viele angefragte, aber auf Halde stehende Projekte.[170]

Der person-zentrierte Ansatz nach Tom Kitwood

Trotz der wichtigen Perspektive weiterer Ursachenforschung erscheint es mir unabdingbar, auch die Seite der Verhaltensänderung immer mit zu sehen und systematisch zu erforschen.

---

[170] Um einen kleinen Einblick über die Dimensionen zu erhalten, um die es hier geht, sei darauf hingewiesen, dass ein „großer" Projektauftrag über einen Zeitraum von ca. drei Jahren mit maximal 150.000 EUR schon sehr hoch angesetzt ist. Kleinere Aufträge mit weniger als der Hälfte sind eher die Regel. Hingegen können praxisbezogene Projekte mit der finanziellen Größenordnung von Grundlagenprojekten nicht mithalten. Wahrscheinlich hängt dies damit zusammen, dass ein Forschungsgebiet, das potentiell alle Menschen betrifft und eben nicht nur für eine Randgruppe gilt, eher tatkräftige Unterstützung unterschiedlicher Sponsoren erfährt. Mit der Förderung ist auch ein gesellschaftliches Interesse gewährleistet. Im Falle von Demenz nimmt das Interesse bereits insofern politische Dimensionen an, als schon vom Fluch einer Volkskrankheit gesprochen wird. Dies war allerdings auch im Falle von AIDS in den 1980er Jahren so, als mit dem ersten tragischen Promifall des Filmschauspielers Rock Hudson bekannt wurde, dass in den USA eine Stiftung zur AIDS-Forschung gegründet wurde. Ähnliche Tendenzen gibt es mittlerweile auch im Bereich der Demenzforschung, in der Unterstützung der Hospizbewegung oder in der Sterbehilfe.

Dazu gibt es bereits den in den 1990er Jahren entwickelten Ansatz des englischen Sozialpsychologen und Psychogerontologen Tom Kitwood (1937-1998), der hier einmal genauer beleuchtet werden soll.[171]

Im person-zentrierten Ansatz (person-centered care) fordert Kitwood eine Veränderung der bestehenden Sichtweise auf das Demenzsyndrom. Nach umfassender Analyse der bis dato bekannten Fachliteratur entwickelt Kitwood zunehmend Skepsis gegenüber dem vorherrschenden eher defizitorientierten medizinischen Paradigma des Demenzsyndroms. Er stellt strukturelles Versagen des Gehirns als Begründung für die Entstehung einer Demenzerkrankung in Frage. Die Determinierung der demenziellen Veränderung als organisch bedingte psychische Erkrankung vernachlässigt weitere Einflussfaktoren. Die Bestimmung des Syndroms als ausschließlich organisch bedingte Erkrankung ohne Möglichkeit zur Adaption und Entwicklung lehnt Kitwood ab. Er begründet seine Aussage mit dem Hinweis auf die hohe Komplexität des menschlichen Nervensystems. Folglich seien belastende Lebenssituationen als Ursache für die Entstehung einer Demenzerkrankung in einem Paradigma ebenfalls zu berücksichtigen. Er beschreibt deshalb nachdrücklich einen Ansatz zur Gestaltung des personalen Lebens. Er beobachtet dafür die Lebenssituation demenziell erkrankter Personen. Als Ergebnis stellt er fest, dass soziale und zwischenmenschliche Faktoren vorhandene neurologische Veränderungen sowohl positiv als auch negativ beeinflussen. Demnach prägen bewusste und unbewusste Ereignisse im Erleben einer Person die individuelle Hirnstruktur eines Menschen. Dieses Verständnis stützt sich auf die Hypothese, die Tom Kitwood als „dialects of dementia" bezeichnet.[172]

Das dahinterstehende Menschenbild weist eine humanistisch anthropologische Sichtweise aus, in der eine bedingungslose Anerkennung und Respektierung des demenziell erkrankten Menschen in dessen Existenz als Mensch *und als Person* angenommen und anerkannt wird. Im Mittelpunkt sämtlicher Überlegungen muss daher immer die Person mit Demenzerkrankung stehen. Kitwood unterstreicht somit seine Forderung: „The time has come to bring the balance down decisively on the other side, and to recognize men and women who have dementia in their full humanity. Our frame of reference should no longer be person-with-DEMENTIA, but PERSON-with-dementia."[173]

---

[171] Kitwood T. (2008): Demenz. Der person-zentrierte Ansatz im Umgang mit verwirrten Menschen. Bern. Kitwood T. (1997): Dementia Reconsidered – the person comes first, Open University Press, 2ff.

[172] Zit. nach Kitwood T. (1997): Dementia Reconsidered – the person comes first, Open University Press, 2ff.

[173] Ders., S. 7.

In seinen Ausführungen über den Begriff „Person" reflektiert Kitwood das, was in der katholischen Soziallehre als Personalisation im Sinne der Würde der Person bezeichnet wird. Er warnt vor einer Aberkennung des Status „Person" beim Auftreten einer demenziellen Erkrankung.[174] Der Personenstatus hängt im person-zentrierten Ansatz also nicht von kognitiven Fähigkeiten und Kompetenzen ab. Vielmehr ist entscheidend, wie man demenziell erkrankten Menschen begegnet. Die Qualität einer Begegnung beschreibt, wie man mit einer Person mit Demenzerkrankung „in Beziehung tritt". Somit wandelt sich der Umgang zu einer sozialpädagogischen Beziehung. Das Erleben und die Erkenntnis einer Ich-Du-Beziehung innerhalb der Zusammenarbeit bleiben trotz zunehmender kognitiver Beeinträchtigungen erhalten. Laut Kitwood kommt es in vielen menschlichen Kulturen zu einer Entpersonalisierung von Individuen mit körperlichen oder seelischen Einschränkungen. Als Resultat einer derartigen Entmenschlichung werden seltsame Verhaltensweisen mit unterschiedlichen Begründungen gerechtfertigt wie beispielsweise „possessed by devils" oder „they are being punished for the sins of a former life" oder auch „the head is rotten".[175] Diese Formen der Rationalisierung führt Kitwood unter anderem auf unbewusste Prozesse im Sinne von Abwehrmechanismen zurück. Die Zuschreibungen resultieren dabei aus bestehenden Ängsten und Bildern von Schreckensszenarien bezüglich Demenzerkrankungen innerhalb der Gesellschaft. Zustände wie Abhängigkeit und Gebrechlichkeit oder Zuschreibungen wie „geisteskrank" oder „verwirrt" werden mit der Diagnose Demenz verbunden.[176]

Der person-zentrierte Ansatz formuliert als grundlegende Aufgabe der Demenzbetreuung den Erhalt des Personseins mittels definierter Interaktionen zur Erfüllung psychischer und sozialer Bedürfnisse.[177] Eine so verstandene Demenzbetreuung konzentriert die Blickrichtung auf Emotionen und auf das Leben im Kontext von Beziehungen. Pflegerische und sozialpädagogische Verhaltensweisen sind folglich darauf auszurichten, die Fähigkeiten des demenziell erkrankten Menschen mittels aktivierender Pflege und Hilfe zu fördern, um eine selbstbestimmte Lebensweise im Rahmen vorhandener Kompetenzen zu ermöglichen. Darüber hinaus beinhaltet eine so – nach Kitwood – verstandene Demenzpflege die Fokussierung auf Emotionen und das Leben im Kontext von Beziehungen.[178]

---

[174] Ders., S. 9 f.
[175] Ders., S. 12.
[176] Ders., S. 14.
[177] Ders., S. 67.
[178] Ders., S. 60. Tom Kitwood erwartet in dem Zusammenhang eine qualitativ hochwertige Demenzpflege (und -betreuung, JK). Pflege beinhaltet seiner Ansicht nach

Im person-zentrierten Ansatz werden zwölf verschiedene Arten positiver Interaktionen definiert. Die folgenden Ausführungen sind m. E. von hoher Relevanz für das Thema, sodass ich alle zwölf Interaktionsarten hier aufführe:[179]

1. Anerkennen: Eine Person mit Demenz wird als Person anerkannt, ist namentlich bekannt und wird in ihrer Individualität bestätigt. Anerkennen geschieht nicht nur verbal, es kann auch völlig nonverbal erfolgen, wobei jedoch immer der direkte Blickkontakt grundlegend ist.
2. Verhandeln: Menschen mit Demenz werden nach ihren Vorlieben, Wünschen und Bedürfnissen gefragt. Dabei werden die Ängste und Unsicherheiten sowie das langsamere Tempo der demenziell erkrankten Menschen bei der Aufnahme und Verarbeitung von Informationen berücksichtigt.
3. Zusammenarbeiten: Ein Prozess, an dem die Initiative und die Fähigkeiten des Menschen mit Demenz beteiligt sind. Damit ist Pflege nicht etwas, das einer Person „angetan" wird, die ihrerseits in eine passive Rolle gezwängt wird.
4. Spielen: Spielen ist Übung in Spontaneität und Selbstausdruck, eine Erfahrung, die ihren Wert in sich selbst hat.
5. Timalation: Dieser Begriff bezieht sich auf Formen der Interaktion, bei denen die primäre Zugangsweise sensorisch oder sinnbezogen ist, ohne dass Begriffe und intellektuelles Verstehen eine Rolle spielen. Sie ist bei schwerer kognitiver Beeinträchtigung besonders wertvoll.
6. Feiern: Viele Menschen mit Demenz behalten trotz ihres Leidens die Fähigkeit, zu feiern. Feiern ist eine Form der Interaktion, bei der alle von einer ähnlichen Stimmung erfasst werden.
7. Entspannen: Diese Art der Interaktion hat einen niedrigen Intensitätsgrad und ein sehr geringes Tempo. Viele Menschen mit Demenz können nur entspannen, wenn andere in der Nähe sind oder wenn unmittelbarer Körperkontakt hergestellt wird.

Die ersten sieben von zwölf Arten der Interaktion haben einen stark positiven Gehalt. Die folgenden drei sind psychotherapeutisch ausgerichtet.

8. Validation: Die Erfahrung eines anderen Menschen zu würdigen, zu validieren bedeutet, die Realität und Macht dieser Erfahrung und damit ihre subjektive Wirklichkeit zu akzeptieren. Der Kern der Dinge liegt im Anerkennen der Emotionen und Gefühle einer Person und im Antworten auf der Gefühlsebene.

---

verschiedene Interaktionen in Abhängigkeit von vorhandenen Bedürfnissen, der Persönlichkeit und den Fähigkeiten einer demenziell erkrankten Person.
[179] Zit. nach ders., S. 89–94.

9. Halten: Im psychologischen Sinne zu halten bedeutet, einen sicheren psychologischen Raum zu bieten, was auch das körperliche Halten umfassen kann.
10. Erleichtern: In seiner einfachsten Bedeutung besagt es, eine Person in die Lage zu versetzen, etwas zu tun, das sie ansonsten nicht tun könnte, indem die Teile der Handlung übernommen werden, die fehlen. Das Erleichtern verschmilzt mit dem „Zusammenarbeiten".

Bei den bisher dargestellten Arten der Interaktion befindet sich die Person mit Demenz primär am empfangenden Ende. Bei den nachfolgenden Interaktionen ist die Situation umgekehrt.

11. Schöpferisch sein: Dabei bietet eine Person mit Demenz dem Gegenüber spontan etwas aus ihrem Vorrat an Fähigkeiten oder sozialen Fertigkeiten an. Zwei häufige Beispiele sind, dass die Betreffenden zu singen oder zu tanzen beginnen und andere auffordern, mitzumachen.
12. Geben: Dies ist eine Form der Interaktion, die sich dem Ich-Du-Modus annähert. Die Person mit Demenz bringt Besorgnis, Zuneigung oder Dankbarkeit zum Ausdruck, bietet Hilfe an oder macht ein Geschenk.

Mit dem person-zentrierten Ansatz arbeiten mittlerweile viele Häuser. Manche haben sogar Kitwoods Ansatz in ihr hauseigenes Konzept eingefügt.[180]

Eine besondere Brisanz erfährt dieser Ansatz allerdings dann, wenn es um die Klärung der ethischen Frage nach der Vereinbarkeit von Demenz und Autonomie geht.[181] Je nach Ausprägungsgrad einer demenziellen Veränderung verbleiben dem betroffenen Menschen immer noch irgendwelche Fähigkeiten und Kompetenzen für eine autonome Lebensweise. Dieses Verständnis führt dazu, demenziell erkrankten Personen nicht tendenziell die Möglichkeit abzusprechen, selbstbestimmt Entscheidungen zu treffen. So fordert der Deutsche Ethikrat in seiner Stellungnahme „Demenz und Selbstbestimmung", Autonomie in Abhängigkeit von den verschiedenen Phasen einer Demenzveränderung bzw. -Erkrankung zu definieren.[182] In der Stellungnahme findet man auch das Postulat, dass ein Individuum nicht nur im Kontext der geistigen, sprich kognitiven Leistungsfähigkeit bewertet werden darf. Der Ethikrat betrachtet ein Individuum vielmehr als soziales Wesen mit verschiedenen Facetten und verbleibenden Ressourcen auch bei kognitiven Veränderungen. Wie bereits dargelegt, wird der Blick bei dem hier vorgestellten Thema auch und besonders auf die Seite emotionaler und assoziativer Kompetenzen gerichtet,

---

[180] Vgl. auch http://www.marien-hospital.com/stiftung/altenzentrum/resi-stemmler-haus/pflege/2015.
[181] Vgl. Deutscher Ethikrat (Hg.) (2012): Demenz und Selbstbestimmung, Berlin, S. 9.
[182] Ebd., S. 19.

die auch bei demenzieller Erkrankung erhalten bleiben. Diese Fähigkeiten beinhalten auch die Wahrnehmung anderer Personen, vor allem im näheren Beziehungsumfeld, ebenso die Atmosphäre und Stimmung der natürlichen und künstlichen Umgebung. Es gilt also nicht nur Wert auf soziale und räumliche Kontexte zu richten und möglichst zu erhalten, sondern einen Weg zur Erhaltung der Lebensqualität zu finden. Die aus pflegerischer und fürsorglicher Sicht einer schnelleren und einfacheren Übernahme von alltäglichen, durchaus selbst zu besorgender Tätigkeiten ist unter dem Gesichtspunkt der Hilfe zur Selbsthilfe nicht förderlich. Eine Unterstützung im medizinischen, pflegerischen, psychologischen und sozialen Bereich sollte die Handlungsmaxime „was man selbst kann, soll man auch tun" nicht ausschließen.

In der Praxis der stationären und ambulanten Altenhilfe weisen demenziell erkrankte Bewohner häufig Anzeichen von Entpersonalisierungserscheinungen auf. Einschlägige wissenschaftliche Abschlussarbeiten wurden an unterschiedlichen Hochschulen für angewandte Wissenschaften dazu verfasst. Einige entstammen unmittelbaren und hochempathischen Selbsterfahrungen aus praktischen Tätigkeiten vor Ort. „Na, wie lebt es sich hier im Haus Sonnenhof, Frau M.?" Darauf Frau M.: „Sowas kann man doch nicht leben nennen!" Demenziell veränderte Bewohner werden als Dauerstörer bezeichnet. Sie rufen oder schreien, verhalten sich distanzlos, gehen in jedes Zimmer, laufen weg oder gefährden sich und andere. Um dieses oft als ethisches Dilemma titulierte Phänomen in den Griff zu bekommen, weil die Gratwanderung zwischen Sicherheit und Autonomie für Verantwortliche einen schier unlösbaren Entscheidungsdruck ausübt, werden verschiedene legitime, aber umstrittene Formen freiheitsentziehender Maßnahmen (FEM) getroffen. Prophylaktische Gaben von Psychopharmaka, deren indizierte Wirkung meist eine antiaggressive bis apathische ist, zählen genauso zu FEM wie die weniger bekannten, aber mindestens genauso umstrittenen Bettgitter oder die beim Überschreiten einer bestimmten regionalen Grenze piepsenden Fußfesseln, wie man sie auch Strafgefangenen bei ihrem Freigang anlegt. Sowohl die Verabreichung von Medikamenten als auch das Anlegen von Fußfesseln sind Versuche, auf eine dem Grunde nach unerklärliche Erkrankung des Gehirns mit einerseits medikamentöser Therapie, andererseits mit harten Bandagen zu reagieren. Hier handelt es sich um eine Einschränkung der persönlichen Freiheit, denn die Maßnahmen bewirken nichts anderes als Entpersonalisierung und Entmenschlichung von Demenzkranken. Seit einiger Zeit gibt es erfreuliche Gegenmaßnahmen, wie beispielsweise die bundesweiten Aktivitäten zur Reduzierung freiheitsentziehender Maßnahmen durch den sog. „Werdenfelser Weg".[183]

---

[183] Der Werdenfelser Weg ist ein verfahrensrechtlicher Ansatz im Rahmen des geltenden Betreuungsrechts, um die Anwendung von Fixierungen und freiheitsentziehenden

Der person-zentrierte Ansatz formuliert als grundlegende Aufgabe der Demenzbetreuung den Erhalt des Personseins mittels definierter Interaktionen zur Erfüllung psychischer und sozialer Bedürfnisse.[184] Eine so verstandene Demenzbetreuung konzentriert die Blickrichtung auf Emotionen und auf das Leben im Kontext von Beziehungen. Pflegerische und sozialpädagogische Verhaltensweisen sind folglich darauf auszurichten, die Fähigkeiten des demenziell erkrankten Menschen mittels aktivierender Pflege und Hilfe zu fördern, um eine selbstbestimmte Lebensweise im Rahmen vorhandener Kompetenzen zu ermöglichen. Darüber hinaus beinhaltet eine so verstandene Demenzpflege die Fokussierung auf Emotionen und das Leben im Kontext von Beziehungen.[185]

Verschiedene Wege, um Demenz entgegenzuwirken

Die Hirnforschung fokussiert demenzielle Veränderungen zunächst im Gehirn und konstatiert, dass die Degeneration im Gehirn wesentlich am Hippocampus ansetzt. Dies „ist zwar einerseits verheerend", wie es Birbaumer beschreibt, „weil es mitten in unser Erinnerungsvermögen zielt. Andererseits betrifft es ein Organ, das geradezu die Basis der Hirnplastizität bildet." Dass dem Hippocampus, der wiederum für Fragen „wo bin ich?" oder „wie heißt meine Mutter …?" zuständig ist, trotz fortschreitender Degeneration noch viele Möglichkeiten zum Erhalt seiner Funktionstüchtigkeit bleiben, setzt voraus, dass „er zum Ausüben dieser Funktion extrem plastisch sein muss".[186]

Trotz der nach wie vor ungeklärten Fragen zur Vorbeugung von Demenz, dürfte für jeden Einzelnen von entscheidender Bedeutung sein, was vorbeugend hilft, um demenziellen Erscheinungen entgegenzuwirken.

Sind es die Gläser Rotwein am Abend, die vielen guttun und angeblich eine antidemenzielle Wirkung haben? Angeblich schützt auch guter Schlaf vor Alzheimer-Demenz. Selbst gründliches Zähneputzen soll vor Zellverlust schützen. Gar das Vermeiden von Zahnfleischentzündungen im Jugend- und jungen Erwachsenenalter mag wie viele andere vorbeugende Aktivitäten vor späterer Demenz schützen. Die Mediziner schwören auf Blutdrucksenkung, was sich noch am ehesten in den Griff bekommen lässt, indem man regelmäßig den

---

Maßnahmen (FEM) wie Bauchgurte, Bettgitter, Vorsatztische in Pflegeeinrichtungen zu reduzieren. Vgl. auch: http://de.wikipedia.org/wiki/Werdenfelser_Weg.
[184] Kitwood T., a. a. O., S. 67.
[185] Ders., S. 60.
[186] Birbaumer N., a. a. O., S. 184.

Blutdruck misst und den zu hohen Druck gegebenenfalls mit Blutdrucksenkern behandelt. Allseits bekannt sind dafür die Trainings- und Stimulationsaktivitäten des Hippocampus. So kann man Anzeichen von Demenz dadurch wirksam hinauszögern, indem man geistig möglichst lange aktiv bleibt. Ob es sich dabei um „Gehirn-Jogging" oder andere Formen des geistigen Trainings handeln mag, ist nicht entscheidend, zumal sich zumindest dieser Teil des Gehirns, der für das kognitive Trainingsprogramm zuständig ist, wie alle anderen Organe fit halten lässt, wenn er nur regelmäßig in Übung bleibt.

Zu den Formen des Gehirnjogging sind vor allem die bekannten Gesellschaftsspiele aus der Spielesammlung (Hüpf mein Hütchen, Mensch ärgere Dich nicht, Halma, Memory etc.) beliebt und haben alle eines gemein: Nicht etwa die direkte Einwirkung auf unser Gehirn, sondern die sozialen Kontakte sind der lustvolle Effekt, ohne die es bei diesen Spielen nicht geht. Für das Gehirn sind auch sie nur dann wirksam, solange sie ohne Routine bleiben. Wenn der Spielrhythmus in mechanische Züge ausartet, die Lust am Zusammenspiel oder Sieg ausbleibt, verfängt sich auch der Reiz im Netz der Langeweile. Unterschiedlichste Formen mentaler Trainingsprogramme werden heute marktmäßig angeboten, nicht immer seriös, oft wenig methodisch sauber durchgeplant. Das ständige Lösen von Kreuzworträtseln hilft dabei nur wenig, weil – und das scheint entscheidend – keine Verknüpfung mit anderen Gedächtnisinhalten stattfindet.

Pädagogisch gesehen spielt hier die Erkenntnis des Lernens im sozialen Kontext eine entscheidende Rolle.

Denn wie ist das Lernbewusstsein, wie sind die Lernkontexte, in denen Erwachsene lernen? Was sagen die Kontexte über die Qualität des Lernens aus? Kann man etwas sagen darüber, ob die Lernkompetenzen tatsächlich mit Lernfrust oder Lernlust, mit denen Menschen lernen, zu tun haben?

Dies sind auch für Weiterbildungsseminare und die Lehre an Hochschulen spannende Fragen, zu denen es teils überraschende Antworten gibt.

Interessant dabei ist, dass gerade diejenigen, die überwiegend auf Internetlernen oder Fernlernen setzen, bezogen auf Lernkompetenzen die niedrigsten Werte haben. Diejenigen dagegen, die Weiterbildungsangebote, Hochschulseminare usw., also die institutionelle Form von Lernen bevorzugen, erreichen deutlich bessere Werte hinsichtlich der Selbststeuerung und des Motivationsgrades von Lernprozessen.[187]

---

[187] Baethge M. (2006): Der ungleiche Kampf um das lebenslange Lernen. Repräsentativ-Studie zum Lernbewusstsein und -verhalten der deutschen Bevölkerung. In: Edition Quem (Hg.): AG Betriebliche Weiterbildungsforschung e. V., Bd. 16, S. 9.

Man könnte meinen, dass diese Ergebnisse durchaus etwas zu tun haben mit der Lust am Dialog, am Diskurs, am Buch vielleicht, am Händischen.

Das eigentlich Überraschende ist, dass die Kompetenzen für lebenslanges Lernen abhängig sind von den im Erwachsenenalter insbesondere am Arbeitsplatz erfahrenen Lernkontexten. Die Dispositionen für lebenslanges Lernen sind eben nicht im frühkindlichen Alter oder bis zum Alter von 12 oder 13 Jahren endgültig formiert, sondern entscheidend ist immer die Lernumgebung. Mittlerweile bestätigt ja die Hirnforschung, dass sich das Gehirn auch noch im Alter weiterentwickelt.

Aus diesen Überlegungen kann man ersehen, dass die Verbesserung der Lernumwelt maßgebend ist, die sich auf verbesserte Lernfähigkeit unter den Bedingungen sozialer Kontexte bezieht. Lernen im sozialen Kontext heißt aber nicht zwingend, in einer Gruppe lernen. Man kann dennoch Begriffe oder Bilder, die man sich einprägen will, besser in einer Gruppe in einen sozialen Zusammenhang bringen. Bilder oder aus dem Leben gegriffene Metaphern sind oft so angelegt, dass sie ohne sozialen Kontext überhaupt nicht zu verstehen sind. Niemand wird zunächst einmal etwas mit dem Bild „Kamele im Kleiderschrank" anfangen können. Erst der soziale Konnex formt das Bild der Kamele und den Kleiderschrank zu einem Sinn. Das Bild entspringt einem Gehirn mit demenzieller Veränderung. So hat Frau M., die sich in einem Altenheim befindet, einer Sozialbetreuerin mitgeteilt, dass sie stets Angst hat, ihren Kleiderschrank zu öffnen, weil sich dort Kamele befinden. Eine absurde Vorstellung. Erst im biografischen Kontext wird der „Sinn" erkennbar. In einem Kamelhaarmantel, den sie von ihrer ostpreußischen Großmutter als Schutz gegen Kälte auf der Flucht geschenkt bekommen hat, ist Frau M. Ende des zweiten Weltkrieges als junges Mädchen vor der Roten Armee geflohen. Es war Winter, Tiefffliegerangriffe bohrten Löcher in die zugefrorene Ostsee, wo der kilometerlange Treck immer wieder angegriffen wurde. Dieses Ereignis hat bei Frau M. eine traumatische Wirkung hinterlassen, die noch nach Jahrzehnten im Stadium präseniler Demenz als diffuse Urangst wieder auftaucht. Bei der Erstellung der Diagnose spielte dieses Ereignis allerdings überhaupt keine Rolle bzw. war gar nicht vorhanden. Die Angst aber war dennoch präsent, leibhaftig und lebendig greifbar durch den im Kleiderschrank aufbewahrten und wohl sehr gut konservierten Kamelhaarmantel: Kamele im Kleiderschrank.

Dieses Beispiel zeigt, wie über den sozialen Kontakt Zugang zu ungewöhnlichen Zusammenhängen zu finden ist und dann das Ereignis dazu genutzt werden kann, die Biografielücke aufzuspüren und schließlich das Gedächtnis zu aktivieren. Vielleicht sind es gerade die ungewöhnlichen Dinge im Leben, die unser Gehirn am meisten herausfordern. Wenn man sich mit beginnender Demenz an alltägliche Routineverrichtungen nicht mehr erinnern kann, bleiben dafür die außergewöhnlichen deutlich länger im Gedächtnis. Wie schon erwähnt, spielen hierbei Musikerlebnisse eine entscheidende Rolle. Über die Musik taucht sofort der soziale Kontext auf, der zur Abspeicherung musikalischer Wahrnehmung führt. Nun hat das Beispiel der „Kamele im Kleiderschrank" keinen erkennbaren musikalischen Kontext. Andererseits könnte ein vergleichbares Ereignis durchaus mit einem Musikerlebnis schnell und direkt erklärungsleitend sein. In vielen Filmklassikern wird mit diesem Reminiszenz-Trick gearbeitet.[188] So ist nicht nur der Kontext von Person, Zeit und Ort, sondern auch die historische Situation und die biografische Wirkung bedeutsam. Mit dem Ertönen der Musik wird ganz schnell die historisch-biografische Situation, im Zweifelsfall über die Filmassoziation, herbeigeführt. Wenn jemand das erste Mal Mutter oder Vater wird, ein einschlafschwieriges Kind hat, gräbt sie oder er meist erfolgreich ein Kinderlied aus, das seit zwanzig oder mehr Jahren nicht mehr ans Ohr gedrungen ist. In erstaunlich vielen Fällen sind dabei neben der klaren Melodieführung auch textliche Sicherheit, oftmals erstaunlicherweise nicht nur die erste Strophe betreffend, zu beobachten. Interessant dabei ist, dass es Frau M. gelang, ihre Angst vor den Kamelen im Kleiderschrank mithilfe musikgeragogisch-sozialer Betreuung des ihr in allen Strophen vertrauten Kriegsliedes Lili Marleen: „Bei der Laterne vor dem großen Tor", das sie seit sieben Jahrzehnten nicht mehr gehört hat, zu bewältigen.

Musik ist universell einsetzbar. So gelangt sie zu einer regelrechten Strategie des sozialen Handelns, nämlich der Beanspruchung und des Gehirntrainings gleichermaßen. Ob der Kampf gegen die Degeneration auf Dauer erfolgreich ist, ist derzeit noch offen. Vorstellbar ist es allemal, wenn man den emotional-assoziativen Anteilen den Raum gewährt, der gegen die einseitige Degeneration notwendig ist.

Wie dies aussehen kann, zeigen Nicholas Simmons-Stern et al. in einer Studie, die sie in der Fachzeitschrift Neuropsychologia im Jahr 2010 veröffentlicht haben. Sie sagen: „We propose two possible explanations for these findings: first, that the brain areas subserving music processing may be preferentially spared by AD, allowing a more holistic encoding that facilitates recognition, and second, that music heightens arousal in patients with AD, allowing better attention and improved memory."[189] Dort wurden dreizehn Alzheimer-Patienten und vierzehn gesunde Senioren aufgefordert, vierzig

---

[188] Vgl. Filme wie Casablanca: „Time goes by", Ladykillers: „Boccherini Streichquintett" oder Schlafes Bruder: „Orgelspiel Wettstreit".
[189] Simmons-Stern N. R., Budson A. E., Ally B. A (2010): Music as a Memory Enhancer in Patients with Alzheimer's Desease, in: Neuropsychologia, 08/2010, Abstract.

ihnen unbekannte Kinderlieder zu lernen. Dafür durften sie die Texte nicht nur mehrmals durchlesen, sie erhielten parallel dazu auch noch unterschiedliche Unterstützung: Zwanzig der Lieder wurden ihnen vorgesprochen, die anderen zwanzig wurden ihnen vorgesungen. Der Lesereiz wurde also einmal mit Sprech- und einmal mit Singreizen verknüpft. Den Demenzpatienten fiel das Lernen mit musikalischer Unterstützung erheblich leichter als den gesunden Patienten. Was einerseits die klinische Erfahrung bestätigt, dass die musikalischen Hirnareale im degenerativen Alzheimer-Prozess erst sehr spät untergehen, also relativ lange erhalten bleiben. Und andererseits, dass es sinnvoll ist, die Demenzkranken mit Denk- und Lernaufgaben zu konfrontieren, in denen ihnen neue Assoziationen abverlangt werden. Und weiter heisst es dort:

„The main goal of the present study was to determine the extent to which music can be used to enhance memory for associated verbal information in patients with AD and healthy older adults. The results confirmed our hypothesis that patients with AD performed better on a task of recognition memory for the lyrics of songs when those lyrics were accompanied at encoding by a sung recording than when they were accompanied by a spoken recording."[190]

Förderung durch aktives Musizieren

„Wachstum und Verbindungen im Gehirn (positive Neuroplastizität) werden vor allem durch aktives Musizieren gefördert, weil gleichzeitig und unmittelbar aufeinanderfolgende komplexe akustische (Hören), motorische (Spielen, Singen), visuelle (Noten, andere Musiker, Dirigent) und somatosensorisch-taktile (Spüren des Instruments) Erregungsmuster vor allem in die Temporallappen und die dunkel eingefärbten zentralen Hirnregionen einlaufen und assoziativ miteinander verbunden werden. Nicht dargestellt, aber genauso wichtig sind die gleichzeitigen emotionalen Aktivierungen und die beim Notenlesen oder Notenreproduzieren entstehenden logischen Verbindungen und alle Formen von Gedächtnis und Lernen (explizit-bewusst und implizit-unbewusst) im Temporallappen und Hippocampus (explizit-bewusst) und den Basalganglien (implizit)."[191] Birbaumer meint, dass aktive Musiker im Durchschnitt erst relativ spät an Alzheimer erkranken und Dirigenten, die sich permanent mit Musik beschäftigen, oft völlig verschont bleiben. „In diversen Studien hat sich die Kombination aus aktivem Musizieren und kogni-

---

[190] Dies., Discussion.
[191] Birbaumer, a.a.O., S. 188.

tivem Training (dazu zählen Denkaufgaben, Erinnerungs- und Wortspiele) als erfolgreiche Strategie im Kampf gegen degenerative Hirnerkrankungen herausgestellt. Nach entsprechender Anleitung können die Erkrankten selbständig und alleine trainieren, doch besonders wirksam ist das Arbeiten in kleinen Gruppen."[192]

Diese Erkenntnis kann im Besonderen für die soziale und musikgeragogische Betreuung in der stationären Altenhilfe von großem Nutzen sein.

Gerade wenn es darum geht, Ängste zu reduzieren, erweisen sich verbale Kommunikation, aber auch Validation, Snoezelen und andere Formen professioneller Methoden der sozialen Arbeit oder der Pflege zwar als beruhigend, jedoch nicht immer als zielführend. Denn wenn die Zellen im Gehirn unaufhaltsam absterben, gehen die Erinnerungen an das eigene Leben und damit auch die eigene Identität verloren. Zunächst ist die Merkfähigkeit für aktuelle Ereignisse betroffen, nach und nach erlöschen auch Bilder und Erlebnisse aus der Vergangenheit. Kindheitserinnerungen bleiben am längsten im Gedächtnis verankert. Sie wecken meist positive Gefühle. Deshalb befindet sich der von Demenz Betroffene gedanklich oft in frühen Phasen seines Lebens und sinniert scheinbar zeitvergessen vor sich hin. Demenzkranke brauchen deshalb die Hilfe anderer, in der Regel der eigenen Angehörigen, um einerseits begleitend in die Vergangenheit eintauchen zu können, andererseits aber auch, um aus ihr wieder aufzutauchen. Falls sie in der Lage sind, ihre Lebensgeschichte oder auch nur Teile daraus erzählen zu können, brauchen sie Zuhörer, die sich dafür interessieren. Angehörige und Betroffene haben gerade hier oftmals massive Schwierigkeiten, weil sie entweder die Geschichten buchstäblich nicht mehr hören können, oder weil die Beziehung zueinander noch nie wirklich von liebevoller und dauerhafter Zuneigung geprägt war. Viele stoßen hier schon an ihre Grenzen, bevor die Pflege überhaupt erst begonnen hat. Da nutzt es auch nichts mit freundlichen Ratschlägen zu kommen und wohlmeinend zu empfehlen, gemeinsam Schlager aus alten Zeiten anzuhören und zu singen oder vertraute Plätze aufzusuchen, an denen sich der von Demenz Betroffene früher gern aufhielt. Alte Familienfotos anzuschauen bieten auch keinen besonderen Anreiz, um von schönen Ereignissen zu träumen und sich Menschen ins Gedächtnis zu rufen. Selbst wenn die Vergangenheit auch bruchstückhaft reaktiviert werden kann, nutzt dies der Beziehung wenig, sofern sie nicht vom positiven Grundgefühl her stimmt. Meist spürt man dies an der Bereitschaft (oder eben nicht), zärtliche Zuwendung zu geben. Es ist unbestritten, dass solche Momente bedeutend für die Gefühlswelt des Betroffenen oder des Angehörigen sein mögen. Denn

---

[192] Ders., S. 187.

die Auseinandersetzung mit der eigenen Lebensgeschichte gibt den meisten Menschen Sicherheit und Selbstachtung, sofern man von einer Auseinandersetzung überhaupt sprechen kann. Eher ist es das wiederholte Erzählen von Uraltstories, die für den Betroffenen möglicherweise immer wieder neu ist, für Angehörige aber nur nervtötend in der Sache und schließlich als beziehungsabweisend erscheint. Für Angehörige ist die soziale Betreuung ihrer Betroffenen, die bereits pflegebedürftig sind, eine grenzwertige Herausforderung, welche man besser in professionelle Hände legt, als den Rest der intakten Beziehung vollends kaputt zu pflegen. Es kann somit mitnichten als selbstverständlich betrachtet werden, angehörige Pflegebedürftige aus welchen moralischen, sozialen oder finanziellen Gründen auch immer, selbst pflegen und betreuen zu sollen. Viele Angehörige gehen daran zugrunde, arbeiten sich körperlich selbst krank, gefährden ihre eigene Partnerbeziehung oder Ehe, nicht selten auch die zu den eigenen Kindern. Sich aus dieser Sandwichposition herauszulösen, die sowohl von oben als auch von unten erdrücken kann, ist eine der am vielschichtigst bedrückenden Belastungen innerhalb zwischenmenschlicher, familiärer Beziehungen. Natürliche Angehörigen-Kontakte sind durchaus, so könnte man dagegenhalten, sofern sie funktionieren, wahrscheinlich immer noch die beste Form zwischenmenschlicher Kommunikation. Aber genau davon auszugehen wäre falsch, wie unzählige praktische Beispiele, die jeder irgendwie kennt, beweisen. Mithilfe von Biografiearbeit, die bereits in vielen Heimen praktiziert wird, gelten die Grundregeln, auf Lebensereignisse Bezug zu nehmen, die positive Erinnerungsspuren zurückgelassen haben. Das können Kochrezepte aus der Familientradition genauso sein wie einzelne Stücke oder Materialien, die positive Assoziationen erzeugen und dazu beitragen, zu einem Gespräch anzuregen. Persönliche Dinge, die im Leben eine wichtige Rolle gespielt haben, bieten sich als Anknüpfungspunkte an: Bilder, Urkunden, Zeichnungen von Enkeln oder Urenkeln, ein Füller oder ähnliches. Dass diese Kontaktaufnahme nicht immer gelingt, sondern auch daneben gehen kann, zeigt das Beispiel mit den Kamelen im Kleiderschrank.

Was Musik in diesem Zusammenhang alles vermag, ist auch ergänzend zu verstehen, sofern sie dazu beitragen soll zu bewegen, zu beruhigen, fröhlich zu stimmen oder Erinnerungen wach zu rufen. Wie wir wissen, werden durch das Hören bestimmter Musik in bestimmten Situationen viele frühere Erlebnisse in die Jetztzeit geholt und eignen sich dadurch auch für anknüpfende Gespräche. Oft gelingt es, über Musik auch auf andere Themen umzuschwenken, die mit der Zeit, in der die Musik erstmals gehört wurde, in einen Zusammenhang gebracht werden. Am lebendigsten dürfte der kommunikative Austausch dann sein, wenn ein Bezug zur Gegenwart hergestellt werden kann.

In stationären Einrichtungen der Altenhilfe gehören zum Stammpersonal neben Pflegefachkräften und Pflegehilfspersonen, Sozialpädagogen und gerontopsychiatrischen Fachkräften auch Spezialisten wie Musiktherapeuten, Ergotherapeuten und andere. Für viele Einrichtungen ist Musiktherapie ein konzeptionelles Muss. Wie bereits gezeigt, sind gerade demenziell veränderte Menschen mit gemeinsamem Singen, Musikhören oder Musizieren positiv zu motivieren und stark zu aktivieren. Spannungszustände werden gelöst, Aufmerksamkeit und Gedächtnis positiv beeinflusst. Rhythmus regt die Bewegung an. Sich zur Musik bewegen, klatschen oder stampfen ist ein Zeichen für „es gefällt mir, tut mir gut und ich will mehr davon". Wenn solche oder ähnliche Signale geäußert werden, dient das auch dazu, die soziale Isolation des Heimalltags und die vielen nutzlosen Stunden zu reduzieren. Vermutlich ist Musik das überhaupt geeignetste Instrument (im doppelten Sinn), das dazu beitragen kann, Menschen aus ihrer Isolation und Einsamkeit herauszuführen. Optimal ist es, wenn über das Medium Musik die eigene Lust verstärkt und damit der Motor angeworfen wird, um auch in der Zeit danach, ohne direkte Anleitung, über Musik eine Brücke zur eigenen Identität zu schlagen; vielleicht ein Idealbild, aber doch ein lohnenswerter Weg gegen die zu beobachtende Entpersonalisierung vor sich hindämmernder Menschen! Diese Anstrengung lohnt sich auch insofern, als sie wegführt von oft nur zeitfüllender Beschäftigungstherapie, denn sie richtet das Augenmerk auf die eigenen, inhärenten, noch funktionierenden Anteile. Wie ein einmal angeworfener Dynamo kann Musik als Antriebselement betrachtet werden. So lassen sich viele der täglichen Medikamente vermeiden. Es ist klar, dass pädagogisch-methodische und musikgeragogische Erkenntnisse noch nicht hinreichend vorliegen, um als Ersatz für Medikamente gelten zu können, gleichwohl ist in vielerlei Hinsicht deren heilende Wirkung bekannt. Schließlich ist die unmittelbare Wirksamkeit mancher Medikamente kein Argument gegen weitere Anstrengungen um pädagogisch-methodische und musikgeragogische Bemühungen, Medikamente zu ersetzen. Vor dem Hintergrund demografischer Entwicklungen sollte man nicht allzu lange damit warten, sonst werden sich andere Interessen Bahnen brechen, Forschungsmittel absahnen und damit nicht zuletzt der Pharmaindustrie Riesenaufträge in die Hände spielen. Ideal wäre m. E. eine ausgeglichene Kombination anwendungsbezogener Bedarfserhebung in Abstimmung mit Grundlagenforschung.

Angebote an Aktivitäten für Demenzkranke gibt es jetzt schon genügend, die m.E. alle mit großer Vorsicht zu genießen sind, weil sie von einem defizitorientierten Menschenbild ausgehen, das besagt, dass der Abbau von Aktivitäten des täglichen Lebens bei jedem Menschen zum normalen Abbauprozess gehört.[193] Unabhängig davon, ob dies stimmt oder nicht, erzeugt diese Haltung ein Negativbild vom Alter, das generell besagt, dass künstlich und nachträglich erzeugte Aktivitäten für erfolgreiches Altern in keinem Fall das Mittel der Wahl darstellen. Es geht im Grunde ähnlich wie in der gerontologischen Aktivitätstheorie, dem dasselbe Defizitbild zugrunde liegt, darum, den Menschen in ein zufriedenstellendes Ereignis von Aktivitäten zu therapieren, anstatt von seiner Selbstbestimmung, also von seiner Autonomie auszugehen. Es liegen dafür auch neuere gerontologische Theorien vor, die aber nur in dem Maße in der Praxis Anwendung finden, wie sie das Bild vom aktiven, letztlich an die gesellschaftlichen Regeln angepassten älteren Menschen bedienen.[194]

Anpassung an bestehende Normen lautet das Zauberwort. Untersuchungen deutscher Krankenkassen arbeiten mit der Angst ihrer Kunden und empfehlen implizit Normanpassung. So hat eine Untersuchung der Barmer Ersatzkasse ergeben, dass jede zweite Frau und jeder dritte Mann über 60 damit rechnen müssen, an Demenz zu erkranken und sie empfehlen als Förderung und Behandlung das AUDIVA Hörtraining.[195] Da sich Demenz langsam und schubweise entwickelt, die bedingt ist durch den langsamen Abbau von Hirnmasse und/oder Eiweißablagerungen im Gehirn, sei erwiesen, dass Hirnfunktionen durch die neuronale Anpassungsfähigkeit des Gehirns ‚fit gehalten' werden können. Dafür bedarf es einer kontinuierlichen und vielseitigen Anregung, die letztendlich zur Anpassung führen soll.

„Wir aktivieren das Gehirn über das Ohr. Anstatt über Medikamente in den Neurotransmitterhaushalt einzugreifen, bietet das Ohr durch seine direkte Verbindung ins limbische System und den Hypothalamus eine natürliche Stimulierung der Neurotransmitter. Hierfür sind die instrumentalen Kompositionen von Mozart, Vivaldi und Bach am besten geeignet. Denn durch die Art der Musik werden die Emotionen und damit die Zusammensetzung der Neurotransmitter bestimmt. Deshalb verwenden wir ausgesuchte heitere Musik. Anregende Wirkung geht vor allem von hohen Tönen aus, die in unserer Umwelt nur noch selten in qualitativ hochwertiger Form auftreten. Dazu sind wir heute durch künstliche Störgeräusche zu stark belastet. Natürliche Quellen hochtonhaltiger Klänge sind Wasser- und Meeresrauschen,

---

[193] Vgl. auch: http://www.amazon.de/Bausteine-Aktivierung-Demenzkranken-Kopiervorlagen-Arbeitsmaterialien.
[194] Gängige gerontologische Theorien sind beispielsweise die Theorie des Disengagement nach Cumming & Henry, Aktivitätstheorie nach Havighurst (beide sind Standardtheorien aus den 1960er Jahren), das Kompetenzmodell von Olbrich (1990er Jahre) oder die emotionale Selektivitätstheorie nach Carstensen aus den 2000er Jahren.
[195] http://www.audiva.de/anwender/alzheimer-und-demenz.html.

Vögel und Windgeräusche und natürliche Instrumente mit echten Saiten und Klangkörper (keine synthetische Musik, keine treibenden Rhythmen)."[196]

Wenn man diese Internetpassagen und deren Bewerbung eigener Produkte betrachtet, merkt man schnell, dass hier unübersehbar Geschäfte mit Demenzerkrankung gemacht werden. Dabei ist unerheblich, ob Banalitäten wie „Diese Art von Hör-Therapie ist angenehm" oder „Menschen mit einer guten (?) Stimmung sind auch kommunikationsfreudiger ..." eingestreut werden. Dem Grunde nach ist dagegen nichts einzuwenden, solange die Selbstbestimmung der Betroffenen nicht beeinträchtigt ist. Und dies darf bezweifelt werden.

Ob in den kommenden Jahren die „Volkskrankheit" Demenz besiegt werden kann, wie vor ihr andere als unheilbar geltende Erkrankungen auch, darf hoffnungsvoll betrachtet werden. Es bedarf dafür genauso großer Anstrengungen wie dies beispielsweise auch bei Infektionsimpfstoffen oder in der AIDS-Forschung der Fall gewesen ist. Allerdings kommt bei dem Phänomen Demenz eine bisher (noch) nicht nachgewiesene Dimension hinzu: nämlich die der Frage nach einer Krankheit vs. Verhaltensänderung. Von daher können – wie bereits mehrmals betont – nur gemeinsame Forschungsbemühungen im Grundlagenforschungs- und Anwendungsbereich zu einem nachhaltigen und sichtbaren Erfolg führen.

Dass die Musik dabei eine nicht zu unterschätzende, ja zentrale Rolle spielen kann, wurde bereits nachgewiesen. Doch schauen wir im folgenden Kapitel konkret darauf, wie Hören von Musik funktioniert und was sich damit alles anstellen lässt.

---

[196] Vgl. Audiva Hörtraining, dies., a. a. O.
Und so wird das AUDIVA Hörtraining beworben: „Phase A mit Musik: Immer über Kopfhörer und HWT Gerät. Alternativ zum Kopfhörer sind Klangkissen (bei Bettlägerigkeit) oder Naturschallwandler (links und rechts neben dem Lieblingssessel aufzustellen). Phase B mit Sprache aktiv: Der Betroffene spricht ins Mikrofon Sätze oder Satzteile nach. Hier gehen nur Kopfhörer, wegen der möglichen Rückkopplung. Hier braucht es eine eingewiesene Begleitperson, die die Übungen dosiert und die Pausentaste am CD-Player drückt, wenn ein Satzteil abgespielt wurde. Diese Begleitperson trägt ebenfalls Kopfhörer.
Der Trainingseffekt ist, dass der Betroffene selbst nachspricht und sich dabei selbst hört. Er lernt sich selbst aktiv sprechen hören. Das ist neurologisch ein sehr wichtiger Schritt, denn seine Eigenwahrnehmung aktiviert seine Artikulation. Die Begleitperson kann optimal eine Therapeutin sein, wie Logopäde oder Sprachtherapeut. Doch auch ein eingewiesener Angehöriger kann diese Aufgabe übernehmen."
Dies., a. a. O.

Quellenangaben und weiterführende Literatur

Baethge Martin (2006): Der ungleiche Kampf um das lebenslange Lernen. Repräsentativ-Studie zum Lernbewusstsein und -verhalten der deutschen Bevölkerung. In: Edition Quem (Hg.): AG Betriebliche Weiterbildungsforschung e. V., Bd. 16, Münster – in Kooperation vom Soziologischen Forschungsinstitut Göttingen, dem Berlin-Brandenburgischen Institut für Sozialforschung, dem Lehrstuhl für EB der Uni Heidelberg sowie mit Unterstützung des Methodenzentrums der sozialwissenschaftlichen Fakultät der Uni Göttingen.

Birbaumer Niels (2014): Dein Gehirn weiß mehr als du denkst. Berlin: Ullstein.

Dammann Rüdiger, Gronemeyer Reimer (2009): Ist Altern eine Krankheit? Wie wir gesellschaftliche Herausforderungen der Demenz bewältigen. Frankfurt/Main: Campus Verlag.

Deutscher Ethikrat (Hg.) (2012): Demenz und Selbstbestimmung Stellungnahme. Berlin.

George Daniel R., Whitehouse Peter J. (2014): Alzheimer: Wo steht die Forschung? In: Dr. med. Mabuse 209, Schwerpunkt: Demenz, Mai/Juni 2014, Mabuse Verlag.

Görres Stefan (2014): Musik differenzierter für Demenzkranke einsetzen, in: Care Konkret 7, Ausgabe 51/52.

Gronemeyer Reimer (2013): Das 4. Lebensalter. Demenz ist keine Krankheit. München: Verlag Pattloch, Verlagsgruppe Droemer Knaur.

Grossarth-Maticek Ronald (1999): Systemische Epidemiologie und präventive Verhaltensmedizin chronischer Erkrankungen. Strategien zur Aufrechterhaltung der Gesundheit, Berlin, New York: De Gruyter.

Kitwood Tom (1997): Dementia Reconsidered – the person comes first. Open University Press.

Kitwood Tom (2008): Demenz. Der person-zentrierte Ansatz im Umgang mit verwirrten Menschen. Bern: Verlag Hans Huber.

Quarks & Co-Summary (2014): Demenz – Wie wir uns vergessen und was wir dagegen tun können, Wissenschafts-Fernsehmagazin des Westdeutschen Rundfunks WDR Fernsehen vom 12.08.2014.

Simmons-Stern Nicholas R., Budson Ally Andrew E., Ally Brandon A. (2010): Music as a Memory Enhancer in Patients with Alzheimer's Desease, in: Neuropsychologia, 08/2010.

Statistisches Bundesamt DESTATIS (2009): Bevölkerung Deutschlands, 12. Koordinierte Bevölkerungsvorausberechnung bis 2060, Wiesbaden.

Trappe Hans-Joachim (2009): Musik und Gesundheit. Welche Musik hilft welchem Patienten – welche eher nicht? Deutsche Medizinische Wochenschrift 134 (51/52): S. 2601–2606.

Wolf Beate, Haubold Thomas (o. J.): Daran erinnere ich mich gern! Ein Bilderbuch für die Biografiearbeit. Schlütersche Verlagsgesellschaft.

Wosch Thomas (2011): Musik und Alter in Therapie und Pflege – Grundlagen, Institutionen und Praxis der Musiktherapie im Alter und bei Demenz. Taschenbuch.

Internetquellen

http://de.wikipedia.org/wiki/Heulen
http://de.wikipedia.org/wiki/Jodeln
http://de.wikipedia.org/wiki/Walgesang
http://de.wikipedia.org/wiki/Werdenfelser_Weg
http://www.amazon.de/Bausteine-Aktivierung-Demenzkranken-Kopiervorlagen-Arbeitsmaterialien
http://www.audiva.de/anwender/alzheimer-und-demenz.html
http://www.ethikrat.org/dateien
http://www.marien-hospital.com/stiftung/altenzentrum/resi-stemmler-haus/pflege/2015
http://www.vistanoportal.com/wissenlexikon/psychologie_wissen/p/prasenile_demenz.html
https://www.deutsche-alzheimer.de/die-krankheit.html
https://www.youtube.com/watch?v=Q8gK0_PgIgY

Kapitel 6
Intensiver leben durch Musikhören und Musikmachen

Zum Nachdenken über Musik gehört auch das Nachdenken über den Vorgang des Hörens. Leider ist dieser Vorgang nicht ganz unkompliziert, sodass dabei ein theoretischer Hintergrund nicht erspart werden kann. Wenn Ihnen allerdings der Vorgang des Hörens in seinen Abläufen bekannt ist, überspringen Sie einfach die folgenden erläuternden Passagen und steigen beim „Musikmachen" wieder ein.

Hören ist ein sehr spezifischer Vorgang, der durch das Aufnehmen von akustischen Informationen gekennzeichnet ist. Andere Rezeptionsgesichtspunkte, wie beispielsweise optische, treten dabei zwar in den Hintergrund, werden jedoch nicht unwirksam. Deshalb kann man von anderen Verhaltensaspekten, vor allem dem visuellen Aspekt nicht absehen. Denn gerade das Hören von Musik als einer Klasse spezifischer Verhaltensformen bezüglich der in der westlichen Kunstmusik der letzten Jahrhunderte entstandenen Normen und Regeln muss unter ausdrücklichem Einschluss auch gerade der visuellen Rezeption gesehen werden. Versuche, Musik allein auf akustische Erscheinungen zurückzuführen und damit das Problem musikalischer Begabung oder Veranlagung zu einer Frage primär des Hörens zu machen, liegt im Wesentlichen an zwei Hauptaspekten:

1. Beobachtbare Daten werden über Bewegungszustände von Schwingungen und Wellen des Schalles sowie über mechanische Eigenschaften der Klangerzeuger, vor allem der Musikinstrumente, zu einander in Beziehung gesetzt.
2. Die Bedeutung von musikalisch Gehörtem wird erfasst und in systematische Zusammenhänge gebracht. Hierbei geht es vor allem um die Erwartung, vergleichbare Strukturen auszuweisen und anhand dieser die musikalischen Ereignisse kategorisier- bzw. prognostizierbar zu machen. Musikalische Ereignisse werden damit zu in sich abgeschlossenen Gebilden, die man „betrachten" kann, indem man sie sich anhört, sie liest und analysiert.

Auch wenn diese Überlegungen zugegebenermaßen komplex scheinen, ist das Problem des Hörens eben nicht einfach auf „Schallwellen rein – Informationsverarbeitung – Verhalten raus" zu reduzieren. Bei der kommunikationstheoretischen Betrachtungsweise der Musik geht es nicht allein um physiologische Schallwellenverarbeitung vom Gehirn über den Impuls zum Handeln, auch nicht nur um den rezeptiven Aspekt musikalischer Verhaltensweisen, sondern um die Verhaltensbeschreibung insgesamt. Es handelt sich also um eine Wechselwirkung von Hörimpuls, Rezeption und Verhalten, durchaus auch in dieser Reihenfolge. Die Basisannahme des musikalischen Hörens unter kommunikativem Aspekt lautet, dass Musik als etwas Gehörtes gilt, das, bevor es kommuniziert wird, schon da ist. Wann aber ist kommunikatives Verhalten ein Verhalten gegenüber diesem „Gehörtem", also Verhalten gegenüber Musik? Musik ist so gesehen die Konfiguration von Phänomenen, deren künstlerische Struktur vom Komponisten festgelegt, vom Interpreten realisiert, vom Hörer wahrgenommen und beim Musizieren in Handlung umgesetzt wird. Im Hören kumuliert der Prozess des Nachvollziehens. Das vorher Gehörte wird interpretiert und in eine Kategorie wie z. B. angenehm oder unangenehm, wertvoll oder belanglos abgespeichert. Dafür gibt es nach dem kommunikativen Modell des Verhaltens nur ein falsch oder richtig, nicht ein sowohl als auch. Hören ist in diesem Sinn mehr als bloßes Aufnehmen akustischer Informationen, die zu bestimmten Reaktionen auffordern. Diese sind ritualisiert und von den unterschiedlichsten Bedingungen abhängig. So kann man sagen, Hören selbst ist bereits ein Ritual, dem viele und unterschiedlich qualifizierte Voraussetzungen zugrunde liegen. Wie ist das zu verstehen? Dazu hilft uns ein Blick in unser tägliches Handeln. Ein Ritual ist bereits das obligatorische Anschalten des Radios nach dem Aufstehen, sei es im Bad, in der Küche oder im Wohnzimmer. Zum Ritual gehört ebenfalls, die alltäglichen Dinge des Lebens von den nicht alltäglichen zu unterscheiden. Ob es Wochentage oder Feiertage sind, festliche Anlässe wie runde Geburtstage, Taufen, Hochzeiten oder Beerdigungen, aber auch kirchliche Fest wie Weihnachten oder Ostern: Alle besitzen ihre besonderen Rituale, die uns irgendwann vermittelt werden und die wir in unser Hör-Verhalten einspeichern. Auf diese Weise diversifizieren wir Lebensrhythmen, die alle von verinnerlichten Hörgewohnheiten ausgehen und so unser Verhalten mit bestimmen.

Die Komplexität des Hörens oder das Phänomen Ohr

Um die Zusammenhänge nachvollziehen zu können, schauen wir zunächst noch einmal genauer auf das Hören selbst, das sich aus physikalischen und neurophysiologischen Befunden erklären lässt. Demnach ist Hören das Wahrnehmen von Schall, der in Form von Wellen an unser Ohr dringt. Der Vorgang des Hörens ist in seiner Komplexität ein solches Wunderwerk, dass jede erneute Beschäftigung mit ihm Staunen auslöst. Je nach wissenschaftlicher Brille, mit der auf den Vorgang geschaut wird, fällt das Staunen anders aus. Schlagen wir in Meyers Lehrbuch für Psychologie unter „Wahrnehmung – das Ohr" nach, dann finden wir nachfolgende Definition, die sich zunächst darauf bezieht, wie Schallwellen auf das Ohr treffen und verarbeitet werden. „Schallwellen treffen auf das eine Ohr früher und intensiver als auf das andere. Mit Hilfe von Parallelverarbeitung analysiert das Gehirn winzige Unterschiede in Bezug auf die Töne, die von den beiden Ohren aufgenommen werden, und berechnet die Schallquelle."[197]

Des Weiteren werden die drei Bereiche des Ohrs und die Ereignisfolgen erläutert, die dazu führen, dass „elektrische" Impulse zum Gehirn geschickt werden.

> „Das äußere Ohr ist der sichtbare Teil des Ohrs. Das Mittelohr ist die Kammer zwischen dem Trommelfell und der Kochlea. Das Innenohr besteht aus der Kochlea, den Bogengängen und den Sacculi des Vestibularapparats. Mit Hilfe einer mechanischen Kettenreaktion werden die Schallwellen durch den Gehörgang geleitet und rufen am Ende geringfügige Schwingungen des Trommelfells hervor. Die Knöchelchen des Mittelohrs verstärken die Schwingungen und übertragen sie auf die mit Flüssigkeit gefüllte Kochlea. Dadurch, dass die Basilarmembran in wellenartige Bewegungen versetzt wird, die durch Druckveränderungen in der Kochlearflüssigkeit verursacht werden, werden die winzigen Haarzellen bewegt, durch die wiederum Nervenimpulse ausgelöst werden, die (über den Thalamus) an den auditorischen Kortex im Gehirn gesandt werden.
>
> In der Ortstheorie wird angenommen, dass unser Gehirn eine bestimmte Tonhöhe dadurch interpretiert, dass es die Lage des Punktes (deshalb »Ortstheorie«) dekodiert, an dem eine Schallwelle die Basilarmembran der Kochlea stimuliert hat. In der Frequenztheorie wird angenommen, dass das Gehirn die Anzahl und die Frequenz (deshalb »Frequenztheorie«) der Pulse dechiffriert, die im Hörnerv zum Gehirn wandern. Die Forschung hat beide Theorien bestätigt, aber für unterschiedliche Hörbereiche. Mit Hilfe der Ortstheorie lässt sich nicht erklären, wie wir tiefe Töne hören können (die nicht auf der Basilarmembran verortet werden können), aber sie bietet eine Erklärung dafür, wie wir hohe Töne wahrnehmen. Mit Hilfe der Frequenztheorie lässt sich nicht erklären, wie wir hohe Töne hören (einzelne Neuronen können nicht schnell genug feuern, um die notwendige Anzahl von Spannungsspitzen hervorzubringen). Die Frequenztheorie liefert jedoch eine Erklärung dafür, wie wir tiefe Töne wahrnehmen. Eine Kombination aus beiden Theorien erklärt, wie wir Töne im mittleren Bereich hören."[198]

---

[197] Vgl. Myers D. G. (2014): Lehrbuch der Psychologie Stichwort „Wahrnehmung – das Ohr", S. 266.
[198] Ders., S. 266.

Schon der deutsche Physiologe und Physiker Hermann von Helmholtz (1821–1894) hat sich in den 1860er Jahren unter seinem speziellen Blickwinkel, also mit der ihm eigenen wissenschaftlichen Sichtweise, mit diesem Phänomen auseinandergesetzt und festgestellt, dass das menschliche Ohr nur eine pendelartige Schwingung der Luft als einen einfachen Ton empfindet und jede andere periodische Luftbewegung in eine Reihe von pendelartigen Schwingungen zerlegt und dementsprechend eine Reihe von Tönen empfindet. Er nahm eine bewusste Eingrenzung der Definition „Ton" und der pendelartigen Schwingung im Sinne des sinusförmigen Schalldruckverlaufs vor. In Analogie zum gesehenen Farbspektrum spricht man seither auch vom gehörten „Klangspektrum". Helmholtz lieferte zu dieser Vorstellung mit seiner „Resonanztheorie" das scheinbar genau passende ideologische Modell: Die Hörnerven des Innenohrs, so meinte er beweisen zu können, funktionieren ähnlich wie die abgestimmten Seiten eines Klaviers. Jedem Ton (= Empfindungselement) entspräche eine Nervenfaser. Wenn man also in der Lage sei, die Reizkonfigurationen exakt syntaktisch zu beschreiben, dann habe man zugleich den Schlüssel zur Klassifizierung der musikalischen Wahrnehmungen, wobei die Syntax in der Musik dem physikalischen Höraspekt gleichzusetzen ist.[199]

Was klingt richtig, was klingt falsch – nur relativ?

Vor dem Hintergrund dieser an physikalischen Größen orientierten syntaktischen Vorstellungen wird eine Vielzahl von Beobachtungen klassifiziert, um zu bestimmen, was richtig und was falsch, was schön und was unschön klingt. Diese scheinbar simple Gegenüberstellung ist deshalb erstaunlich, weil die Klassifizierungen im hohen Maße relativ sind, d. h. der absolut subjektiven Wahrnehmung unterliegen. Widersprüche, die für Außenstehende oder Dritte nicht in dieses Bild passen, wie schon die unterschiedliche Wahrnehmung von laut und leise, werden von dem einen schlicht als akustische Täuschungen, von jemand anderen als Falschhören weginterpretiert. Dies betrifft beispielsweise ungewohnte bis unbekannte Musik fremder Kulturen (afrikanisch, indisch, chinesisch etc.) oder Musik von Teil- und Subkulturen (Jazz, Rock, Punk, Metall etc.). Lange Zeit hat man in der westlichen Welt beispielsweise afrikanische Musik als Neger-Musik, indische Musik als Krishna-Musik, chinesische Musik als Pling-Plong-Musik bezeichnet. Ebenso ist für viele Menschen Jazz immer noch so etwas wie schwarze Musik, Punk wird oft als subkultureller Straßen-Sprechgesang bezeichnet, Heavy-Metal als Krach-Musik. Die aus reinen Beobachtungen gewonnenen Thesen können

---

[199] Zit. nach von Helmholtz H. (1863): Die Lehre von den Tonempfindungen als physiologische Grundlage für die Theorie der Musik. Braunschweig, S. 16f.

nicht darüber aufklären, worin z. B. die Unterschiede zwischen hochwertigen und trivialen Musikstücken oder -werken bestehen. So ist für eine Masse von Begeisterten ein I-Rock-Konzert[200] ein jährliches Highlight, das Fans aus einer Umgebung bis zu mehreren hundert Kilometern im Umkreis anlockt. Es gehört zum Ritual, sich der Mühsal des Anfahrens, meist mit langen Staus verbunden, auszusetzen und in oft völlig vermatschten Wiesen sein Auto zu parken. Denn anders ist kein Hinkommen, um sich dann stundenlanger dröhnender Lautstärke hinzugeben. Dies betrifft im Übrigen alle derart organisierten Freiluftkonzerte, angefangen vom legendären Woodstock-Konzert, über die Konzerte der Berliner Waldbühne oder die Jimmy-Hendricks-Memory-Konzerte auf der Insel Fehmarn bis zu den aktuellen Wacken Open Air Heavy-Metal-Festivals in Schleswig-Holstein. Überall gelten Prinzipien ritualisierten Verhaltens, deren Beachtung als selbstverständlich, ihre Missachtung hingegen als falsch interpretiert wird. Sanktionen drücken sich dann entweder in noch intensiverem, meistens also noch lauterem und auffälligerem Erleben aus, nach dem Motto „Jetzt erst recht!", oder sie münden in völliger Abschottung und Ignoranz gegenüber den sog. Nicht-Verstehern. Obwohl diese Unterschiede schlicht auf unterschiedlichen Hörwahrnehmungen beruhen, kommt es bei solchen Anlässen nicht selten zu aggressivem und ausschweifendem Verhalten, was wiederum auf der Gegenseite zu Anzeigen und in deren Folge zu Gerichtsverhandlungen führt, deren Ausgang weder in die eine noch in die andere Richtung einheitlich zu prognostizieren wäre. Zwar ist die Musik der Auslöser, aber es ist nicht die Musik, nicht das Musikhören und nicht ihr Konsum, sondern es ist das Verhalten, das sanktioniert wird.

Es ist von daher unumgänglich die Methode des Herangehens prinzipiell zu erweitern. Beispielsweise könnte man – neben an musikalischen Größen orientierten Beobachtungen – auch Verhaltensweisen anderer, paralleler Reizeinwirkungen, wie zum Beispiel die der optischen und der rituell-bedeutsamen, besondere Aufmerksamkeit widmen.

Das Modell des physikalischen Hörens

Mit dem Forschungsfortschritt musikwissenschaftlicher resp. musikpsychologischer Studien hat sich herausgestellt, dass das Modell des physikalischen Hörens für die Musik insgesamt zu eng gefasst ist und die damit verbundenen Hypothesen zu einfach sind. So sind immer auch komplementäre Aspekte, die das Verhalten mit beeinflussen, zu berücksichtigen.

---

[200] I-Rock: Das I steht für den Ort Irschenberg in Oberbayern.

Wir können uns den rein physikalischen Vorgängen des Hörens nur schwer entziehen, denn das Ohr ist immer offen, auch wenn wir schlafen. Was die Schöpfung hier Großartiges vollbracht hat, ist beeindruckend: Nur diese Tatsache des immer offenen Ohrs verschafft uns Orientierung in der Welt. Erst wenn wir etwas Ungewöhnliches, Störendes oder Schmerzhaftes hören, gerät unsere Welt für einen Augenblick aus dem Gleichgewicht. Nicht nur bei Gefahren, auch bei Lärmbelästigung oder bei den Alltag unterbrechenden Geräuschen, die unser Ohr erreichen, signalisieren sie uns „Vorsicht! Achtung! Obacht!" und fordern uns auf, uns in Sicherheit oder Schutz zu begeben. Dabei haben sich lediglich die Formen des Verhaltens gewandelt, nicht jedoch der Hörvorgang selbst. Denn diese quasi Urform des Hörens, die sich im Gegensatz zu anderen Sinnesorganen wie etwa dem Geruchssinn, nicht verändert hat, ist solange nutzbringend und förderlich für unsere Informationen, als wir sie nicht überbeanspruchen oder gar misshandeln. Ich werde im Kapitel „Die andere Seite des Genusses" näher darauf eingehen. Nur so viel sei hier gesagt: Der bewusste und sensible Umgang mit unserem Gehör ist von zentraler Bedeutung, sogar für unsere Einstellung zum Leben. Vernachlässigen wir den Umgang, schädigen ihn oder ignorieren seine lebenssteuernde Wirkung für unsere Existenz und Identität, verlieren wir auch den Sinn für unser Leben.

Wenn wir diese Erkenntnis, die sich aus dem Zusammenhang mit dem Musikhören ableiten lässt, wiederum vermitteln wollen, kommt eine entscheidende Rolle der Pädagogik zu. Allerdings ist Musikhören als Nur-Hintergrundfolie, als Dauerberieselung oder als Geräuschkulisse wenig pädagogisch geeignet, sie besitzt auch keine therapeutische Funktion. Denn solange Musik nur „nebenbei" konsumiert wird, also nur als Klangteppich ohne Verarbeitung stattfindet, sind ihre Effekte unbedeutend und gleich Null. Erst wenn Musikhören mit einer Tätigkeit kombiniert wird, sozusagen in einen handelnden Kontext gestellt wird, breitet sich ihre Wirkung auch produktiv aus. „Mit Musik geht alles besser" ist nicht nur eine Metapher, die uns unangenehme oder schwere Arbeiten erleichtern hilft, sondern sie ist insofern richtig, als sich bestimmte Handlungen leichter zu Ende bringen lassen, wenn sie von Musik begleitet werden. Am augenfälligsten sind dazu zwei Beispiele, die in US-amerikanischen Filmen häufig bemüht und vielfältig kopiert werden: Das eine bezieht sich auf versklavte Baumwollpflücker, die in der Unerträglichkeit ihrer monotonen Arbeit, bei großer Hitze und mangelnder Ernährung ihr Los nur im gemeinsamen Singen ertragen. Das andere Beispiel bezieht sich auf afrikanische Eingeborenenstämme in Kenia, die in ihren Ruderbooten auf der Suche nach Berggorillas bei jedem Ruderschlag gemeinsam laut singen.[201]

---

[201] Vgl.: Film-Klassiker wie „Vom Winde verweht" oder „Mogambo".

Die Gründe für das – bei jeder Aktion einsetzende – gemeinsame Singen werden nicht erklärt. Vermutlich sind sie nicht bekannt.

Da der Prozess des Hörens mit dem einer sukzessiven Handlung gleichzusetzen ist, d. h. sich nach und nach vollzieht, somit also in der Zeit abläuft – im Gegensatz zur simultanen Wirkung optischer Reize –, sind Hören und Handeln nicht zu trennen, sondern sie bedingen sich gegenseitig. Akustische Reize wie Musik wirken immer sukzessive, d. h. allmählich und somit nach und nach. Beim konkreten Hörvorgang bedeutet das, dass dieser erst einmal nicht unterbrochen werden kann, es sei denn, man verlässt den Einzugsbereich des Hörimpulses, oder – wenn dieser von einer erreichbaren technischen Quelle kommt –, man drückt die Pausentaste oder stoppt die akustische Zufuhr ganz. Der zeitliche Prozess wird damit unterbrochen, der Vorgang ist jedoch unabgeschlossen. Man kann genau an dieser Stelle, an der man aufgehört hat, wieder einsteigen oder von vorne beginnen, allerdings ohne Garantie, dass die Hörwahrnehmung bei der Wiederholung dieselbe sein wird. Anders verhält es sich mit der Wirkung eines Bildes: Es wirkt simultan, d. h. gleichzeitig oder wechselseitig. Die simultane Wirkung beschreibt die Wechselwirkung von Farbe und Fläche. Man kann also seine Betrachtung jeweils aus einem anderen Winkel, aus einer unterschiedlichen Entfernung, bei unterschiedlichem Licht vornehmen.

Musikmachen ist mehr als nur Hören

Somit sind wir beim *Musikmachen*[202] angekommen. Ebenso wie eine begonnene Arbeit, die zu Ende gebracht werden will, führt uns Musikmachen immer auch zu einem – meist mit einem Schlussakkord gekrönten – Ende. Musikmachen geht über Hören weit hinaus, weil es in einem sozialen Kontext geschieht. Somit breitet sich seine Wirkung sozialpädagogisch und therapeutisch aus. Zum sozialen Kontext gehört eine absichtsvolle Hinwendung auf andere und die Bereitschaft, sich zumindest in einem zeitlichen Rahmen mit ihnen zu beschäftigen. Zum sozialen Kontext gehört auch, dass musikalisches Verhalten – wie wir gesehen haben – stets etwas Ritualisiertes hat, das Handlungssicherheit gibt. Rituale, ohne die Musikmachen nicht denkbar ist, haben – bewusst oder unbewusst – stets ein angestrebtes Ziel im Sinn. Warum findet eine Musikgruppe zusammen? Auch wenn die Gründe sehr unterschiedlich sein mögen, verbindet alle Musikgruppen das eine, gemeinsam Musik machen zu wollen. Gleichwohl erschöpft sich Musikmachen in

---

[202] Der Begriff des „Machens" klingt nicht besonders schön, drückt aber deutlich aus, um was es tatsächlich geht: um das aktive Tun, eben um das zu Machende.

den allerseltensten Fällen in der Musik selbst, bewirkt aber in jedem Fall eine Erweiterung der Hörfähigkeiten, intensiviert soziales Verhalten, stärkt den Gemeinschaftsgeist und beflügelt alle Sinne.

Zum Hören sind unsere Sinnesorgane perfekt ausgestattet. Es liegen also alle erforderlichen Voraussetzungen dafür vor. Im Gegensatz dazu sind die Voraussetzungen für das Musikmachen sehr unterschiedlich. So wie das Ohr außen und innen beim Hören eine Schlüsselfunktion hat, so ist es auch – möchte man meinen – mit den Stimmlippen, umgangssprachlich als Stimmbänder bezeichnet, die uns das Singen, die Grundform des Musikmachens, überhaupt erst ermöglichen.[203] Gleichwohl sind die Bedingungen, unter denen Singen erlernbar ist, sehr unterschiedlich.

Ist Singen als die Grundform des Musikmachens lernbar?

Was sich im Folgenden wie ein belletristischer Exkurs anhört, stellt sich bei genauerer Betrachtung als ernster, hintergründiger Humor mit viel Musikwissen heraus. In einer authentischen Stegreiferzählung hat der bayerische Schriftsteller Wilhelm Diess in seinem „Gesangsunterricht" festgestellt, dass zum Singen etwas mehr gehört als nur die Stimmbänder. Für jeden, der mit Musik etwas zu tun hat oder mit ihr in Verbindung tritt, insbesondere darüber nachdenkt, Singen zu lernen oder selbst Unterricht zu erteilen, dürfte die Geschichte ein anschauliches Beispiel von Hören und Machen sein, das mehr als nur ein zum Schmunzeln anregendes Vergnügen darstellt. Dort werden beispielsweise hintersinnig die unterschiedlichen Methoden des Lehrens und Lernens sehr ehrgeiziger, einzigartiger und doch typischer Gesangslehrer geschildert. Dabei schmiedet jeder Lehrer seine eigene, recht individuelle Gesangstheorie. „Der Mensch ist ..." setzt ein Lehrer dem Gesangsschüler auseinander, „... höchst unvollkommen zum Singen eingerichtet. Zur Erzeugung des Gesangstones sei zwar alles da, was nötig ist, auch die für die Resonanz äußerst wichtige Schallplatte sei in Gestalt des Gaumens vorhanden, allein die Wirkung dieser Schallplatte sei schwer beeinträchtigt dadurch, dass sie mit weichen Wangen bedeckt sei. Die Kunst des Singens bestehe darin,

---

[203] Die Stimmlippen sind paarige schwingungsfähige Strukturen im Kehlkopf. Sie sind ein wesentlicher Teil des stimmbildenden Apparates des Kehlkopfes, bestehend aus der von Epithel überzogenen Stimmfalte, dem eigentlichen Stimmband. Die Stimmlippen werden beidseits bei der Stimmgebung durch Anblasen aus dem Brustkorb in Schwingungen versetzt und bilden so den Primärschall der Stimme. Vgl. http://de.wikipedia.org/wiki/Stimmlippe.

diesen Übelstand zu beseitigen. Das geschähe dadurch, dass man während des Singens die Wangen möglichst weit vom Gaumen abhebe."[204]

Ein anderer Lehrer vertritt die Auffassung, dass Singen differenzierter zu erklären sei, schon auch deshalb, weil jeder Mensch aus dem, was er hört, etwas anderes macht. „Der Mensch hat einen Kehlkopf und Stimmbänder, damit singt er: Am Kehlkopf sitzt ein Ventil, an dem müssen Sie trainieren. Höhe und Stärke des Tones wird mit diesem Ventil reguliert. Im Übrigen merken Sie sich: Tenor und Baß unterscheiden sich im Timbre der Stimme, nicht in der Höhenlage. Bei mir muss ein Baß hoch singen lernen und ein Tenor tief."[205]

Ein nächster Lehrer behauptet, dass der Ton, wenn er beim Mund herauskommt, klingen muss, und zwar schön. Was er weiter hinten macht, ist ganz gleichgültig, vorne muss er in Ordnung sein. Die Kunst besteht darin, ihn richtig nach vorne zu bringen. Der Ton nämlich treibt sich gerne im Hintergrund herum und fährt dann bei erster Gelegenheit irgendwie zum Mund heraus, wenn er nicht gar durch die Nase zieht, wo der Mensch *keine* Stimmbänder besitzt. Das ist dann natürlich nicht gesungen. „Der Ton muss vor! Die Vokale sitzen in folgender Reihenfolge am Gaumen: i, e, o, u, a. I ist ganz vorne, a ganz hinten. Alle Vokale müssen dahin, wo das i schon ist. Nebenbei bemerkt: Konsonanten werden wie Vokale behandelt, sie müssen vor und müssen gesungen werden, nicht geräuspert."[206]

Eine weitere Variante gesangspädagogischen Wissens wird von einer - äußerlich sehr beeindruckenden - Gesangslehrerin vertreten, die der Meinung ist, dass der Atem das wichtigste beim Singen ist. „Singen ist klingender Atem, Atmen ist alles, aber bewusst atmen, richtig atmen, strömend atmen. Der Atem entsteht im Bauch des Menschen, bei jedem Menschen an einem anderen Punkt im Bauch. Diesen Punkt kann man nicht genau beschreiben, aber sich genau vorstellen. Von diesem gedachten Punkt wandert der Atem zunächst an eine Stelle im Rücken, von dort steil aufwärts zum weichen Gaumen und dann durch den Mund ins Freie. Die Strecke vom Rücken zum weichen Gaumen ist für den Sänger die wichtigste. Alles kommt darauf an, in welcher Verfassung der Atem, der tönende Atem, an den weichen Gaumen stößt. Von dort weg macht er seine Sache dann schon selber."[207]

---

[204] Vgl. Diess W. (1984): „Gesangsunterricht" in: Stegreifgeschichten München, S. 59.
[205] Zit. nach ebd., S. 60.
[206] Ebd., S. 62.
[207] Ebd., S. 61.

„Natürlich kann man auch nur mit Stimmbändern singen", behauptet schließlich ein weiterer Lehrer. „Das sind die Naturburschen. Aber zum Singen - zum Singen gehört denn in Gottes Namen doch etwas mehr."[208]

Antworten auf die Frage, wie man richtig Singen lernt und welcher Gesangsunterricht der Beste ist, können also in sehr eigenwillige musikalische Theorien ausarten. Allen dürfte gemein sein, dass so etwas wie die Produktion von Tönen eine musikalische Handlung darstellt, die vom Hören über eine dazu erdachte Theorie zum Singen führt. Dies ist immer produktiv, vorausgesetzt, man darf auch selber singen. Singen ist im Sinne des Austausches sozial, im Sinne der Mitteilung *und* des Empfangens immer kommunikativ. Noch mehr zwingt das Singen im Chor und das Musizieren mit Instrumenten zur Kommunikation, innerhalb welcher interaktive Handlungen stattfinden. Allerdings muss berücksichtigt bleiben, dass Kommunikation nicht willkürliche und unbegrenzte Diskussion um Ziel und Methode sein sollte, es sei denn, man bedient sich der Musik im Chor oder in der Gruppe als pädagogisches oder als therapeutisches Medium. Wenn also die Tochter unbedingt Geige lernen soll, geht es nicht nur um die Musik und das Instrument, also nicht nur um die unmittelbar musikalische Handlung, sondern auch um die Fragen: Wer wird der Lehrer oder die Lehrerin sein, inwieweit ist dieser oder diese gesellschaftlich angesehen und wird die Tochter von dieser Aura etwas abbekommen? Auch die Überlegung, mit welchen Personen die Tochter zusammen spielen und später auftreten wird, nimmt einen nicht unwesentlichen Platz ein: Mit wem wird sie verkehren, mit wem kommunizieren, schließlich: Was wird aus ihr werden? Hier kann die Tatsache, dass die Eltern regelmäßig ins Konzert oder in die Oper gehen, den Familienstatus verstärken. Die unmittelbare elterliche Absicht, dass die Tochter Violine spielen soll, wird also vom Handlungsdruck des elterlichen Statusdenkens überlagert. Musikalische Verhaltensweisen, ob über die Auswahl des Hörens oder des Musizierens, werden erst in diesem allgemeinen Kontext verständlich. Somit ist Musik nie nur Selbstzweck. Man hört auch niemals nur diese oder jene Musik, auch wenn das möglicherweise zum guten Ton gehört und gut in das soziale Netz passt. Wird das, was „man" in seinen Kreisen an Musik hört, auch von der Tochter (oder dem Sohn) gespielt, sei es in einem Trio, Quartett oder Orchester, wird der gesellschaftliche Status stimmig und der Einsatz hat sich gelohnt. Dem Grunde nach gilt dies auch für das Spielen oder Singen in einer Band, die Eltern spielen dabei allerdings meistens keine sichtbare Rolle. Das In-einer-Band-Spielen ist oft ein musikalischer Ersatz, um sich - auch und gerade gegen die Eltern - abzugrenzen, eigene Erfahrungen zu machen und sie ganz für sich zu erleben.

---

[208] Ebd., S. 64.

Erst zuhören – dann machen

Doch von den sozialen Bedeutungsfaktoren rund um das Musikmachen noch einmal zurück zum Hören. Und zwar zum *Zuhören*. Was für das Musikmachen gilt, gilt prinzipiell und analog auch für das Zuhören. Es verhält sich lediglich einbahniger als beim Machen. Dabei beziehe ich mich auf das sog. Zuhörmodell der Mainzer Professorin Margarete Imhof vom Psychologischen Institut der Johannes Gutenberg Universität Mainz als einem Modell mehrstufigen Prozesses der Informationsverarbeitung im zeitlichen Verlauf. Sie geht von der Feststellung aus, dass Zuhören „die intentionale Selektion, Organisation und Integration verbaler und nonverbaler Aspekte akustisch vermittelter Information" sei.[209]

Zuhören gelingt weniger gut als erwartet. Die täglich vorkommenden Sätze, die viele Beziehungen zum Scheitern bringen, wie „Du hörst mir ja nicht zu!" oder „Hör' mir doch endlich einmal zu!" zeigen, wie schwer uns Menschen das Zuhören fällt. Eine nur allgemeine Volksmeinung, die gerne eine Unterscheidung in besser zuhörende Frauen und schlechter zuhörende Männer vornimmt? Oder eine Auffassung, die einer wissenschaftlichen Prüfung standhält? Wohl eher nicht, auch wenn sich die Meinung hartnäckig hält, Frauen seien von Natur aus die besseren Zuhörer. Das ließe im Falle einer Verifizierung der Hypothese den Schluss zu, dass Frauen letztlich intensiver leben, weil sie auch die besseren Zuhörerinnen seien. „Meine Mama hört mir aber immer zu!" „Manchmal, wenn ich meinem Papa was erzähle, dann sagt er, er hört zu. Und wenn ich ihn dann frage, was ich erzählt habe, dann weiß er es nicht. Und das finde ich doof."[210] Lernen schon Kinder damit zu leben, dass man ihnen nicht zuhört? Wenn Zuhören aber so schwer ist, weil es angeblich immer auch mit Zeit zu tun hat, die bekanntlich nicht vorhanden ist oder immer knapper wird, dann müssten doch eigentlich die Pädagogen in der Schule und die Musikpädagogen im Besonderen die absoluten Zuhörprofis sein, oder bei dieser Hypothese zumindest nervös werden. So wie die These, Frauen seien bessere Zuhörerinnen, alles in allem wahrscheinlich unhaltbar ist, sollte sie uns gerade nicht daran hindern, dem Hören und schließlich dem Zuhören auf die Schliche zu kommen.

Zuhören ist mehr als nur ein rein physiologischer Vorgang, auch wenn der Psychologe Theo Herrmann (1929–2013) sagt, dass es sich dabei in erster

---

[209] Imhof M. (2008): Zuhörkompetenz. Ein kognitives Zuhörmodell. In: Evangelische Akademie Tutzing (Hg.), Hör mal schnell – Zeiten der Aufmerksamkeit. München: Bayerische Landeszentrale für politische Bildungsarbeit, S. 56.
[210] 9-jähriges Mädchen einer nachbarlichen Pflegefamilie im Gespräch mit dem Autor.

Linie um psycholinguistische Aspekte handelt.[211] Nahe kommt dem Hören generell, wie es der französische Philosoph und Schriftsteller Roland Barthes (1915–1980) beschrieben hat, schon eher die psychologische Perspektive. Denn: „Mit der Unterscheidung von Wichtigem und weniger Wichtigem wird aus Hören, einem physiologischen Phänomen, ein psychologischer Akt."[212]

Zuhören ist aber mehr als beispielsweise Sprachverarbeitung und Interpretation des Gehörten, wie es Margarete Imhof bereits im Jahr 2003 dargelegt hat.[213] Wir können beispielsweise stundenlang dem Rauschen der Wellen „zuhören", sie aber nicht eigentlich hören. Wir hören also nicht gezielt auf das Geräusch, das die Brandung verursacht. Konzentrieren wir uns jedoch auf das Geräusch, definieren damit eine Absicht und sind bereit, uns ganz auf das Zuhören dieser einen Intention zu verdichten, gelingt es uns, nahezu alle anderen Geräuschquellen auszublenden.

Entscheidend ist die absichtliche Hinwendung, d. h. Zuhören bleibt wie das „Nebenbei" einer Geräuschkulisse, solange sie nicht mit einer Intention verbunden ist. Im Zusammenhang mit den kognitiven Vorgängen des Zuhörens nimmt Imhof insbesondere auf die Zuhörabsicht Bezug.[214] Da eine Absicht immer auch eine lernbare Intention unterstellt, drängt sich für einen Pädagogen die Frage auf, ob man Hören, Zuhören, speziell Musikhören lernen kann. Lernen geschieht nicht in Form einer in Tetra Pak eingeschlossenen milchigen Flüssigkeit, die wie durch den „Nürnberger Trichter" in das menschliche Gehirn eingefüllt wird oder – um eine weitere Metapher zu bemühen – auch nicht als digitaler Zoom, der mit einem Klick in eine der beiden Hemisphären hineingebeamt und dort gespeichert wird. Um es kurz zu sagen: Lernen geschieht immer als zeitlicher Prozess, der kommunikativ abläuft. D. h. es fließen nach dem klassischen Kommunikationsmodell von Sender-Empfänger-Botschaft jeweils stimulierende Sinnesreize absichtsvoll und wechselseitig hin und her. Auch wenn die Botschaften als Informationen einseitig auf unsere Wahrnehmung treffen, verarbeiten wir sie in der Zeit.[215] Wir lernen also zeit-nah, d. h. nach und nach, auch wenn wir „nur" mit uns selbst kommunizieren.

---

[211] Vgl. Herrmann T. (1995): Allgemeine Sprachpsychologie, Weinheim.
[212] Barthes R. (1990): Zuhören, In: ders. Der entgegenkommende und der stumpfe Sinn, Frankfurt am Main, S. 249–263, in: Kahlert (2008): a. a. O., S. 73.
[213] Vgl. Imhof M. (2003): Zuhören. Psychologische Aspekte auditiver Informationsverarbeitung. Göttingen.
[214] Zit. nach: Imhof M. (2008), a. a. O., S. 58.
[215] Vgl. sukzessive Wirkung akustischer Reize in: Das Modell des physikalischen Hörens.

Denn laut dem Pädagogen Joachim Kahlert ist Hören, Hinhören und Zuhören immer auch eine Frage der Zeit. „Beim Hören ...", so sagt er, „... nehmen wir uns noch nicht bewusst Zeit für das, was an akustischen Signalen in der Umwelt vorhanden ist. Wir hören menschliche Stimmen, den Straßenverkehr, ein Lied im Radio, das Klingeln des Weckers – und sortieren bereits während der Wahrnehmung nach Bedeutung und Wichtigkeit. Routiniert schalten wir den Wecker aus. Das uns nicht besonders ansprechende Lied im Radio hören wir nebenbei."[216] Alles andere, uns eher Störende überhören wir, d.h. wir hören nicht immer hin. Wir lernen also, indem wir selektieren.

Wer also bewusst zuhört, lässt sich ein auf das, was kommt. „Wer zuhört, *nimmt sich Zeit* und *gibt* damit dem Ereignis oder der Person *Zeit*, der man zuhört."[217] Entsteht daraus ein Gespräch, entwickelt sich ein Dialog. In der zwischenmenschlichen Begegnung wird dem Zuhören deshalb wegen der Begegnung im Sinne einer begleitenden Haltung des Hinwendens auch der Rang „einer sittlichen Aufgabe mit der Richtung auf den Nächsten" zugeschrieben.[218]

Auf das Musikhören treffen verschiedene der aufgeführten Aspekte zu. Auch hier gilt – wie bereits angedeutet –, dass Musikhören in der Zeit (sukzessiv) passiert. Für das Zuhören muss man sich also Zeit nehmen, denn nebenbei Gehörtes geht unter. Dass die Wirkung des Mediums Musik eine andere ist als die der verbalen Sprache, sieht man schon daran, dass Musikmachen – zwar ebenfalls wie die Sprache als kommunikative Absicht verstanden – *ohne* bewusstes aufeinander Hören im klanglichen Chaos landet, also nicht funktionieren kann. Sprache kann dagegen durchaus chaotische Züge aufweisen, denn diese drücken sich im Gegensatz zur Musik in gegensätzlichen Positionen aus, ohne dass es dabei auf einen „Wohlklang" ankäme.

Als einem einfachen Beispiel komme ich noch einmal auf das Singen zurück. Man kann alleine oder in Gemeinschaft mit anderen singen. Das individuelle Erlebnis ist jeweils ein anderes. Viele Menschen bevorzugen wegen des Gemeinschaftserlebnisses den Chorgesang. Was aber zeichnet den Chorgesang sonst noch aus? Die Vielstimmigkeit? Die Klangfülle oder ihre Reinheit? Die unterschiedlichen Charaktere der Stimmen? Die Art der Chorstücke: weltlich, sakral, gospel-, musical-, oder jazzähnlich, zeitgemäß oder traditionell-volks-

---

[216] Kahlert J. (2008): Kann man Hören lernen? Zeitliche Bedingungen des Hörens und Zuhörens. In. Evangelische Akademie Tutzing (Hg.): Hör mal schnell – Zeiten der Aufmerksamkeit. München: Bayerische Landeszentrale für politische Bildungsarbeit, S. 73.
[217] Ders., a.a.O., S. 74.
[218] Zit. nach: Jung J. (1984): Erziehung zum Zuhören. In: Unsere Jugend H.6, S. 232, zit. nach Kahlert, a.a.O., S. 74.

tümlich? Dass Singen im Chor das Gemeinschaftsgefühl fördert, ist selbstredend. Dass das Bedürfnis danach ein essentieller Wunsch nach Zugehörigkeit zu einer sozialen Gruppe ist, dürfte auch nicht umstritten sein, denn damit verbunden ist die Wertschätzung der eigenen Person. Die Chorstücke selbst sind dabei zweitrangig, obwohl nach außen und zur leichteren Einordnung gerne davon gesprochen wird, in einem Gospel-, Jazz- oder Kirchenchor etc. mitzusingen. Für Nicht-Musiker dürfte auch nicht unbedingt die Frage nach der klanglichen Reinheit im Vordergrund stehen, sondern auch hier wieder das gemeinsame Gruppenerlebnis, vielleicht gepaart mit außermusikalischen Ereignissen wie dem gemeinsamen Wegfahren zu Auftrittsorten außerhalb des Chorprobenortes. Doch auch jeder Laienchor klingt nur „schön", wenn er stimmlich sauber singt. Das gelingt neben der Tontreffsicherheit nur mit der Bereitschaft und Fähigkeit zum gegenseitigen Auf-einanderhören, also dem Zuhören der anderen Chormitglieder. Ähnliches gilt auch für Instrumentalgruppen bis hin zum großen Orchester. Anders dürfte es für Solisten, gleichgültig ob Sänger oder Instrumentalisten, sein. Sie katapultieren sich solange aus der Kommunikation mit anderen Musikern heraus, wie sie für sich alleine üben. Für diese Askese braucht es Zeit, denn es geht zuweilen um tägliches, stundenlanges Üben, oftmals richtige Quälereien, ohne die aber wiederum Professionalität und Perfektion nicht erreichbar wären. Kommt es zum gemeinsamen Auftritt mit anderen Musikern (z. B. Duett, Trio, Quartett, Quintett), einem ganzen Orchester (z. B. Konzerte), einzelnen Sängern oder einem großen Chor (z. B. Oper, Passionen), treten dieselben Phänomene auf wie bei Nicht-Solisten.

Diese Beschreibungen sind nicht auf bestimmte Altersgruppen beschränkt, sondern sind allgemeine Deskriptionen für Jung und Alt. Vielleicht gibt es bei älteren Menschen, die durchwegs gerne in Chören singen, die Einschränkung, dass die Frische der Stimme nachlässt und die Stimmlippen und -bänder nicht mehr die Schwingungselastizität aufweisen, wie dies bei jüngeren Sängern der Fall ist. Bei Instrumentalisten kann ich keine grundlegenden Unterschiede erkennen, außer dass ein „junges" Ensemble ein und dasselbe Stück in der Regel schneller spielt als ältere Musiker. Doch auch dies ist nicht verallgemeinerbar, weil es mit Sicherheit Ausnahmen gibt, die nichts mit dem Alter der Musiker zu tun haben. Genau in diesen kaum erkennbaren Differenzen liegt die große Chance des gemeinsamen Musikmachens. Jeder kann vom anderen lernen. So ziehen sich Gegensätze im wahrsten Wortsinn an: Erfahrung gegen Innovation, Langsamkeit gegen Schnelligkeit, Lernbereitschaft gegen Lernwiderstand.[219]

---

[219] Als musizierender Kinderdorf- und Altenheimleiter haben unter meiner recht wenig gesteuerten Anleitung die Senioren bereit und neugierig Musik und Tänze der

Diese Prozesse von Musik aus unterschiedlichen Lebenswelten sind allesamt Stimuli für intensiveres Leben, öffnen sie doch „Hirn, Herz und Hand". Oftmals verlorengegangene oder auch gestörte Transaktionen zwischen den Generationen können auf diese Weise eine hohe, gegenseitige Empathiebereitschaft und -fähigkeit erzeugen. Hierin liegt für die sonst so nachdrücklich geschmähten Einrichtungen der Jugend- und Altenhilfe eine große Herausforderung, Leben durch generationenübergreifende Anteile aus dem Bereich der Musik zu intensivieren und zu qualifizieren. Im Kapitel über Praxistransfer in gesundheits-, pflege- und sozialbezogenen Feldern werde ich den Gedanken erneut aufgreifen und vertiefen.

Musikmachen ist eben *keine* Geheimniswelt, sondern eher ein transkulturelles Kommunikationsmittel, das alle Voraussetzungen besitzt, um den kompetenten und fairen Umgang mit sich und anderen optimal umzusetzen. Dass dafür Musikhören eine zentrale Voraussetzung darstellt, sollte deutlich geworden sein.

Inwieweit diese Reflexionen – oder sind es Erkenntnisse? – Eingang in ausbildungsbezogene Curricula gefunden haben, wird im nächsten Kapitel thematisiert bzw. kritisch unter die Lupe genommen.

Quellenhinweise und weiterführende Literatur

Barthes Roland (1990): Zuhören, In: ders. Der entgegenkommende und der stumpfe Sinn, Frankfurt am Main: Suhrkamp.
Diess Wilhelm (1984): Stegreifgeschichten. München: Kösel.
Helmholtz Hermann von (1863): Die Lehre von den Tonempfindungen als physiologische Grundlage für die Theorie der Musik. Braunschweig: F. Vieweg.
Evangelische Akademie Tutzing (Hg.) (2008): Hör mal schnell – Zeiten der Aufmerksamkeit. München: Bayerische Landeszentrale für politische Bildungsarbeit.
Friederici Angela D. (1999): Sprachrezeption. Enzyklopädie der Psychologie. Reihe C. Theorie und Forschung Sprache Bd. C/III/2. Göttingen.
Jung Johanna (1984): Erziehung zum Zuhören. In: Unsere Jugend H.6, S. 227-233.

Jugendlichen gelernt und mit deren Hilfe auch das für sie Neue mitgetanzt. Das Lerntempo der Senioren ging den Jugendlichen zwar oftmals nicht schnell genug, man hat sich aber aufeinander zubewegt. Ebenso waren die Jugendlichen an der Musik und den bevorzugten Tänzen der Senioren aus deren Jugend- und Erwachsenenzeit interessiert. Sie haben der Musik ihrer Groß- und teilweise Urgroßelterngeneration aufmerksam zugehört und deren meist klassische Gesellschaftstänze gegen ursprünglichen Lernwiderstand dann doch wissbegierig aufgenommen. Schließlich haben sie sich auf ein generationenübergreifendes Tanzen, Alt und Jung, eingelassen.

Herrmann Theo (1995): Allgemeine Sprachpsychologie, Weinheim: Beltz.
Imhof Margarete (2008): Zuhörkompetenz. Ein kognitives Zuhörmodell. In Evangelische Akademie Tutzing (Hg.): Hör mal schnell – Zeiten der Aufmerksamkeit München: Bayerische Landeszentrale für politische Bildungsarbeit, S. 54–71.
Imhof Margarete (Hg.); Bernius, Volker (Hg.) (2010): Zuhörkompetenz in Unterricht und Schule. Beiträge aus Wissenschaft und Praxis. Göttingen: Vandenhoeck & Ruprecht S. 15–30.
Imhof Margarete (2003): Zuhören. Psychologische Aspekte auditiver Informationsverarbeitung. Göttingen: Vandenhoeck & Ruprecht.
Myers David G. (2014): Lehrbuch der Psychologie. Berlin: Springer.

Internetquellen

http://de.wikipedia.org/wiki/Stimmlippe

Kapitel 7
Eine Image-Lücke: Fehlendes Verständnis für den Musikunterricht

Wie entsteht ein guter oder ein schlechter Ruf generell? Und wie speziell für ein Fach wie Musik oder den, der das Fach vermittelt?

Grundsätzlich dürfte diese Frage mit dem öffentlichen Interesse einer Gesellschaft an dem Gegenstandsbereich zusammenhängen, oder dem Wert, der dem Gegenstand, – hier der Musik – beigemessen wird. Das öffentliche Interesse ist im Fall Musik unstrittig hoch, allein schon wegen ihrer Omnipräsenz in allen gesellschaftlichen Bereichen. Ebenfalls wird der Wert des Gegenstandes Musik kaum in Frage zu stellen sein. Allein das Schulfach Musik und ihre Vermittlung an weiterführenden Schulen, Berufsfachschulen und Hochschulen (mit Ausnahme der Musikhochschulen selbst) scheint doch Wünsche offen zu lassen. Die Berufe Musiklehrer, Musikpädagoge (einschließlich Musikgeragoge) oder Musiktherapeut sind ohne Zweifel wertvolle Berufe, denen jedoch eher die Aura des Zusätzlichen, des Luxuriösen oder manchmal des Eigenen umweht. Ihre unabdingbare Selbsterkenntnis, dass Musik für einen Fächerkanon den Teil des Curriculums ausmacht, ohne den nicht nur die Lehrpläne, sondern auch die schulische Bildung selbst arm wären, scheint – zumindest was die öffentliche Anerkennung betrifft – in den Hintergrund zu geraten. Musikvermittlung geschieht aber nicht nur im schulischen Kontext, sondern findet vielfach außerhalb, meist freiberuflich statt. Musik von Freiberuflern ausgeübt oder vermittelt, hat von daher noch einmal ein anderes Image als der im Rahmen von Schule oder sonstigen Institutionen stattfindende Musikunterricht. Die besondere Erschwernis dabei ist darin zu sehen, dass freiberuflich tätige Musiker in der Regel weder auf ständig fließende Nachfrage, noch auf ein dauerhaft gesichertes Einkommen blicken können. Obwohl auch hier Ausnahmen die Regel bestätigen, müssen sich Freiberufler ständig neu um Nachwuchs oder um den sicheren Erhalt von Schülern kümmern. Musikalische Auftritte fliegen einem im Normalfall nicht zu, sondern müssen gezielt beworben werden. Meist gelingt dies über professionelle und einschlägige Musikagenturen. Dennoch können in der Musikbranche nur wenige reich werden. Ein beruhigend sicheres Gehalt für Gegenwart und Zukunft bieten allenfalls die stabilen Besoldungen von verbeamteten Musiklehrern. Sie setzen jedoch ein Lehramtsstudium voraus und werden dann – sofern eine freie Stelle vorhanden ist – nicht nach Unterrichtsfach, sondern nach Studienabschluss gleichrangig anderen „normalen" Lehrern gegenüber bezahlt, anteilig selbstverständlich nach Stunden bzw. Teil- oder Vollzeit.

Das Schulfach Musik und seine Bedeutung

Richten wir also den Blick auf das Schulfach Musik, wie das Schulfach Musik in den Curricula allgemeinbildender Schulen vorzufinden ist.[220]

Wenn man die Präambeln oder Vorworte der Lehrplanintros studiert, wird einem der untrügliche Eindruck vermittelt, dass Musik in unserem Bildungssystem einen zentral-wichtigen Platz einnimmt. Danach müsste jeder, der in Deutschland zur Schule gegangen ist, zumindest ein Musikversteher, wenn nicht gar ein Musikkönner sein.

So wird der Lehrplan der Förderschulen in Bayern mit dem Satz eröffnet: „Jeder Mensch verfügt über musikalische Erlebnisfähigkeit und verspürt den Wunsch, sich durch Musik auszudrücken und mitzuteilen." Deshalb stellt der Lernbereich Musik „zwei Aspekte der Musikerziehung in den Mittelpunkt: Erziehung mit Musik nutzt die sensorische anregende, bewegungsunterstützende und emotionale Qualität von Musik. Erziehung zur Musik umfasst die Lernfelder Hören von Musik, Musik mit der Stimme, Bewegung und Musik sowie elementares Instrumentalspiel. Im Musikunterricht lernen Schülerinnen und Schüler unterschiedliche Erscheinungsformen von Musik in ihrer Lebenswelt kennen und öffnen sich zugleich für neue und fremde Musikangebote."[221]

Im Lehrplan für das Fach Musik an Gymnasien finden wir folgende schön klingende Musikbedeutung:

„Selbstverständnis des Faches: Musik ist prägender Bestandteil aller Kulturkreise und ein wesentliches künstlerisches wie soziales Ausdrucksmittel. Sie steht seit jeher im Spannungsfeld von Tradition und Innovation und wird in ihren historischen wie aktuellen Ausprägungsformen als persönliche kulturelle Erfahrung wahrgenommen. Musik ist auch Spiegel von Zeitgeist und Weltsicht. Bis heute stellt sie einen wesentlichen Teilbereich des täglichen Lebens aller Gesellschafts-

---

[220] Durch die föderale Verfassungsordnung und das föderale Bildungssystem in Deutschland ist Bildung Ländersache. So unterscheiden sich Einzelheiten in den einzelnen Bundesländern. Dies gilt auch für das Fach Musik. Dennoch sind die inhaltlichen Grundausrichtungen vergleichbar. Hier werden vorwiegend Lehrpläne aus Bayern zugrunde gelegt. Bei sechzehn Bundesländern würde eine erweiterte Darstellung den Rahmen sprengen.

[221] Staatsinstitut für Schulqualität und Bildungsforschung (ISB), München (2004): Lehrplan Musik.

schichten dar. Die Einbindung von verschiedenen Erscheinungsformen der Musik in unser Leben hilft, Generations- und Sozialschranken zu überwinden sowie geographische Grenzen zu überschreiten. Gleichzeitig wird die Wahrnehmung auf regionaltypische Ausprägungen und Werte christlich-abendländischer Tradition gelenkt. Dies schafft die Grundlagen für ein reflektiertes Kulturverständnis und für ein Gleichgewicht im Menschen zwischen Verstehen und gefühlsmäßigem Erleben. Dem grundsätzlichen Bedürfnis des Menschen, zu hören, zu erleben, zu gestalten und sich mitzuteilen, wird durch Musik ganz wesentlich entsprochen."[222]

Kann man an einem solchen Selbstverständnis etwas auszusetzen haben? Sicher nicht. Kein Musiker oder Musikbegeisterter wird auf den Gedanken kommen, die ästhetische, kulturelle, persönliche, soziale und kommunikative Bedeutung von Musik und ihrem Selbstverständnis als Fach in Abrede zu stellen. Es ist dem deshalb nichts hinzuzufügen oder wegzunehmen, weil es beinahe alle Aspekte musikalischer Wirkungsweisen beinhaltet. Auch die folgende Darstellung kann so ohne weiteres akzeptiert werden.

„Beitrag des Faches zur gymnasialen Bildung und Persönlichkeitsentwicklung: Das Fach Musik vermittelt den Jugendlichen Freude am praktisch-künstlerischen Tun, schafft ihnen gleichzeitig aber auch eine Erweiterung des intellektuellen Erfahrungshorizonts. Es zeigt wechselnde Zusammenhänge vor einem kulturellen, zeitlichen und gesellschaftsbezogenen Hintergrund auf. Gymnasialer Musikunterricht ermöglicht so, an kulturellen Errungenschaften vertieft teilzunehmen und gleichzeitig an deren Bewahrung und Fortentwicklung mitzuwirken.
Neben anderen Fächern übernimmt auch das Fach Musik Verantwortung in der Vermittlung von Werten, weil es in einer zunehmend medienbestimmten Gegenwart den Erwerb von Urteilsfähigkeit, die Entwicklung eines Ästhetikbewusstseins und damit den Aufbau von Qualitätsmaßstäben fördert. Durch gemeinsames Singen und Musizieren, durch die damit verbundene Ein- und Unterordnung in einer Gruppe und nicht zuletzt durch die Beharrlichkeit, die der musikalische Lernprozess erfordert, trägt das Fach Musik wesentlich zur Persönlichkeitsbildung bei."[223]

Nun nehmen die Formulierungen persönlichkeitsbildende, ja ganzheitliche Züge an. Dabei darf nun doch etwas Skepsis erlaubt sein. Das Fach Musik soll den Jugendlichen *Freude am praktisch-künstlerischen Tun* vermitteln. Das mag bei einigen wenigen, die ohnehin eine musikalische Vorbildung haben, zutreffen. Das Gros der Jugendlichen im Gymnasium oder der gymnasialen Bildung wird nur dann *Freude* entwickeln, wenn der Musikunterricht in das Herz ihrer Interessen trifft. Sollte das gelingen und die coronare Empfänglichkeit vorhanden sein, kann man von Glück reden. Berücksichtigt man

---

[222] Ebd., Stichwort Fachprofile Musik, Selbstverständnis des Faches.
[223] Ebd., Stichwort Beitrag des Faches zur gymnasialen Bildung und zur Persönlichkeitsentwicklung.

allerdings die besonderen musikalischen Eigenheiten jugendlicher peer groups, denen es darum geht, sich von der Erwachsenenwelt mit ihrer Musik abzuschotten, wird man kaum eine offenstehende Tür oder offene Ohren bei jugendlichen Schülern finden. Zusammen gerinnen die wohlmeinenden Sätze wie *Erweiterung des intellektuellen Erfahrungshorizonts* oder *teilzunehmen an kulturellen Errungenschaften* und noch mehr *an ihrer Bewahrung und Fortentwicklung mitzuwirken* zu phrasenhaften Floskeln.

> *„Zusammenarbeit mit anderen Fächern: Musik kann in Verbindung mit anderen Fächern, besonders aber mit Kunst und Deutsch wesentlich zur ästhetischen und kulturellen Bildung der Kinder und Jugendlichen beitragen. In einer Zeit, die der Teamarbeit immer größere Bedeutung beimisst, wird dies den Heranwachsenden aller Jahrgangsstufen in der vielgestaltigen fächerübergreifenden Vernetzung deutlich.*
>
> *Insgesamt soll die junge Generation befähigt werden, zu reflektieren, zu abstrahieren, zu argumentieren und letztlich als Gruppe auch konstruktiv zu agieren. Übergeordnet liegen so im Hören, Sehen, Begreifen, Überdenken, Werten und Handeln die wesentlichen Verknüpfungspunkte, die jungen Menschen neben dem Erwerb von unterschiedlichen Sach- und Fachkompetenzen auch zu ästhetischen Selbstkonzepten verhelfen.*
>
> *In diesem Bemühen fühlt sich das Fach Musik in vielerlei Hinsicht mit anderen Fächern des gymnasialen Kanons substanziell verbunden."*[224]

Zusammenarbeit mit anderen Fächern wird mit Teamarbeit in Verbindung gebracht, *in einer Zeit, die der Teamarbeit immer größere Bedeutung beimisst*. Ob auch diese Formulierung einer Überprüfung bezüglich ihrer Innovation standhält, ist ungewiss. Denn: Gemeinsames Musikmachen hat im Sinne von *aufeinander hören, sich abzustimmen, auf Dynamik und Struktur achten, ein gemeinsames Ziel zu verfolgen* immer schon Teamgeist vorausgesetzt und befördert. In diesem Sinn besitzt musikalische Teamarbeit immer auch Merkmale von Teamarbeit. Ihre Kennzeichen sind also mit demokratischen Teamstrukturen durchaus vergleichbar. Der einzige Unterschied dürfte sein, dass bei der Realisierung musikalischer Stücke, wie bei Kunstwerken überhaupt, es so gut wie keine Demokratie gibt. Nicht Mitbestimmung steht im Vordergrund, sondern die Umsetzung der kreativen Idee, die peu à peu im Prozess entwickelt wird. Wäre Mitsprache, wie sie jede Teamarbeit voraussetzt, ihr Ziel, führte das bei einem Musikstück zum Chaos. Die Idee wird aufs Spiel gesetzt. Zu *reflektieren, zu abstrahieren, zu argumentieren und letztlich als Gruppe auch konstruktiv zu agieren*, sind für ein Team in einem Betrieb mit der Aufgabe der möglichst effizienten Umsetzung von Unternehmenszielen nachvollziehbare und sinnvolle Lernziele. In einem

---

[224] Ebd., Stichwort Zusammenarbeit mit anderen Fächern.

Musikstück geben der Komponist mit seiner Kreation, der Dirigent mit seinem Führungsstil und der erste Geiger die Interpretation und das Tempo vor, sie bestimmen die musikalischen Phrasen und entscheiden über die künstlerisch zu gestaltenden Parameter. Musikalische Kommunikation heißt nicht, sich bei der künstlerischen Umsetzung einer kreativen Idee über dies alles hinwegzusetzen. Dann bräuchte es weder Komponisten, noch Dirigenten, noch sonstige musikalische Autoritäten. Das schließt nicht aus, dass ein Orchester sich seinen Dirigenten selbst wählt. Allerdings hat dieser dann das Zepter in der Hand. Zusammenklang entsteht in der punktgenauen Übereinstimmung von Einzelstimmen. Gegenseitige Rücksichtnahme heißt in der Musik Absprache unter den Musikern nach vorheriger ‚Abstimmung' der Instrumente oder Stimmen. Über dem allem wirken, quasi als Sender und Empfänger, die Musiker auf der einen und die Zuhörer auf der anderen Seite. Musik ist die Botschaft, ihr Übermittler das Medium, die Kommunikation ist dabei der Globe.

Wenn also die junge Generation lernen soll, *zu argumentieren und als Gruppe auch konstruktiv zu agieren*, darf die Frage gestellt werden, wie dies im Fach Musik geschehen kann. Schließlich soll über die *Zusammenarbeit mit anderen Fächern* auch noch zu *ästhetischen Selbstkonzepten* verholfen werden. Hier wird möglicherweise Musik überhöht oder soll zumindest für alle eventuell auftretenden Ich-Störfaktoren bereinigend wirken. Dass dies vielfach so sein kann, wurde bereits mehrfach betont.

Das Schulfach Musik – so lesen wir – ist in vielerlei Hinsicht mit anderen Fächern des gymnasialen Kanons substanziell verbunden, was nicht nur wegen des *Kanons*, sondern auch wegen der Personifizierung des Faches Musik doppeldeutig klingt. Die Formulierungen erinnern eher an eine Fabel – nach dem Motto: Wie gelangt man an die süßen Trauben der Musik? – denn an handfeste Richtlinien, wie man sie in Lehrplänen zumindest als konkrete Orientierung erwartet.

„Ziele und Inhalte: Die Vermittlung der musikalischen Unterrichtsinhalte vollzieht sich in allen Jahrgangsstufen grundsätzlich auf den drei eng miteinander vernetzten Themenschienen Musik und Praxis, Musik im Kontext und Musik und ihre Grundlagen.

Stets ist in allen Jahrgangsstufen praktisches Handeln im gemeinsamen Singen und Musizieren wesentlicher Bestandteil des Musikunterrichts und soll, wo immer möglich, auch in der Oberstufe als Basis musikalischen Lernens dienen.

Der zeitliche Rahmen für das erforderliche Üben, Vertiefen und Wiederholen ist durch die inhaltlichen Gegebenheiten des Lehrplans berücksichtigt. Das Grundwissen, das sich von Jahrgangsstufe zu Jahrgangsstufe kontinuierlich erweitert und extra ausgewiesen ist, schließt die Kategorien Kenntnisse, Fertigkeiten und Haltungen ein.

Vor allem soll den Kindern die Freude am musikalischen Tun vermittelt werden. In der Unterstufe erfährt daher der vielfältige Umgang mit Musik einen deutlichen sing- und spielpraktischen Akzent. Auf diesem Weg erhalten die Kinder auch einen individuell erlebbaren Zugang zu ausgewählten Komponisten und deren Werken. Sie erarbeiten sich darüber hinaus wesentliche Grundlagen und Kenntnisse der Musiktheorie. Dies geschieht jedoch ausschließlich in Verbindung mit Liedern, Musizierstücken und Kompositionen; Musiktheorie ist somit nie Selbstzweck unterrichtlichen Handelns.

In der Mittelstufe erweitern die Heranwachsenden zunehmend ihr historisch-kulturelles Bewusstsein. Sie lernen, unterschiedliche Stile zu achten und auch wertzuschätzen. Die Bereiche der Rock- und Popmusik und das weite Feld der Neuen Medien erfahren darüber hinaus eine intensive Betrachtung.

Für die jungen Erwachsenen rückt in der Oberstufe vermehrt eine umfassende ästhetische Bildung ins Zentrum des Unterrichts. Neben eher hörvertrauten Inhalten früherer Zeitströmungen erschließen sie sich verstärkt die musikalischen Erscheinungsformen des 20. Jahrhunderts und aktuelle Strömungen. Die Schüler können sich für eine mündliche Abiturprüfung entscheiden oder – sofern sie zusätzlich ein Musikinstrument oder Gesang wählen – eine kombinierte schriftlich-praktische Abiturprüfung ablegen. Seminare in Musik bieten außerdem über das Fach Musik hinaus eine Vertiefung und Ergänzung musikalischer Inhalte an ...

Grundlegend soll das Unterrichtsfach Musik in allen Jahrgangsstufen das Interesse und die beständige Freude an der Musik und ihrem weiten Umfeld wecken und weiterentwickeln. Dabei wird immer ein ganzheitliches Erleben und Verstehen von Musik angestrebt. Die Beschäftigung mit Musik in der Schule kann zudem auch über die gymnasiale Zeit hinaus zu einer lebenslangen kreativen Freizeitgestaltung motivieren und soll zusätzlich zum Besuch von musikalischen Veranstaltungen wie Konzerten und Musiktheateraufführungen anregen."[225]

Mit „Ziele und Inhalte" wird die Vernetzung der Themenschienen *Musik und Praxis, Musik im Kontext* und *Musik und ihre Grundlagen* beschrieben. Hier werden die unaufhörlichen Verbesserungen im Sinne von Vernetzungen sichtbar, wie sie noch zwei Generationen vorher undenkbar gewesen wären. Schüler sollen am Sachgegenstand Musik Problemfelder recherchieren, komprimieren und präsentieren lernen und im Spannungsfeld von überlieferter und gegenwärtiger, von eigener und fremder Musiktradition ein historisch-kulturelles Bewusstsein entwickeln.

Doch auch hier werden Begriffe wie *beständige Freude am Singen und Musizieren* strapaziert, denen man eher geringe realistische Bedürfnisse von Schülern unterstellen kann.

---

[225] Ebd., Stichwort „Ziele und Inhalte".

Musik als kommunikatives Medium ist im „Umgang mit neuen Medien" prädestiniert. Werden doch Musikereignisse in einer virtuellen Welt von ihrer ursprünglich analogen in eine digitale Kommunikation hineingeschleust. Zeitgemäße Musikkompositionen werden in der Regel nur noch mit marktgängigen Computerprogrammen geschrieben (von den Musik-Software-Anbietern gibt es mittlerweile so viele, dass der Markt kaum noch überschaubar ist). Musik professionell aufnehmen, bearbeiten, mixen und produzieren kann als Home-Service heute jeder erlernen. Arrangements und Notensettings werden mit digitalen Maus-Klaviaturen oder auch direkt an komplexen Doppeltastaturen von Studiocomputern gestaltet. Die Ergebnisse dieser Produktionen sind aus den bekannten Filmmusikproduktionen von Hans Zimmer, Klaus Badelt et al. bekannt, die mittlerweile auch von klassischen Streichorchestern (nach)gespielt und öffentlich aufgeführt werden. Hier geschieht ein interessanter, weil umgekehrter Prozess: Nicht die klassische Komposition wird digital arrangiert, sondern die am Computer erstellte digital-elektronische Musik wird mit klassischen Instrumenten in unsere traditionellen Hörgewohnheiten zurück transferiert. Offensichtlich gibt es dafür genauso „offene Ohren" wie für die Filmmusik.[226] Dies ist aber der eher seltene Weg, denn in der Musik-Medien-und Filmszene werden fast ausschließlich studiohergestellte Produktionen verwendet.

Vor diesem Hintergrund wäre es zweckmäßig, wenn die Curricula hier Lücken nutzen würden, um auch eine pädagogische Kontrolle über unberechenbare und eventuell schädliche Entwicklungen im IT-Bereich wie etwa Computerspielsucht zu besitzen. Eine konstruktiv-kritische Auseinandersetzung in der Schule mit der klauenhaft um sich greifenden Medienwelt ist unter diesen Gesichtspunkten auf jeden Fall zu begrüßen bzw. auch unter methodischen Gesichtspunkten sinnvoll. Das Erstellen von Audiodateien, der reflektierte Umgang mit „youtube", das Bedienen eines Masterkeyboards, schließlich die Bedeutung und die Funktion zeitgemäßer Kommunikationsformen, z. B. zwischen Sampler und Plugin-basierter Klangerzeuger bzw. Klangfilter, dürfte sowohl für Lehrer als auch für die Schüler eine pädagogisch-didaktische Herausforderung darstellen. Für die Schüler könnte es ein – in ihrem Sinne – sinnvolles Musik-Lernfeld, aber auch eine effektive Reflexionsfläche für eigenes Verhalten abgeben. Ob und inwieweit dies bereits als Selbstverständlichkeit in die Musikunterrichtsstunden integriert ist, wäre zu prüfen und unter dem Gesichtspunkt ihrer musikalisch-kommunikativen Effizienz entsprechend zu evaluieren.

Inwieweit allerdings das Unterrichtsfach Musik, so wie es zu lesen ist, in allen Jahrgangsstufen *die beständige Freude an der Musik und ihrem weiten Umfeld*

---

[226] Vgl. dazu: diverse Filmmusikproduktionen wie etwa: Hans Zimmer (2000): Gladiator; Klaus Badelt (2003): Fluch der Karibik; ders. (2009): Poseidon.

wecken und auch noch *weiterentwickeln* soll, darf deshalb als frommer Wunsch abgehakt werden. Zumindest in den vorliegenden Curricula werden, nicht einmal ergänzend oder optional zum traditionellen Musikunterricht, weder Notensatzprogramme, Synthesizer-Software und andere standardisierte Formate moderner Musiksoftware als didaktisch erforderlich angesehen werden, man hält sich schon sprachlich an das, was Musik immer schon ausgemacht hat, was sich aber eher altbacken als zeitgemäß anhört.

> *„In einer zunehmend neuen und virtuellen Medienwelt erhalten die Schüler des Gymnasiums eine Orientierungshilfe in Bezug auf Realität und Authentizität von Musik. Sie sollen am Sachgegenstand Musik Problemfelder recherchieren, komprimieren und präsentieren lernen und im Spannungsfeld von überlieferter und gegenwärtiger, von eigener und fremder Musiktradition ein historisch-kulturelles Bewusstsein entwickeln. Dazu müssen stets auch Grundfertigkeiten im Singen und Musizieren ihren wesentlichen Beitrag leisten, was letztlich die Fähigkeit zum Erleben von Musik umfassend fördert."*[227]

Der Einfluss der Musik auf andere Leistungen

Davon erst einmal unabhängig, aber für die Bedeutung des Faches Musik erheblich, wurde in verschiedenen Längsschnittstudien überprüft, ob formaler Musikunterricht einen Einfluss auf Leistungen in anderen Schulfächern hat. „Fast alle Studien thematisieren, dass zusätzlicher Musikunterricht einen günstigen Einfluss auf schulische Leistungen, verschiedene kognitive Funktionen, insbesondere das sprachliche Gedächtnis, oder auf verschiedene Intelligenzmasse haben kann. Die meisten Längsschnittstudien weisen allerdings erhebliche methodische Mängel auf, die es nicht erlauben, die besondere Wirkung des Musikunterrichts zu belegen. Der wesentliche Grund dafür ist, dass fast alle Studien keine angemessenen Kontrollgruppen verwendet haben. Die meisten Längsschnittstudien haben im Grunde nur geprüft, ob zusätzlicher Musikunterricht einen fördernden Effekt hat. Dies konnte demzufolge bestätigt werden. Ob auch zusätzlicher Unterricht in anderen Unterrichtsfächern einen fördernden Effekt hat, wurde lange nicht thematisiert. Insofern ist überhaupt nicht auszuschließen, dass zusätzlicher Schach-, Sport- oder Sprachunterricht nicht auch positive Wirkungen entfalten kann."[228]

---

[227] Staatsinstitut für Schulqualität und Bildungsforschung (ISB), München (2004): a. a. O., Stichwort „Ziele und Inhalte" *Umgang mit neuer Medienwelt.*
[228] Zit. nach Jäncke L. (2008): Eröffnungsreferat an der D-A-C-H Tagung „Musik und Gehirn", a. a. O., S. 5 ff.

Jäncke meint, dass die Untersuchung des Kanadiers Glen Schellenberg im Hinblick auf die Methodik, die beste Studie sei.[229] „Die Auswahl der Versuchspersonen erfolgte zufällig, so dass ein wesentliches Kriterium für die Gestaltung von Experimenten erfüllt ist. Des Weiteren hat Schellenberg neben den experimentellen Gruppen mit speziellem Musiktraining auch zwei Kontrollgruppen eingeführt. Eine davon hat anstatt des Musikunterrichts Schauspielunterricht erhalten. Die Musikschüler (Klavier oder Gesang) steigerten ihren IQ im Durchschnitt um 7 IQ-Punkte, während die Kinder mit Schauspielunterricht lediglich eine Steigerung des IQs von 4 Punkten aufwiesen. Die besseren IQ-Leistungen der „Musikschüler" sind zwar signifikant, aber in der Größenordnung eher gering."[230]

Keine der von Jäncke besprochenen Studien thematisiert die Frage, „...ob sich Aufwand und eventuelle Leistungssteigerung rechtfertigen. Vielleicht würde man ja mit einem gezielten und direkten Training von Intelligenz-und Gedächtnisfunktionen mehr in weniger Zeit erreichen, als durch ein aufwendiges Musiktraining. Insofern sollte man schon an dieser Stelle thematisieren, welchen Zweck Musiktraining eigentlich haben sollte. Ist es eher zur Steigerung der kognitiven Leistungsfähigkeit geeignet, oder ist es vielmehr eine wunderschöne Kulturtätigkeit, die Freude und Befriedigung unabhängig von schulischen Leistungsaspekten schenken kann?"[231]

Um diesen Fragen auf die Schliche zu kommen, kann man im bayerischen Lehrplan für Musikunterricht unter *fachspezifischen Besonderheiten* der Sache etwas zu Leibe rücken. Dort heißt es:

„Fachspezifische Besonderheiten: Eine besondere Situation und Stellung nimmt das Fach Musik im Fächerkanon insofern ein, als es zum regulären Klassenunterricht aller Ausbildungsrichtungen eine Fülle von zusätzlichem Wahlunterricht anbieten kann. Im Bereich von Chor und Orchester, aber auch in kleineren Ensembles ergeben sich viele Möglichkeiten für die Heranwachsenden jeder Altersstufe, ihre persönlichen musikalischen Anlagen in das schulische Leben einzubringen. In diesen unterschiedlichen Musiziergruppen erweitern die Schüler aller Jahrgangsstufen ihre Sozialkompetenz in der Erreichung gemeinsamer musikalischer Ziele. Darüber hinaus trägt das Fach Musik durch Konzerte und die Gestaltung von Schulfeiern aller Art ganz entscheidend zur Identifikation der Jugendlichen mit

---

[229] Vgl. Schellenberg G. (2004). Music Lessons Enhance IQ. Psychological Science, 15 (8), S. 511–514.
[230] Zit. nach Jäncke L., a.a.O., S. 6 f.
[231] Ders., S. 7.

dem Lernort Schule bei und fördert damit auch die individuelle Repräsentation des Gymnasiums in einer breiten Öffentlichkeit."[232]

Worum geht es? Um selbstbewusste junge Menschen für das Fach Musik zu begeistern? Vielleicht lesen die Schüler das Curriculum nicht, aber ihr dort unterstellter Geist ist in einer Form zu spüren, wie es nur wenige ansprechen dürfte, auch wenn er noch so Musik-affin ist. Selbstverständlich ist es eine schöne Sache, *persönliche Anlagen in das schulische Leben einzubringen, Konzerte und Schulfeiern musikalisch mitzugestalten*, aber reicht das aus, um ein Fach attraktiv darzustellen? Und: Für wen soll das Lockmittel, die *Repräsentation des Gymnasiums einer breiten Öffentlichkeit* darzustellen, anziehen? Wundert es da noch, wenn das Image neben den „harten" M-I-N-T[233]- und Sprachfächern belächelt wird? Werden hier Schüler für eine Selbstdarstellung des Schultyps Gymnasium instrumentalisiert? Es heißt, dass damit auch die individuelle Repräsentation des Gymnasiums in einer breiten Öffentlichkeit gefördert wird. Eine Überarbeitung dieser Passagen ohne Illusionen wäre hier zu empfehlen, wenn sie nicht bereits (hoffentlich) in der Schublade liegt.

Doch es gibt Differenzierungen.

„Eine eigene Stellung nimmt das Musische Gymnasium in Bayern und damit auch die musische Ausbildungsrichtung eines Gymnasiums ein. Hier erhalten die Jugendlichen einen besonders intensiven Kontakt mit dem Fach Musik, das bei diesem Schulprofil zur Gruppe der Kernfächer gehört. Beginnend mit Jahrgangsstufe 5 erlernen die Kinder ein Instrument, hinzu tritt die gezielte Schulung von Stimme und Gehör, darüber hinaus die Vermittlung von vertieften Kenntnissen und Fertigkeiten auf dem Gebiet von Musiktheorie und Analyse."[234]

In der Tat sieht es an den musischen Gymnasien in Bayern anders aus. Anders heißt in diesem Fall, musikimmanenter und musikspezifischer. An den musischen Gymnasien ist Musik Hauptfach. Man kann mit zwei guten und einer sehr guten Note eine schlechte Leistung in einem anderen Fach ausgleichen. Das Fach Musik ist nicht nur formal gesehen Vorrückungsfach, sondern wird dort auf Augenhöhe zu anderen Fächern betrachtet.

Doch auch bei diesem Schultyp hängt die Bewertung eines Faches, auch die des Hauptfaches Musik, sowie ihre pädagogische Qualität, also ihre Nachhaltigkeit im Sinne von „was bleibt?" oder „was hat es mir gebracht?" immer von

---

[232] Staatsinstitut für Schulqualität und Bildungsforschung (ISB), München (2004): a.a.O., Stichwort Fachspezifische Besonderheiten.
[233] M=Mathematik, I=Informatik, N=Naturwissenschaft, T=Technik.
[234] Staatsinstitut für Schulqualität und Bildungsforschung (ISB), München (2004): a.a.O., Stichwort Fachspezifische Besonderheiten (Musisches Gymnasium).

der jeweiligen Lehrerpersönlichkeit, weniger vom Lehrplan, ab.[235] Eine dieser Fähigkeiten bestünde darin, junge Leute – so um siebzehn herum – für Musik so zu begeistern, dass lange Chorproben inklusive Probestrapazen auf sich genommen werden, um unter der Leitung eines geschätzten Lehrers eigene Kompositionen im Rundfunk einzuspielen.[236] Wenn es gelingt, Schüler mit Enthusiasmus an Musikstrukturen, -theorien, -geschichte, -kompositionen, -technik etc. heranzuführen, kann dies als eine zeitlose Eigenschaft guter Pädagogen bezeichnet werden. Wenn es darüber hinaus auch noch gelingt, mit dieser Musikvermittlung den Nerv der Zeit zu treffen, braucht man sich über die didaktische Auswahl des Musikstoffes und über einen eventuellen neuen Methodenzauber keine Gedanken mehr zu machen. Ob es um die Gewinnung junger Erwachsener für Lieder und Texte, um orchestrale Gestaltung interessanter Arrangements oder um die Heranführung an Computer-Musikprogramme geht: Die Lernbereitschaft und Freude der Schüler am Lerngegenstand hängt immer entscheidend vom Lehrer und seiner Beziehung zu den Schülern ab. Das stärkt das Image des Faches auch nach außen hin immens.

Anforderungen an den Musikpädagogen

Nun wurde schon einiges über die Kunst des Lehrens ausgeführt. Die Kultusminister der Länder setzen sich in regelmäßigen Abständen entsprechend den hier reflektierten curricularen Vorstellungen, Zielen und Besonderheiten, auch mit der Musiklehrerausbildung auseinander. Kunst und Musik wird dabei unter dem Begriff der musischen Bildung zusammengefasst.[237]

---

[235] Ein fähiger gymnasialer Musiklehrer versteht es, musikpädagogische Empathie, methodisch-didaktische Fachkenntnis und kompositorische Fähigkeit ideal miteinander zu verbinden. Ich hatte das Glück, eine solche Lehrerpersönlichkeit über mehrere Jahre erleben zu dürfen.

[236] Vgl. Brand T. (1958): Buschiaden. Vier Chöre nach Gedichten von Wilhelm Busch für 3 gleiche Stimmen, Musikverlag A. Coppenrath, H. Pawelek Altötting, aufgeführt von Schülern der 11. Klasse des Deutschen Gymnasiums Freising, eingespielt für den Bayerischen Rundfunk im Jahr 1965.

[237] Sekretariat der ständigen Konferenz der Kultusminister der Länder in der Bundesrepublik Deutschland, hier: *Kunst- und Musiklehrerausbildung: Beschluss der Kultusministerkonferenz vom 06.12.2012.*
 „*Musische Bildung ist Teil der kulturellen Bildung jedes Einzelnen und Voraussetzung zur Teilnahme am kulturellen Leben. Sie ist eine wichtige Voraussetzung für das Zusammenleben in unserer Gesellschaft. Musische Bildung vermittelt Schlüsselqualifikationen, wie Fantasie, Vorstellungsvermögen, geschulte Sinne und die Fähigkeit zur ganzheitlichen Wahrnehmung. Die Beschäftigung mit Kunst und Musik ist Quelle der eigenen Ausdrucks- und Kommunikationsmöglichkeiten anderen Menschen gegenüber und ermöglicht den Erwerb sozialer Kompetenz.*

Bei allem Richtigen, das über den Beschluss der KMK von 2012 ausgesagt wird, bleibt die Reputation der Musiklehrer ein Stiefkind der Betrachtung.

> In Deutschland zählt das Fach Musik allgemein zu den besonderen Bedarfsfächern in den Schulen. Das Fehlen der Musiklehrerinnen und -lehrer macht sich in allen Schulzweigen bemerkbar. Musikunterricht wird oftmals fachfremd erteilt, da es einen Mangel an Musiklehrerinnen und -lehrern gibt. Die Kultusministerkonferenz sieht daher dringenden Handlungsbedarf.
> Die Verantwortung für die Ausbildung der Kunst- und Musiklehrerinnen und -lehrer liegt bei Universitäten bzw. Pädagogischen Hochschulen sowie Kunst- und Musikhochschulen. Soweit die Ausbildung an den Kunst- und Musikhochschulen angesiedelt ist, appelliert die Kultusministerkonferenz an die Kunst- und Musikhochschulen, in ihrer Zulassungspraxis noch stärker zwischen künstlerisch und pädagogisch orientierten Bewerberinnen und Bewerbern zu unterscheiden. Die Anforderungen der Aufnahmeprüfung sollten hinsichtlich der Vergabe von lehramtsbezogenen Studienplätzen stärker an die Anforderungen des Musik- und Kunstlehrerberufs angepasst und die pädagogischen neben den musikalisch-künstlerischen Fähigkeiten und Entwicklungspotentiale verstärkt berücksichtigt werden. Auf eine entsprechende Zusammensetzung der Prüfungskommissionen ist zu achten. Dies entspricht auch dem ureigenen Interesse der Kunst- und Musikhochschulen an der Heranbildung geeigneten künstlerischen Nachwuchses.
> Soweit die Ausbildung an Universitäten bzw. Pädagogischen Hochschulen stattfindet, ist sicherzustellen, dass die Ausbildung in den musik- bzw. kunstpraktischen sowie -theoretischen Anteilen den erforderlichen hohen Qualitätsanforderungen entspricht.
> Wo dies örtlich möglich ist, sollten diese Studienanteile ggfs. in Kooperation mit Kunst- und Musikhochschulen angeboten werden. Nach Möglichkeit sollten musik- und kunstpädagogische Elemente in die Grundschulpädagogik einbezogen werden.
> Grundlage der Ausbildung ist das in der gemeinsamen Erklärung des Präsidenten der Kultusministerkonferenz und der Vorsitzenden der Lehrerverbände vom 05.10.2000 beschriebene Berufsbild von Lehrerinnen und Lehrern sowie die hierauf basierenden Beschlüsse der Kultusministerkonferenz zu den ländergemeinsamen inhaltlichen Anforderungen für die Fachwissenschaften und Fachdidaktiken in der Lehrerbildung (Beschluss der KMK i.d.F. vom 16.09.2010) und die Standards für die Lehrerbildung: Bildungswissenschaften (KMK-Beschluss vom 16.12.2004). Die Kultusministerkonferenz fordert alle Hochschulen, die Kunst- und Musiklehrkräfte ausbilden, auf, die Prozesse bei der Zulassung der Bewerberinnen und Bewerber im Rahmen der gesetzlichen Vorgaben so zu gestalten, dass die zur Verfügung stehenden lehramtsbezogenen Ausbildungskapazitäten in Kunst und Musik bestmöglich ausgeschöpft werden können.
> Angesichts des fortbestehenden Lehrermangels im Kunst- und Musikbereich sind auch die Länder aufgefordert, flexible Lösungen zu suchen. Hierzu gehört u. a. die Prüfung des Einsatzes von Musiklehrerinnen und -lehrern ohne Lehramtsabschluss im Rahmen der Ganztagsschulen, um musikalisches Lernen als wichtiges Element schulischer Bildung möglichst vielen Schülerinnen und Schülern anbieten zu können. Es sollte überlegt werden, die Vorgaben hinsichtlich der Fächerkombination (2. Fach) aufzuheben und die Wahl des zweiten Faches für angehende Kunst- und Musiklehrkräfte freizustellen. Bei besonderen Bedarfssituationen können die Länder für den Zugang und die Zulassung zu einem Vorbereitungsdienst landesspezifische rechtliche Regelungen treffen."

Den nachfolgenden kurzen Dialog zwischen einem Musiklehrer und einem Lokalpolitiker habe ich auf einer Gartenparty aufgeschnappt:

LP: Was machen Sie eigentlich beruflich?
ML: Ich unterrichte Musik!
LP: Na, dann haben Sie es auch nicht leicht!
ML: Nun, ich bringe Schülern Musik bei und hole die Lethargischen, Faulen und Desinteressierten in die Klasse herein!
LP: Ach so, dann richten Sie also die Ignoranten wieder auf! Wie lobenswert!

Solche Dialoge sagen nicht wirklich etwas über eine gesellschaftliche Akzeptanz eines Berufsstandes, schon gar nicht etwas über einen guten Ruf der fachlichen Profession aus. Gleichwohl steht doch bei allen Musik Unterrichtenden eher im Vordergrund, inwieweit sie es schaffen, mit ihrer Profession andere Kernbereiche zu erreichen und mit ihnen als gleichrangig angesehen zu werden.

Natürlich gibt es immer wieder Verbindungen zwischen Musikunterricht und anderen Fächern, z. B. beim Singen mit Biologie oder Deutsch, beim Musizieren von Liedern und Musikstücken aus anderen Ländern mit Fremdsprachen, Geschichte oder Erdkunde, beim Musiktheater mit Kunstgeschichte oder Deutsch, bei Bewegung und Tanz mit Sport, bei akustischen Merkmalen mit Physik, bei den Notenwerten mit Mathematik und bei der Notation mit Sprache und Kommunikation. Die Schüler erhalten dabei Gelegenheit, in einzelnen Fächern erworbene Kenntnisse und Fähigkeiten in anderen Zusammenhängen neu und flexibel anzuwenden.[238]

Das klingt gut und es wäre schön, wenn es denn so wäre.

Die Kunst, eine Hörkultur zu erzeugen

Musik wird in erster Linie gehört. Dazu nehmen wir noch einmal Bezug auf das Kapitel „Musikhören und Musikmachen". In unserer Gesellschaft richtet sich Hören in erster Linie auf das, was gesagt wird: auf das gesprochene Wort. Die Wahrnehmung des gesprochenen Wortes wiederum erfordert jedoch eine besondere Form des Zuhörens, deren Kehrseite eine Gesprächskultur ist.[239]

---

[238] Vgl. Staatsinstitut für Schulqualität und Bildungsforschung (ISB), München (2004): a. a. O., Die Verwirklichung des Bildungs- und Erziehungsauftrags, S. 83 f.
[239] Vgl. Brenner P. J. (2008): Hörkulturen – Zeitkulturen, in: Bayerische Landeszentrale für politische Bildungsarbeit (Hg.): Hör' mal schnell – Zeiten der Aufmerksamkeit, a. a. O., S. 20.

In den Klassenzimmern deutscher Grund- und Hauptschulen, ebenso in Realschulen und Gymnasien, aber auch in Berufsfachschulen und Hochschulen wird in der Regel auf das gesprochene Wort der größte Wert gelegt. Die Lehrpläne und Curricula weisen dominant verbale Inhalte aus. Selbst wenn es nicht mehr nur um lexikalische Wissensvermittlung, sondern vorwiegend um Kompetenzerwerb geht, sind die kultus- und wissenschaftsministeriellen Bemühungen trotzdem auf Gesprächsfertigkeiten gerichtet. Um das charmant zu erreichen, stößt man oft auf entsprechend gestaltete Plakate mit Gesprächsregeln: *Ich höre zu, wenn andere sprechen; ich lasse andere ausreden; ich drücke mich verständlich aus.* Laut Brenner sind diese Bemühungen von Pädagogen zur frühen Anbahnung einer Gesprächskultur erfreulich. Der Fokus ist aber bereits in dieser Grundannahme zu einseitig, mit Ausnahme des Zuhörens. Immer weniger Leute sind zum Zuhören bereit. Und Zuhören heißt nicht Schweigen, sondern ist ein aktiver Vorgang. Zuhören kann auch nur das Wesen Mensch, womit sich die Kommunikationskultur des Hörens eindeutig anthropologisch zuordnen lässt. Obwohl Computer genauso miteinander kommunizieren können wie Vögel oder Bienen. Das Ziel des Zuhörens besteht deshalb auch darin, um ein gelingendes Gespräch bzw. eine gute Kommunikation zu führen. Was die Qualität einer Dialogkultur ausmacht, wird selten über den Weg des Zuhörens bedacht. Und noch weniger wird diese mit Musik in Verbindung gebracht. Wenn Musik aber Kommunikation ist, setzt sie das Vermögen des Zuhörens ebenso voraus wie das Senden der Botschaft. Dass Musik wie das Reden und auch das Zuhören eine Kunst ist, macht sie zur wirkungsvollsten und dauerhaftesten Kommunikation. Eine entsprechende Kunst des (Zu)Hörens hat sich bislang nie in den Curricula adäquat etablieren können.

„Die Schulen und Hochschulen haben sich von jeder Form der Gesprächs- und Hörkultur weitgehend verabschiedet und vor den medialen Entwicklungen nicht nur kapituliert, sondern sich ihnen angepasst. Das westliche Bildungssystem ist vom Säuglingsalter bis zur Erwachsenenbildung immer noch ganz wesentlich auf das gesprochene Wort ausgerichtet und damit auf das (rezeptive, JK) Zuhören."[240]

Aktives Zuhören aber meint noch mehr als nur Rezipieren. Es kann sich durchaus auch in der Stille ausdrücken. Bei meinen eigenen Gesprächskonzerten habe ich es fast immer mit einem stillen Publikum zu tun. „Ein sehr intensiv zuhörendes Publikum ist ausgesprochen still-, ... wir haben dreißig Minuten lang überhaupt nichts an Nebengeräuschen, an akustischen Störfaktoren wahrnehmen können ... Von daher denke ich, ist die Stille des aktiven Zuhörens schon ein Messinstrument. Und diese Stille wirkt bei uns zurück

---

[240] Ders., S. 24.

und das Ganze spiegelt sich und bringt natürlich auch die Sache in ganz positiven Sinne voran."[241] Nach mittlerweile jahrelanger Erfahrung mit Gesprächskonzerten zu völlig unterschiedlichen Themen könnte diese Form ein wichtiger curricularer Bestandteil im Unterricht, in Seminaren und sogar in Vorlesungen sein.[242]

Zuhören-Können ist die erste Sprachkompetenz des Menschen im Leben, die Ohren und das Gehör sind bereits vor der Geburt voll ausgereift, Säuglinge können sehr schnell Stimmen erkennen und die Muttersprache von anderen Sprachen unterscheiden. Pädagogen tun mit dem Schuleintritt so, als seien diese Fähigkeiten bereits genügend ausgereift, als dass sie in den Unterricht eingebaut werden müssten. Gleichwohl verlieren wir ebenfalls sehr schnell unsere in den ersten Lebensjahren erworbenen Fähigkeiten wie die melodischen Merkmale der an uns gerichteten Sprache und ersetzen sie spätestens mit dem Schuleintritt durch Lautäußerungen mit langen Vokalen in hoher Tonlage, mit einfacher Silbenstruktur, vielen Wiederholungen und extremen Tonhöhenschwankungen.[243] Als Säugling nehmen wir hingegen die Fürsorge auf und entnehmen der modulierten Sprache alle für uns wichtigen wesentlichen Hinweise. Eigentlich hervorragende Grundlagen für menschliche Kommunikation, möchte man meinen.

Doch mit der Einschulung beginnt – laut dem Münchner Pädagogen Joachim Kahlert – die „… vergeudete Zeit in der Schule und geschieht Lernen im schlecht gepflegten Zuhörklima".[244]

Nicht umsonst klagen die meisten Lehrer über mangelnde Disziplin im Unterricht. Nicht selten meinen sie damit fehlende Zuhörbereitschaft und weder ausgebildete, noch ausgeprägte Zuhörfähigkeit. An diesen Orten wird viel geredet, ohne dass alle, die es angehen sollte, tatsächlich zuhören. „Vieles wird undeutlich, flüchtig, nebenbei gesagt, gerufen, ohne Ruhe und Nachdruck. Man ist dabei, aber nimmt nicht teil. Befriedigende Kommunikation in einer Atmosphäre, die dem Zuhören dient und in der man lernen kann,

---

[241] Kemser J. (2008): Das Schweigen der Sirenen – ein Gesprächskonzert, in: Bayerische Landeszentrale für politische Bildungsarbeit (Hg.): Hör' mal schnell – Zeiten der Aufmerksamkeit, a. a. O., S. 137.
[242] Vgl. auch Kapitel 9 „Musik – ein kommunikatives Erlebnis des eigenen Willens" sowie Kapitel 11 „Praxistransfer: Einsatzfelder in gesundheits-, pflege- und sozialbezogenen Bereichen".
[243] Zit. nach Grimm H. (2000): Sprachentwicklung. Enzyklopädie der Psychologie. Reihe C Theorie und Forschung, C./III/Bd. 3. Göttingen, Hogrefe, S. 603–640.
[244] Kahlert, J. (2008): Kann man Hören lernen? Zeitliche Bedingungen des Hörens und Zuhörens, in: Bayerische Landeszentrale für politische Bildungsarbeit (Hg.): Hör' mal schnell – Zeiten der Aufmerksamkeit, a. a. O., S. 78.

einander zuzuhören, findet so nicht statt. Gewinnt man so ein Verständnis für die Fragilität von Kommunikation? Wird so Respekt im Umgang miteinander gefördert?"[245] Lernatmosphäre wird gestört, Unlust breitet sich aus, die ungünstige Hör- und Zuhöratmosphäre hält während der gesamten Schulsozialisation an. Auch durch die Einführung neuer Medien sowie differenzierter Unterrichts- und Arbeitsmethoden bleibt der Erfolg des Lernens davon abhängig, dass Pädagogen und Schüler einander zuhören. In einem für mich naivem Schlüsselerlebnis mit männlichen Studenten konnte ich dieses Phänomen sogar am Ort Hochschule beobachten, wo man eigentlich davon ausgehen sollte, dass Lernen freiwillig und selbstgewählt geschieht. Am Ende meiner Vorlesung über Funktion und Bedeutung von Rhetorik in der Pflege wollte ich die wichtigsten im Laufe der Stunde prozesshaft entwickelten Ergebnisse zusammenfassen. Da ich beobachtete, dass einige der Studierenden in der hintersten Reihe akribisch an ihren Laptops mitgeschrieben haben, kam mir das gerade recht, weil ich mir selbst keine Notizen gemacht habe. Auf meine Bitte, das Gehörte im Plenum zusammenzufassen, stieg peinlich-rötliche Gesichtsfarbe in die Köpfe der Angesprochenen, weil keiner der Studenten mitgeschrieben, niemand dem Inhalt zugehört, vielmehr alle drei stumm via Laptops miteinander gespielt haben. Nun könnte man fragen, weshalb ich die jungen Studierenden durch meine Vorlesung nicht zu fesseln imstande gewesen bin, sodass sie sich mit anderen Dingen beschäftigt haben. Andererseits sind die übrigen sechzig Teilnehmer der Vorlesung mit Zuhören, Mitdenken und Diskutieren aktiv am Geschehen beteiligt gewesen. Dennoch ist bei mir hängengeblieben und verfängt nach wie vor als selbstkritischer Vorwurf in der Pipeline der eigenen Verbesserungspläne, dass Informationen, Wissen oder gar Einsichten durch noch so didaktisch ausgereifte Erfahrung in der Vermittlung jeweils eine andere Höratmosphäre voraussetzt.

Nun sind gerade Schulen und Hochschulen kommunikationsintensive Orte. Das zeigt, dass diskutiert, erörtert, debattiert, nachgefragt, gestritten, geschlichtet, beraten, konstruiert und gebaut, also intensiv interagiert wird und es damit höchst lebendig zugeht. Nicht akzeptabel ist allerdings, wenn durch akustisch unzureichend konzipierte Schul-, Vorlesungs- und Seminarräume ein hoher Hintergrund-Geräuschpegel durch beispielsweise Verkehrs-, Bau- oder sonstigen Lärm eine Dauerbelastung darstellt, was wiederum die Sprachverständlichkeit in den Räumen beeinträchtigt.[246]

---

[245] Ders., S. 79.
[246] Vgl. dazu Tennhardt H. P. (2003): Ein Beitrag zum Wissensstand und der Normung im Bereich der Klassenraumakustik, in: Schick, August et al. (Hg.): Hören in Schulen. Beiträge zur psychologischen Akustik. Oldenburg, S. 39–48.

Zwar zeigt mein Beispiel mit den laptopspielenden Studenten eine andersgelagerte Problematik, aber offensichtlich hat auch deren räumliche Platzierung in der hintersten Reihe etwas mit der Unmöglichkeit des konzentrierten Zuhörens oder zumindest mit vielen sonstigen Ablenkungen zu tun.

Wenn man Hören und Zuhören lernen kann und entsprechend fördern will, dann sind mindestens drei Aspekte zu berücksichtigen:

1. Es muss sich um einen Lerngegenstand handeln, der exklusiv geeignet ist, um die zu erzielenden Kompetenzen zu erreichen, vorzugsweise Musik.
2. Es muss besonderer Wert auf den sozialen Kontext gelegt werden, d. h. auf die sozialen Beziehungen, ihre situativen wie zeitlichen Bedingungen, damit der kommunikative Umgang miteinander gelingen kann.
3. Es müssen die räumlichen, strukturellen und physikalischen Umweltbedingungen abgestimmt und geschaffen werden.

Der Lerngegenstand Musik hat für Schüler und Studierende so seine Tücken. Auf der einen Seite wird er selbst von den Lehrplanverantwortlichen wie von den Lernenden nicht so recht ernst genommen. Dies ist nicht nur alleine aus der geringeren Stundenzuteilung zu entnehmen. Es mag auch damit zusammenhängen, dass alle musischen Fächer – dies gilt auch für Kunst- und Sportunterricht – etwas Spielerisches und damit Unernstes an sich haben, das man nicht erst lernen muss, sondern das man entweder kann oder eben nicht, dessen Verbesserung sich durchaus auch lohnt, es aber auch ohne geht. Beim Sportunterricht kommt noch erschwerend hinzu, dass man nicht in Bänken oder an Tischen sitzt, sodass die Schüler glauben, sie seien nicht richtig in der Schule. Mit dem Musikunterricht verbinden sich eher überflüssige, weil *nur* kultur-ästhetisch-schöne Momente des schulischen Lebens. Die andere Seite der Medaille ist eher verbunden mit peinlichem Vorsingen vor der ganzen Klasse, was regelmäßig zum Gelächter der Zuhörenden ausartet. Für manche, die diese Erfahrung teilen, weist solch ein Erlebnis oft traumatische Züge auf, wenn es in die Erinnerung zurückkehrt. Dies sehen Musikpädagogen möglicherweise ganz anders, wenngleich Umfragen bei Studierenden, die noch nicht so arg weit weg von ihren Musikunterricht-Erfahrungen sind, bestätigen, dass Musikunterricht ein zusätzlicher Luxus sei, der aber für das Leben „draußen" im harten Konkurrenzkampf von Leistung und Profit eigentlich nichts bringe.

Welchen Stellenwert Musik in unseren staatlichen Schulen faktisch einnimmt, zeigen die Studentafeln der Fächer. Innerhalb der deutschen Bundesländer weichen die Tafeln nicht signifikant voneinander ab. Diese sind zwar – aufgrund des föderalen Bildungssystems – letztlich Ländersache, aber bedingt durch die gemeinsamen Beschlüsse der Kultusministerkonferenz halten sich die Differenzen der Stundenaufteilungen in Grenzen oder sind an den einzelnen Schultypen, z. B. in den Grundschulen, frei gestaltbar.

So weist die Stundentafel der Hauptschulen in Bayern für die Jahrgangsstufen 5 und 6 jeweils zwei Pflicht-Wochenstunden, für die Jahrgangsstufen 7 bis 9 null Pflichtstunden, für die Jahrgangsstufen 7 bis 10 jeweils nur zwei Wahlpflichtstunden aus. An Gymnasien ist in den meisten Ländern der Kunstunterricht mit dem musischen Bereich gekoppelt, sodass die jeweilige Schule selbst entscheiden kann, welche Art von Kunst oder „musischen Unterricht" sie anbietet. Für die Klassen 5 und 6 sind jeweils vier Wochenstunden, für die Klassen 7 bis 9 jeweils drei Stunden vorgesehen, was bedeutet, dass in den Klassen 5 bis 9 insgesamt 14 Wochenstunden Kunst/musischer Bereich angeboten werden. In den seltensten Fällen entfallen drei bzw. vier Stunden auf das Fach Musik, was laut Auskunft des Staatsministeriums für Unterricht und Kultus, Wissenschaft und Kunst in Bayern vielfach am Fachlehrermangel liege. In den Klassen 10 bis 12 bzw. 13 findet – außer an musischen Gymnasien oder Gymnasien mit Schwerpunkt musischer Bereich – kein Musikunterricht mehr statt.

Interessant dürfte sein, dass mit einem breiteren Fokus die sog. musischen Fächer beispielsweise in Rheinland-Pfalz an Sonderschulen stattfinden, wobei Musik, Bildende Kunst/Werken und Textiles Gestalten in den Klassen 5 bis 10 zuerst mit fünf Wochenstunden (Jg. 5/6), dann mit jeweils drei Wochenstunden (Jg. 7 bis 10) zusammenfassend angeboten wird. Eine Aufteilung und Spezifizierung nach Fächern ist den Schulen überlassen. In den Klassen 1 bis 4 findet ohnehin eine freie Wahl der angebotenen Unterrichtsfächer statt.[247]

Wird Musik im tertiären Bildungsbereich, z. B. im Studiengang Soziale Arbeit, gelehrt, taucht sie in den Modulplänen lediglich ergänzend auf, etwa im Rahmen von Kultur, Ästhetik, und hier wiederum neben Tanz, Bewegung, Bildnerischem Gestalten, darstellendem Spiel, Sprache und Literatur, Foto, Film, Theater, Video und neuen Medien. So gilt Musik hier u.a. als ein – das Hauptfach bereicherndes – Entspannungsmodul, das dazu beiträgt, den Gesamtschnitt aufzuwerten. Musik kommt nicht als eigenes Fach vor wie Pädagogik, Organisationslehre, Recht, Psychologie oder Soziologie. Diese Einordnung ist nur ein Beispiel, zeigt aber, dass Musik in diesem Hochschultyp keine tragende Rolle spielt. Möglicherweise ist das auch nicht erforderlich, weil man in den Studiengängen sozialer und gesundheitsbezogener Disziplinen ohnehin davon ausgeht, dass die Studierenden in ihrer Pflichtschulzeit genügend musikalisch qualifiziert worden sind.

---

[247] Vgl.: Gemeinsames Amtsblatt der Ministerien für Bildung, Wissenschaft und Weiterbildung und für Kultur, Jugend, Familien und Frauen von Rheinland-Pfalz Nr. 9/2000: Stundentafeln für die Sonderschulen Rheinland-Pfalz 2000, S. 330 ff.

Wie wir also sehen können, finden Musikangebote oder Angebote im musisch-kulturellen Bereich höchstens als Wahl-, ergänzend zu den Obligatmodulen, nicht aber als eigenständige Pflichtangebote statt. Insofern hat Musik neben originären Disziplinen allenfalls einen kosmetischen, vielleicht noch ergänzenden, aber keinen substanziell-grundlegenden Ort.

Dass Musik nicht nur ästhetisch schön, kulturell erbaulich, kommunikativ vermittelnd ist, stellt ihre Kehrseite dar. Mit dieser will ich mich im nächsten Kapitel auseinandersetzen.

Quellenhinweise und weiterführende Literatur

Brand Theo (1958): Buschiaden. Vier Chöre nach Gedichten von Wilhelm Busch für 3 gleiche Stimmen, Musikverlag A. Coppenrath, H. Pawelek, Altötting.
Brenner Peter J. (2008): Hörkulturen – Zeitkulturen, in: Bayerische Landeszentrale für politische Bildungsarbeit (Hg.): Hör' mal schnell – Zeiten der Aufmerksamkeit. München: Isarpost.
Gemeinsames Amtsblatt der Ministerien für Bildung, Wissenschaft und Weiterbildung und für Kultur, Jugend, Familien und Frauen von Rheinland-Pfalz Nr. 9/2000: Stundentafeln für die Sonderschulen Rheinland-Pfalz 2000.
Grimm Hannelore (2000): Sprachentwicklung. Enzyklopädie der Psychologie. Reihe C Theorie und Forschung, C./III/Bd. 3. Göttingen: Hogrefe.
Jäncke Lutz (2008): Eröffnungsreferat an der D-A-C-H Tagung „Musik und Gehirn".
Kahlert Joachim (2008): Kann man Hören lernen? Zeitliche Bedingungen des Hörens und Zuhörens, in: Bayerische Landeszentrale für politische Bildungsarbeit (Hg.): Hör' mal schnell – Zeiten der Aufmerksamkeit, München: Isarpost.
Kemser Johannes (2008): Das Schweigen der Sirenen – ein Gesprächskonzert, in: Bayerische Landeszentrale für politische Bildungsarbeit (Hg.): Hör' mal schnell – Zeiten der Aufmerksamkeit. München: Isarpost.
Schellenberg, Glenn (2004). Music Lessons Enhance IQ. Psychological Science, 15 (8).
Schellenberg Glenn (2006). Long-Term Positive Associations Between Music Lessons and IQ. Journal of Educational Psychology, 98 (2).
Sekretariat der ständigen Konferenz der Kultusminister der Länder in der Bundesrepublik Deutschland, hier: Kunst- und Musiklehrerausbildung: Beschluss der Kultusministerkonferenz vom 06.12.2012.
Staatsinstitut für Schulqualität und Bildungsforschung, München (2004): Lehrplan Musik.
Tennhardt Hans-Peter (2003): Ein Beitrag zum Wissensstand und der Normung im Bereich der Klassenraumakustik, in: Schick, August et al. (Hg.): Hören in Schulen. Beiträge zur psychologischen Akustik. Oldenburg: Isensee.

Internetquellen

www.isb.gymn8-lehrplan.de/contentserv/3.1neu/g8.de index.php?
http://www.smpv.ch/myUploadData/files/D_A_CH_08_Jaencke_Referat.pdf
http://leb.bildung-rp.de/fileadmin/user_upload/leb.bildung-rp.de/Gesetze__Verord.__VV__usw/Verwaltungsvorschriften/050_Stundentafeln_fuer_die_Sonderschulen_00.01.26.pdf

Kapitel 8
Die andere Seite des Genusses

Musik ist nicht nur schön. Sie kann auch total nerven. Und – wie wir sehen werden – noch viel mehr.

Trotz der unbestrittenen positiven Wirkung gibt es genug Gründe, um für eine kritische Reflexion innezuhalten. Als erstes und augenfälligstes negatives Merkmal fällt ihre permanente Dauerbeschallung auf. Je länger wir uns dauerhaft mit lauter Musik beschallen oder beschallt werden, umso stärker sind die Schäden im Ohr. 95 Dezibel (db) entspricht einem Wert wie am Rande der Autobahn oder in einem Tunnel stehen: Extrem hoher Geräuschpegel, der dort nur im geschlossenen Fahrzeug erträglich ist und einen – auch aus anderen Gründen – schnell durch die Röhre und nach außen treibt. Interessant dabei ist, dass man, um dem Gestank und Lärm zu entfliehen, die Geräusche aus den eigenen Auto-Lautsprechern eher auf- als zudreht.

Dauerhaft können wir Lärm nicht entfliehen. Ob MP3-Player oder andere Formen der direkten Beschallung: Jeder Ort wird *schön gehört*. Da Abschottung gegen unerwünschte akustische Reizeinwirkung nicht gelingt, wird eher noch mehr und oftmals noch lauter konsumiert. Der Wunsch, sich abzukapseln und damit das eigene Getöse laut anzuhören, ist in der Regel stärker als die Einsicht in irgendwelche möglichen Schäden.

Selbst beim Joggen oder bei Städte-, Insel- oder Über-Land-Marathons sind Läufer mit Kopfhörern ein dominierendes, wenngleich illustres Bild. Dabei werden – zum Glück – die Herzfrequenzen durch die Musik überhaupt nicht beeinflusst. Allerdings gelingt es der Musik, Erschöpfungssymptome zu überwinden, Endorphine, also Glückshormone freizusetzen und die Atmung gleichmäßiger pulsieren zu lassen. Alles wunderbar, solange keine unerkannte Herzerkrankung vorliegt.

In regelmäßigen Abständen können wir lustbetonte und kehllautige Grölgesänge der Fußballfans beobachten, ja sogar der Akteure selbst. Entscheidend sind bei den Liedern nicht die richtigen Tonhöhen, sondern das Gemeinschaftsempfinden durch die Lautstärke. In den Stadien der Fußball-Weltmeisterschaft 2014 in Brasilien war der Geräuschpegel bei den Nationalhymnen kaum mehr zu überbieten. Nur noch akute Torszenen, gemeine Fouls oder ein Tor selbst toppten das Mitgegröle, allerdings dann mehr durch aufbrausendes Geschrei als durch identifizierbaren Gesang. Alle sind dann „gut drauf", wenn gesungen und gegrölt wird.

Musik als Dauerbeschallung

Aber nicht nur in den Stadien oder an anderen öffentlichen Plätzen, auch in den Kinderzimmern finden wir immer mehr Dauerbeschallung, wobei Impulslärm deutlich schädlicher als Dauerbeschallung ist. Impulslärm finden wir bei Spielzeugen mit Knalleffekten mit hohen Spitzenwerten, u. a. bei Trillerpfeifen, Tröten, Trompeten etc. Dauerbeschallung geschieht in normal schwingenden Tönen, im noch erträglich lauten Quietschen (was allerdings nicht für ständige Wiederholungen gilt), bei Brummgeräuschen (Puppen, Bären, Kuscheltieren) oder auch bei der immer selben Musik aus Abspielgeräten. Doch Spielzeuge sind laut, müssen laut sein, erst dann haben sie ihren Reiz. Ein Elefant macht laut Musik, erst ein Klebeband auf den Lautsprecher oder schließlich das Entfernen der Batterie befreit genervte Eltern vom dauernden Abspielen ein und derselben Musik.

Nun muss man nicht übertreiben oder in ängstliche Hysterie verfallen. Man könnte entgegenhalten: „So schlimm wird das schon nicht sein!" und „... wieder eine typische Panikmache der Pädagogen!" oder „Man kann einem aber auch alles vermiesen!"

Diese andere Seite des Musikgenusses darf aber keinesfalls unterschätzt und verharmlost werden. Laut Annette Limberger von der Hochschule Aalen können laute Spielzeuge über Schwerhörigkeit bis zu Taubheit führen. Aber auch das beliebte Küsschen aufs Ohr kann das Trommelfell schädigen, obwohl es individuell sehr unterschiedlich ist, wie viel jeder Einzelne vertragen kann. Einem weiteren Phänomen begegnet Limberger immer wieder: „Das Problem bei lautem Spielzeug liegt unter anderem darin, dass Kinder sich von klein auf an einen hohen Lärmpegel gewöhnen. Dies führt meines Erachtens nicht nur dazu, dass sie später fahrlässiger mit Lärmbelastung durch MP3-Player oder in Diskotheken umgehen, sondern auch zu einer Veränderung des psychosozialen Verhaltens. So können diese Kinder kaum noch Ruhe ertragen oder leiden häufig unter Aufmerksamkeitsdefiziten."[248]

Kinder brauchen aber ein gutes Gehör. Sprechen und Singen ist nichts anderes als ein Nachahmen des Gehörten. Ursache für zu frühe Hörgeräte – in der Regel schon ab dem 50. Lebensjahr – sind zu laute Musikabspielgeräte über Kopfhörer.

Kleine Kinder können Lärm sehr gut ausblenden, sodass sie auch in einer lauten Umgebung schlafen können. Dadurch setzt allerdings kein natürlicher Schutzmechanismus bei hohen Lautstärken ein. Ein Kind hat nicht das Emp-

---

[248] Vgl. Limberger A. (2011): Ohren auf beim Spielzeugkauf, in: Medizin aktuell, Gesundheitsnachrichten, Presseportal 22.11.2011.

finden, dass eine Lärmquelle schädlich für die Ohren sein könnte und bringt sich deshalb nicht automatisch aus deren Reichweite. Daher ist es besonders wichtig, kleine Kinder vor Lärm zu schützen.

Annette Limberger empfiehlt deshalb Eltern unter anderem, *Räume der Ruhe* zu schaffen: Kinder sollten lernen, dass Stille angenehm sein kann und dass Lärm nicht immer nur positiv und unterhaltsam ist. Gehirn und Ohren brauchen regelmäßige Auszeiten von der Beschallung, um sich zu erholen. Es ist wichtig, Kindern dieses Bewusstsein von Anfang an zu vermitteln.[249] Selbstverständlich gilt diese Empfehlung nicht nur für Kinder. Räume relativer Stille sind gelegentlich, manchmal auch häufig, für viele Menschen regelrecht heilsam.

Musik wird oft nicht schön gefunden, weil sie stets mit Geräusch verbunden[250]

Früher beeinträchtigte der Lärm der Arbeit, heute die Dauerbeschallung in der Freizeit das Gehör. Wenn im Urlaub, in der Freizeit oder wo man sich sonst auf sich besinnt, alle still sind, heißt das, dass es ein Problem gibt.[251]

Im Mittelalter machten Naturgeräusche zwei Drittel der Geräusche aus. Nur fünf Prozent kamen von Maschinen, von technisch reproduzierten Geräten. Heute ist es umgekehrt. Was heute zählt, ist Leistung, und Leistung ist laut. Ist diese Lautstärke auch noch dazu positiv konnotiert, sprechen wir von vollem Sound, oder von kraftvoll und belegen diese Kraft mit Attributen wie geil, stark, super oder brauch ich.

Diese Eigenschaften begleiten uns das ganze Leben lang.

Wenn man selbst Musik macht, verbindet man dies mit positiven Gefühlen, d.h. die Körperreaktion spielt eine große Rolle. Wenn jemand Schlagzeug spielt, hört er nichts anderes, nur den Rhythmus, die Töne. Dann geht es einem gut. Dies funktioniert im privaten Umfeld aber nur bei toleranten Nachbarn und einem einsichtigen Vermieter. Nicht selten sind Musikerpaare oder Musikerfamilien unverhältnismäßig länger auf Wohnungssuche. Der Geräuschpegel dieser Mieter ist höher, die Musik ist oft zu laut. Selbst wenn man die Töne melodienmäßig durch die Wände nicht hört, so nimmt man doch Bässe ab ca. 50 Schwingungen/sec. als Schlagen oder Poltern unangenehm war.

---

[249] Dies., Presseportal.
[250] Nach Wilhelm Busch (1874).
[251] Vgl. http://www.deutsche-medizinerauskunft.de/2015.

Ganz gleich, wo wir uns aufhalten, überall werden wir dauerbeschallt. Jede Shoppingtour ist von irgendwoher durch unterschiedliche Musikberieselung geprägt, und dies nicht willkürlich, nicht zufällig. Für die verkaufssteigernde Wirkung durch Musik auf die Kundschaft wird viel Geld ausgegeben. So gibt es, je nach Definition der Kundenkohorten, Läden mit cooler Musik, wo es sich lohnt, allein schon deshalb hinzugehen. Der durch die Musik stimulierte Kaufwille führt beim Konsumenten zwangsweise zum Besitzwunsch des Produktes. Dieser wird sozusagen nebenbei realisiert, wenngleich für die Einspieler der psychologisch „coolen" Musik allein das bezahlte Mitnehmen der Ware, also das Kaufen zählt. Von den Kunden selbst wird die Musik mit ihrer verkaufsfördernden Wirkung oft gar nicht wahrgenommen, sie bleibt als Medium still und unaufdringlich. Oft ist sie allerdings in der Erinnerung an das Kauferlebnis plötzlich da. Erst durch die Musik wird der getätigte Kauf als angenehm, diffus-glücksbringend oder auch als unangenehm und zu teuer erkannt, nicht durch das erneut gekaufte Produkt oder die bekannten Räumlichkeiten. Es passiert also etwas im Unterbewusstsein, das so stark wirkt, dass sowohl die Motivation als auch die Bereitschaft Geld auszugeben nach dem Motto, *„es darf ruhig etwas mehr sein"*, sanft aber effektiv gesteuert wird.

So erleben wir in fast allen Einkaufsmärkten, Kinderspielzeug- oder Fashionläden, Baumärkten oder Automärkten eine Wohlfühlatmosphäre, die die Läden füllt und die Kassen klingeln lässt.[252]

Wenn uns allerdings die Musik nicht gefällt, und das nehmen wir gar nicht bewusst wahr, befinden wir uns im falschen Laden. Wir werden dort nicht erneut hingehen. Denn immer soll sich die Kernzielgruppe angesprochen fühlen. Im Ergebnis zeigt sich der Erfolg für den Anbieter an den Verkaufszahlen, die nachhaltiger durch Stimulatoren wie eben entsprechende Musikauswahl bestimmt wird als durch die Qualität der Produkte. Für den Kunden ist es umgekehrt: Er gibt sein Geld für gute Qualität aus, nicht für die angenehme – ihn beim Einkauf begleitende – Musik. In der Verbindung mit Marketing affiner, gut ausgewählter, kundenbezogener Musik erklären sich die immer wieder überraschend hohen Verkaufszahlen von Spielevideos, von schlecht verarbeiteten Modeartikeln. Es erklärt sich aber auch häufiger Friseurbesuch ohne wirkliches Erfordernis (*Dürfen wir Ihnen einen Kaffee anbieten? Hier finden Sie etwas zum Lesen. Wir haben heute für Sie extra einen neuen*

---

[252] Eine Ausnahme dürften die Lebensmitteldiscounter wie Aldi, Liedl, Plus etc. sein. Die Niedrigpreispolitik der Läden lässt kaum Wohlfühlatmosphäre zu – wozu auch Kuschelmusik gehört –, da sie durch zusätzliches Personal finanziert werden müsste, was dem Zweck der Discounter widersprechen würde. Allerdings zeichnet sich offensichtlich hier ein Wandel ab: In einigen Aldi-Süd-Filialen wird bereits mit seichter Popmusikberieselung experimentiert.

Song von XY ausgewählt) oder der Besuch ungesunder Bräunungsstudios, wo das gleiche für die Musik gilt. Ohne Musikbeschallung geht es kaum noch. Falls doch, dann locken diese oder ähnliche Läden nur noch solche Kunden an, deren Budget sich am unteren Level befindet.

Das unerkannte, aber langfristig spürbare Problem bei undefinierbarer Dauerbeschallung ist ein Geräuschwirrwarr von Musik, Stimmen um einen herum, gemischt mit Umweltlärm. All dies kann Stress verursachen, der aber nicht lokalisierbar ist. Eine Art Erholung spürt man erst, wenn man dem Geräuschteppich entflieht: zu Fuß, in der U- oder S-Bahn, im Zug, im Auto oder auf dem Schiff.

Im Urlaub wird diese Form der Dauermusikberieselung unbewusst kopiert. Man bucht beispielsweise von Zuhause aus via Internet einen Skiurlaub. Ein Postkartenidyll. Dazu auch noch ein anerkanntes Familienskigebiet! Von Lärm steht dort nirgends eine Zeile. Auch nicht von angenehmer Musikbeschallung. Im Gegenteil. *Fernab vom Großstadtlärm genießen Sie die Ruhe und Stille der Natur.* Wie man dorthin gelangt, wird verschwiegen. Vielleicht soll der potentielle Kunde glauben, er schwebt ein. In Wahrheit steht er schon auf der Ausfallstraße seiner Heimatstadt im Stau. Weil er fährt, wenn alle fahren. Spätestens auf den berüchtigten Flaschenhälsen bekannter Bundesautobahnen staut sich dann der gesamte Ferienverkehr, weil eben alle dorthin wollen, wo es ruhig, still und friedlich ist. Endlich kommt man irgendwann, wenn es dunkel ist, genervt im gebuchten Hotel an. Im Foyer dudelt von irgendwoher eine Lokalmelodie, eine Mischung aus Heimatjodler und Volksliedschnulze. Am nächsten Tag, es ist der erste Urlaubstag, geht es raus auf die Piste. Beim Schlangestehen am Lift: endlich einmal keine Musik. Endlich? Es gibt andere Geräusche, die noch deutlich unangenehmer sind. Weil es aber dazu gehört, nimmt man die Lautstärke lachender Cliquen, oder wichtigtuerischer Handygespräche hin. Man schiebt sich in der Schlange vor, bis ein neues Geräusch den alten Geräuschpegel ablöst: das Ein- und Ausfahren der sechssitzigen Gondeln, die polternd und knarrend Skitouristen aufnehmen, ohne anzuhalten. Obwohl der Schnee bekanntlich viele Geräusche dämpft, hört man dennoch das Knattern und Klingeln der Gondeln, wie sie über die quietschenden Laufräder an den Seilbahnständern hochrumpeln. Oben ausgestiegen, endlich Ruhe und Stille. Doch leider wird man dann schnell gewahr, einer unter vielen Hundert anderer Individualisten zu sein, die sich auf die Piste stürzen. Die Folge ist meist schon bald, mit suchendem Blick zum nächsten Ruheort, der mit musikalischer Beschallung lockenden Skihütte zu schielen. Die Hüttenwirte verstehen es, zum Alpenschmankerl einzuladen. So führt auch der Einkehrschwung nicht zur akustischen Ruhepause, trotz Ankündigung von Natur pur. Weiter geht's dann auf die Pistenspur, aufgeputscht mit Jagertee und bester Laune. Jetzt noch schnell die Kopfhörer und den MP3-Player an, dann passt alles. Bis zum nächsten Hüttenzauber. Wieder nichts mit Stille ... *Nein, dann lassen wir es richtig krachen!*

Am schönsten ist dann die organisierte Sylvesterfeier mit eben dem Hüttenzauber, mit Musik und Tanz. Dabei geht es weder um Zauberei noch um Geistervertreibung, vielmehr um reines Glühweinglück und Spaßhaben. Die Internetangebote hierzu sind beinahe endlos. Jedes Youtube zum Thema „Hüttenzauber" zeigt Menschenmengen vor einem singenden Auf- oder Anpeitscher im Apres-Look. Alle haben Spaß. Spaßgesellschaft. Der Trubel hat etwas magisch Anziehendes, so scheint es. Oft, immer öfter und überall. Und hier ist Lautstärke angesagt. Musikbeschallung wohin man sich wendet: beim Ankommen, beim Essen, beim Tanzen, beim Abschießen von Sylvesterkrachern. Knalltraumata werden ignoriert, bis es im Ohr plötzlich schmerzt, weil ein Querschläger explodiert ist. Oft denken wir erst an unser Gehör, wenn die Lautstärke wirklich weh tut. Aber es gibt ja Cortison und die verschriebene Ruhe. Allerdings: Sind Hörsinneszellen erst einmal zerstört, kann sie niemand mehr wieder herstellen. Insofern sind alle Hörschäden im Grunde unheilbar. Aber soll man sich die Freude durch diese Erkenntnis nehmen lassen? Vielleicht nicht, weil die Angst vor dem Verlust der Lebensqualität (oder was man dafür hält) größer ist als die Einsicht ihrer möglichen Schädigung. Sieht man jedoch ein, dass die Gefahr vor Hörschäden berechtigt ist, sehnt man sich nach dem beruhigenden Rauschen des Meeres.

Denn Lärm, auch zu viel Musikbeschallung, stört gewaltig.[253]

Musik als Folterinstrument

Eine perfide Steigerung ist es, Musik als Folterinstrument oder gar als Waffe einzusetzen. Ein für ARTE, 3SAT und das ZDF in Deutschland produzierter Dokumentarfilm gleichen Titels – *Musik als Waffe* – zeigt, wie die selbst harmlosen Lieder aus der Fernsehserie Sesamstraße des Komponisten Christopher Cerf als Mittel zur Folter z. B. im Strafgefangenenlager von Guantanamo eingesetzt werden. Was ist das Perfide am Foltereinsatz von Musik?[254]

Musik umgeht den Verstand und berührt die Seele. Und genau diese geheimnisvolle Macht über die menschlichen Gefühle kann sie zur heimtückischen Waffe werden lassen. Musik hinterlässt keine Spuren. Die Verantwortlichen in Guantanamo gingen davon aus, dass Gefangene eher zu Geständnissen zu

---

[253] Vgl. TV-Sendung in ARTE (2014): Unser täglich Lärm, vom 08.07.2014.
[254] Vgl. ARTE, 3SAT, ZDF-Dokumentation (D 2010): Musik als Waffe, engl: Songs of War – wiederholt ausgestrahlt, zuletzt am 22. 01.2015 in 3SAT.

bewegen sind, wenn sie geschwächt sind. Und so wurde die schlimmste Folter eingesetzt, die unsichtbar ist: An Fesseln fixiert, eine dunkle Tüte über dem Kopf und mit Kopfhörern bestückt, beginnt die Beschallung. Dass dabei auch Lieder aus der Fernsehserie Sesamstraße ausgewählt wurden, hängt damit zusammen, dass diese in verzerrter Form und laut eingespielt, einen besonders fatalen Weichmachereffekt bei den Betroffenen ausübten. Im Jahr 2003 wurde bekannt, dass die US-Armee tagelang die Gefangenen mit eben dieser Musik folterte. Und die Gefangenen lieferten schließlich Geständnisse. So wurde der Einsatz von Musik über diese Schiene zur Richtlinie für Verhörmethoden. Das Irrsinnige dabei ist, dass dem Grunde nach jeder diese Methode einsetzen kann. Man braucht dafür kein besonderes Musikwissen, da es nicht um Musik als Form, sondern um Musik als Verstärker geht, um schwach zu werden und den eigenen Willen zu brechen. Es geht um die Einwirkung von Lärm und lauter Musik in den akustischen Grenzbereichen dessen, was unser Gehör und Gehirn – meist nur mit bleibenden Schäden – aufnehmen kann. Dabei orientiert man sich nicht an harmloser Musikbeschallung, sondern an Geräuschpegeln wie 8 Stunden Moped-, 4 Stunden LKW- oder 2 Stunden Presslufthammer-Lärm. Deshalb zwingt man Gefangene, Kopfhörer aufzusetzen und stundenlang, tagelang immer wieder die gleiche laute Musik zu hören.

Warum eignet sich Musik für diese fatalen Qualen?

Ein ehemaliger Gefangener schildert in einem Interview derselben TV-Sendung seine traumatisierenden Erfahrungen aus drei Jahren Gefangenschaft. „Es gab ein Vernehmungszimmer. Darin waren Lautsprecher, aus denen laute Rockmusik dröhnte. Die Gefangenen saßen auf Pritschen, gefesselt, Kapuze über dem Kopf, in unbequemer Position. Mitunter ertönten zwei Lieder gleichzeitig: Ein Johnny Cash-Song gekoppelt mit Heavy Metal. Musik in unbequemen Positionen hören zu müssen ist Folter. Das sind keine Streckbänke, sondern man wird einfach stundenlang mit lauter Musik zugedröhnt. Das wirkt zusammen mit der Angst verstörend und ist so laut, dass niemand schlafen kann."[255]

Musik wird gemischt mit besonders manipulativen Stilen: etwa Psychodelic-Sound mit harten Rhythmushämmern. Im Korea-Krieg 1950–1953 haben die Koreaner und Chinesen als erste Musik als Waffe eingesetzt. Zunächst wurde es an Gefangenen „getestet", indem sie mit Drogen gespritzt und parallel dazu mit Musik beschallt wurden. Zusammen mit den Drogen und durch das Hören lauter Musik sollten die Gefangenen zugedröhnt und gebrochen werden. Die CIA benutzte die chinesischen Methoden ihrerseits, um eine zynische Umkehrung der Foltermethoden zu erreichen.[256]

---

[255] Ebd., zit. nach Mitschrift.
[256] Ebd., zit. nach Mitschrift.

Doch wie funktioniert Musikfolter?

Musik ist an sich nicht böse oder schlecht, aber die Verwendung kann böse oder schlecht sein. Immer und immer wieder gespielt, kann sie einen zum Wahnsinn treiben.

Ein Häftling ist vom Verhör abhängig. Diejenigen, die ihn verhören, sind von seiner Aussage abhängig. Unzählige Methoden sind angewandt worden, um die Auskünfte und Informationen zu erhalten, die man haben oder hören möchte. Eine Möglichkeit, dieses Ziel zu erreichen, ist die Isolation. Lärm kann isolieren. Das hängt von der Lautstärke ab, denn sie hält einen wach. Damit ist man in einem ständigen Dauerwachzustand. Nickt man vor Erschöpfung ein, wird entweder der Lärmpegel erhöht oder die Musik geändert. So befindet sich der Betreffende permanent in einem Stresszustand. Der Stress wird immer schlimmer, bis man buchstäblich zu jeder Aussage bereit ist, selbst wenn sie nicht der Wahrheit entspricht. Man will möglichst schnell von der Bedröhnung befreit werden, also spricht man auch. Die Folterer erhalten schließlich die „Wahrheit", die sie wünschen und benötigen. Man vergisst die Wirklichkeit. Und irgendwann knickt jeder ein. Wenn es länger geht, wird man eben weich.[257]

Das BRAMS-Institut in Kanada befasst sich u. a. mit Fragen der Einwirkung von Musik auf unser menschliches Gehirn und Fragen, ob es eine Musik gibt, die besonders negativ ist?[258] Eine Mitarbeiterin des Instituts, die Neuropsychologin am Departement Psychologie der Universität Montreal, Nathalie Gosselin, meint, dissonante Klänge erzeugen unangenehme Gefühle. Sie belegt diese These durch Versuche, welche Musik angenehm und welche unangenehm auf die Probanden wirkt. Beide Empfindungen hängen mit unseren Strukturen im Gehirn zusammen, das aus zwei wichtigen Teilen besteht. Das Amygdala[259] ist gut positioniert, um Impulse weiterzugeben. Hier kann gemessen wer-

---

[257] Ebd., zit. nach Mitschrift.
[258] Vgl. International Laboratory for Brain, Music and Sound Research, BRAMS Montreal, Kanada.
[259] Vgl. http://de.wikipedia.org/wiki/Amygdala.
Die Amygdala ist ein paariges Kerngebiet des Gehirns im medialen Teil des jeweiligen Temporallappens. Sie ist Teil des Limbischen Systems. Die Amygdala ist wesentlich an der Entstehung der Angst beteiligt und spielt allgemein eine wichtige Rolle bei der emotionalen Bewertung und Wiedererkennung von Situationen sowie der Analyse möglicher Gefahren: sie verarbeitet externe Impulse und leitet die vegetativen Reaktionen dazu ein. Eine Zerstörung beider Amygdalae führt zum Verlust von Furcht- und Aggressionsempfinden und so zum Zusammenbruch der mitunter lebenswichtigen Warn- und Abwehrreaktionen.

den, welche Musik Unbehagen, sogar Angst auslösen kann. Gosselin hat die Schlüsselrolle der Amygdala in der Musikwahrnehmung demonstriert.[260]

Im Vietnam-Krieg hat man an den Bomben abwerfenden Kampfhubschraubern zusätzliche Lautsprecher angebracht und sozusagen außer mit Napalm auch mit akustischen Waffen Krieg geführt. Das ging so weit, dass Panzer, Jeeps, Flugzeuge und Männer mit Lautsprechern bestückt wurden, um die Bevölkerung für ihre Ziele zu gewinnen. Dabei wurden amerikanisch-patriotische Lieder gespielt, zunächst für westliche Gehörgewohnheiten bekannt, für die Menschen im Busch wahrscheinlich eher befremdlich. Als dies nichts bewirkte, wandelte man die Musik in *unheimliche* Klänge um, die sowohl den Vietkong als auch die Zivilbevölkerung demoralisieren sollten. Trotzdem haben die US-Soldaten den Krieg nicht gewonnen. So hatten auch diese makabren Musikklänge nicht die erwartete demoralisierende Wirkung. Offensichtlich ist die Art von musikalischem Defätismus im Terrorkrieg als psychologische Kriegsführung wesentlich effektiver. Warum kann Musik Folter sein? Musik allein ist es nicht. Sie wird verstärkend zu Fesseln, zu Ketten, zur Isolation eingesetzt. „Man kann nicht mehr klar denken, wenn man mit Musik dauerbeschallt wird. Man wird so gelähmt, dass man keinen anderen Wunsch hegt als dass sie endlich abgeschaltet wird."[261]

Musik und Krieg, Musik im Krieg

Musik ist älter als der Krieg selbst. Aber sie ist ein psychologisches Standbein des Krieges. Schon in der Antike wurden Signale auf dem Schlachtfeld mit Schall-Instrumenten oder Trommeln an die kämpfenden Soldaten gesendet. Marschmusik war ebenfalls in der Antike bekannt und zielgerichtet eingesetzt worden, sei es bei Aufmärschen römischer Kampf- und Siegtruppen, bei ägyptischen Pharaoneneinzügen oder bei Kaiserverehrungen der chinesischen Ming Dynastie. Ab dem frühen Mittelalter finden wir eher die in Klöstern aufgezeichneten Lied- und Choral-Kompositionen in schön gemalter Notationsform.[262] Allen ist eines gemeinsam: den Chorgeist stärken, womit gleichzeitig auch die Habacht-Bereitschaft, der Zusammenhalt der Truppe oder Gemeinschaft, aber auch Respekt und Angstverringerung hergestellt werden. Bekannt geworden sind neben sakralen und geistlichen Kompositionen insbesondere patriotische Lieder aus unterschiedlichen Kriegsepochen,

---

[260] Vgl. Gosselin N. et al. (2012): Perception and emotional judgment of music in dementia of the Alzheimer type: A short case study. *Music Perception 29*, S. 509–519.
[261] Vgl. ARTE, 3SAT, ZDF-Dokumentation (D 2010): Musik als Waffe a.a.O., zit. n. Mitschrift.
[262] Vgl. von Bingen H. (1098–1179): aufgezeichnete antiphone Lieder, Hymnen, etc.

die jeweils der eigenen Kohorte ihre Kühnheit, ihren Willen zum Kampf, den Mut und die Disziplin stärken sollen. Als Beispiel hierfür sollen exemplarisch drei politische Kampflieder stehen: *Wir sind des Geyer's schwarzer Haufen … hey ho hey ho*, das angeblich ein – erst nach dem Ersten Weltkrieg entstandenes – Fahrtenlied sein soll, obwohl es melodisch und harmonisch durchaus von einer deutlich früheren Zeit stammen kann.[263] Das zweite Beispiel ist das Kampflied: *Wir zogen in das Feld* mit einem Text und einer Musik des 16. Jahrhunderts.[264] Das dritte Beispiel ist ein Kriegslied aus dem Jahr 1917: *Der Tod von Flandern*.[265] Alle drei sind gute Beispiele dafür, dass jeder die Lieder schnell lernen konnte und inbrünstig zu singen imstande war. Vermutlich hat dies auch zu ihrer musikalischen Wucht und Bekanntheit beigetragen.

Im Dritten Reich wurde auf Führererlass die deutsche Musikproduktion zentralisiert. Es war ein systematischer Versuch, Musik gezielt einzusetzen. Die deutsche Musik sollte die von Deutschland beanspruchte Vormachtstellung in der Welt kulturell legitimieren. Die Reichsmusikkammer förderte einerseits Musiker, andererseits wurden die Musiker aber auch durch diese kontrolliert.[266] Die nationalsozialistische Führung setzte verschiedene bekannte Persönlichkeiten an die Spitze der Reichsmusikkammer. Richard Strauss, einer der größten lebenden Komponisten im damaligen Deutschland, wurde Präsident und der Dirigent Wilhelm Furtwängler sein Stellvertreter. Vor allem die Unterhaltungsmusik und der Tanzschlager erlebten in der Zeit des Zweiten Weltkrieges unter dem NS-Regime einen großen Aufschwung. Die Rundfunkprogramme boten überwiegend diese Form der Musik an, ausgerichtet auf den Geschmack eines Massenpublikums, denn der Unterhaltung

---

[263] „Wir sind des Geyer's schwarzer Haufen" ist ein politisches Kampflied, das die Taten des Florian Geyer und seines Schwarzen Haufens, einer Odenwälder Bauernarmee während der Bauernkriege des 16. Jahrhunderts zum Thema hat.

[264] Vgl. Hensel W. (1887): Wir zogen in das Feld, in: Bayerisches Liederbuch (1956), aus: Aufrecht Fähnlein (o. J.), S. 164. *Wir zogen in das Feld, do het wir weder Seckl noch Geld. Strampedemi*; Kehrreim: *alla mi presente al vostra signori*. Der Kehrreim ist verfälschtes Italienisch der Landsknechte, für das u. a. folgende Deutung gegeben wurde: *strampede* = strombetta, d. h. trompetet; *mi* und *la* sind die italienischen Tonbezeichnungen für e und a, was als Trompetensignal aufgefasst werden kann; *presente al vostra signori* = presenti alla mostra, Signori, d. h.: Erscheint zur Musterung, ihr Herren!

[265] Vgl. Ebert F. (1922): Der Tod von Flandern, in: Bayerisches Liederbuch (1956), S. 141. Die erste Veröffentlichung des Liedes *Der Tod von Flandern* (1917) trägt den Vermerk: *Aus Dinant in Flandern mit Verwendung eines rheinischen Totentanzliedes um 1534*.

[266] Die *Reichsmusikkammer* war eine NS-Institution während der Zeit des Nationalsozialismus, welche die Aufgabe hatte, Musik zu fördern, die der damaligen Gesinnung entsprach, aber auch solche zu unterdrücken, die ihr widersprach: Sie war Teil der Gleichschaltung der deutschen Gesellschaft im Dritten Reich. Vgl. auch: http://de.wikipedia.org/wiki/Reichsmusikkammer.

und Ablenkung vom kriegsbedingten Alltag wurde immer größere Bedeutung zugeschrieben. Musik diente im Zweiten Weltkrieg immer wieder als Aufputschdroge. Ihre emotionale Kraft sollte die Kriegsbereitschaft sowohl beim Angriffs- wie beim Verteidigungskrieg fördern. Selbstverständlich ist die Wahl der jeweiligen Musik dann immer eine andere. Beispielsweise fesselte offensichtlich das sog. Panzerlied *Ob's stürmt oder schneit ...*, deutsche Soldaten während des Zweiten Weltkriegs so stark, dass es bis heute als Kultlied bekannt ist.[267]

Bei Niederlagen dient Musik als Trostspender oder zur Wiederaufrichtung verlorener Truppenteile. Im Irak-Krieg 2004 setzte die US-Armee pausenlos Heavy Metal Musik über Kampf-Lautsprecher ein, eine westliche Hardrock Musikkampftruppe gegen islamistische Gebetsklänge. Akustische Totschläger mit großer Reichweite gegen religiöse, monoton wirkende Gesänge. Das Ziel ist unverkennbar: Es geht um die Zersetzung der Kampfkraft des Gegners. Dass dabei die Geschäfte der Hochleistungslautsprecher gut laufen, versteht sich von selbst. Man könnte vermuten, dass sich die Kriegsführung angesichts dieser Kampflautsprecher total verändern könnte, dann würden diese Geräte das Töten beenden. Dies wird mit Sicherheit nicht eintreffen, da das Töten eine anthropologische Eigenheit zu sein scheint. Musik wird das Arsenal der Armeen um eine weitere Kraft ergänzen. Sie ist somit Teil einer Strategie, um Lebensräume zu manipulieren. Ohne moralische Kontrolle eingesetzt, kann Musik eine sehr mächtige Waffe sein.[268]

Mit dieser hier dargestellten Form und Verwendung von Musik kann vermutlich jeder mitgehen: Jeder kann Musik. Teilen und Ausführen muss man die Sichtweise nicht. Aber: Die andere Seite ihres Genusses wird selten wahrgenommen, noch weniger thematisiert. Gleichwohl ist Musik offensichtlich mehr als nur wohlklingend, wertschätzend oder harmonisierend. Sie kann schädigen, quälen, manipulieren, kurz: Teil einer Taktik sein, um unmoralische und ethisch fragwürdige Ziele zu erreichen. Sie kann ebenso dazu beitragen, jemandem seine Identität zu nehmen und die Selbstachtung zu verlie-

---

[267] Vgl. Wiehle K. (1935): Panzerlied. Das bekannteste deutsche *Panzerlied*, das auch heute noch bei der Bundeswehr und im Österreichischen Bundesheer gesungen wird, trägt ebenso diesen Titel und stammt von demselben Oberleutnant Kurt Wiehle. Die Melodie stammt vom *Luiska-Lied (Wohl über den Klippen)* aus dem 19. Jahrhundert. Dieses Panzerlied erlangte u. a. deswegen allgemeine Bekanntheit, weil es in dem Kriegsfilm *Die letzte Schlacht* (im Original: *Battle of the Bulge*) von 1965 zu hören ist. Ein gewisses Maß an Popularität genießt es auch bei US-amerikanischen Truppen, und die Melodie wurde auch für das Lied *Képi Blanc* der französischen Fremdenlegion verwendet. http://de.wikipedia.org/wiki/Panzerlied.

[268] Vgl. ARTE, 3SAT, ZDF – Dokumentation (D 2010): Musik als Waffe, a.a.O., zit. n. Mitschrift.

ren. Hier ging es darum, eine Seite der Musik aufzuzeigen, die eben auch zu ihrem Wesen gehört: ihr Missbrauch.

Nach welchem Gesetz und nach welchem Kodex Musik eingesetzt wird, entscheidet letztlich der menschliche Wille. Dass dieser nicht immer vernunftgesteuert ist, aber doch sein sollte – wie Kant es forderte –, und welche pädagogischen Fragestellungen sich daraus ergeben, soll im folgenden Kapitel Gegenstand der Betrachtung sein.

Quellenhinweise und weiterführende Literatur

Limberger Annette (2011): Ohren auf beim Spielzeugkauf, in: Medizin aktuell, Gesundheitsnachrichten, Presseportal 22.11.2011.
TV-Sendung in ARTE (2014): Unser täglich Lärm, vom 08.07.2014, Mitschrift.
ZDF, ARTE, 3SAT-Dokumentation (D 2010): Musik als Waffe, engl: Songs of War – wiederholt ausgestrahlt, zuletzt am 22. 01.2015 in 3SAT, Mitschrift.
Gosselin Nathalie, Gagnon Lise, et al. (2012): Perception and emotional judgment of music in dementia of the Alzheimer type: A short case study. *Music Perception 29*.
Hensel Walther (1887): Wir zogen in das Feld, in: Bayerisches Liederbuch (1956), Augsburg: Böhm & Sohn; München: Hieber, aus: Aufrecht Fähnlein (o.J.), Kassel und Basel: Bärenreiter.
Ebert Friedrich (1922): Der Tod von Flandern, in: Bayerisches Liederbuch (1956) Augsburg: Böhm & Sohn; München: Hieber.

Internetquellen:

http://www.deutsche-medizinerauskunft.de/
http://de.wikipedia.org/wiki/Amygdala
http://www.brams.org/
http://de.wikipedia.org/wiki/Reichsmusikkammer
http://de.wikipedia.org/wiki/Panzerlied

Kapitel 9
Musik – ein kommunikatives Erlebnis des freien Willens

Wir leben in einer Zeit, in der uns niemand zu kommunikativen Handlungen zwingt. Noch weniger sind wir genötigt, Musik im privaten Leben auf irgendeine Weise unfreiwillig zu hören oder auszuüben, wie dies beispielsweise früher von Ordensangehörigen in Klöstern unter Androhung empfindlicher Sanktionen erwartet wurde.

Im Alten Testament ist der Sündenfall im Sinne von Adam und Eva ein Akt des freien Willens. Das Christentum theologisiert in dieselbe Richtung. Hier hat die Frage nach der Willensfreiheit im engeren Sinne eine wichtige Stellung, weil damit das Problem angesprochen wird, inwiefern der Mensch aus eigener Kraft vor Gott gerecht werden und sich dem Heil zuwenden kann. Im christlichen Kontext behandelt die Frage nach der Willensfreiheit demnach das Verhältnis von Freiheit und Gnade Gottes. Das Ziel des menschlichen Daseins besteht in der freien Absicht, ein Leben ohne Tadel zu führen. Gier, Neid, Missgunst und Egoismus hindern uns daran. Nach Schopenhauer (1788–1860) ist das Leben ein ewig währendes Leiden, schuld daran ist der freie Wille, der tief im Unbewussten wirkt. Immer drängt es den Willen nach Erfüllung. Bleibt die Erfüllung des Willens aus, spüren wir Schmerz, kombiniert mit Enttäuschung und, solange sie anhält, auch Depression. Gegen den Willen anzukämpfen ohne diesen zu erfüllen, bedeutet, gegen einen inneren Widerstand anzukämpfen. Ist das Ziel erreicht, entsteht entweder Langeweile oder ein erneuter Drang nach Erfüllung von Willensformationen.[269]

Bei Schopenhauer spielte der wissenschaftliche Begriff der Kommunikation noch keine Rolle. Auch Musik im direkten Willenskontext kommt bei ihm nicht vor, allerdings Kunst im weiteren Sinn mit der faszinierenden Erkenntnis, dass der Zweck der Kunst letztendlich die Erkenntnis der Ideen bleibt.

Heute deckt der Begriff Kommunikation vieles ab, ohne dass er die Frage nach dem Sinn aufwirft. Kommunikation kann auch überhaupt sinn-frei sein, wenn man nur an die reine Technik der Gesprächsführung als Austausch von Signalen oder an digitale Kommunikation denkt, die niemand von seinem pädagogischen Sinn her recht zu deuten weiß.

---

[269] Vgl. Schopenhauer A. (1987): Die Welt als Wille und Vorstellung, Band I und II, Stuttgart, sowie ders. (1977): Über die Freiheit des menschlichen Willens. In: Die beiden Grundprobleme der Ethik. Kleinere Schriften II. Diogenes, Zürich 1977.

Um das Erlebnis des *eigenen Willens* oder gar die *Freiheit des Willens* zu thematisieren beziehungsweise sie auf Kommunikationstheorien zu übertragen, müsste man sehr weit in die Philosophie hineinleuchten.[270] Da dies hier komplett ausufern würde, selbst wenn man eine direkte Brücke zur Musik herstellen könnte, soll an dieser Stelle lediglich gesagt werden, dass man Musik durchaus als existenziellen Teil der Kunst betrachten kann. Schopenhauer sieht einen möglichen Weg gegen depressive Willensentscheidungen gerade in der Kunst, indem er die Welt aus dem vom Willen befreiten Blickwinkel des Künstlers betrachtet.[271] Auf das Musikerlebnis übertragen bedeutet dies, dass man als Rezipient zwei Möglichkeiten hat:

1. den vom Willen befreiten Blickwinkel des Komponisten zu übernehmen
2. ihn gegen eigene Willensentscheidung einzutauschen.

Ersteres wird nur gelingen, wenn die Intention des Komponisten nachvollziehbar ist. Den eigenen Willen dagegenzusetzen, dürfte schon eher gelingen und auch Sinn machen, da jeder normalerweise nur jene Musik hört oder selbst macht, die ihm auch gefällt. Dabei ist unerheblich, ob die Musik tragisch, dramatisch, traurig, schmachtend, schnulzig oder würdevoll, sakral, lieblich, majestätisch usw. wirkt.

Musik tritt Gefühle los

Mit Musik werden Gefühlswelten losgetreten, ohne die wir nicht existieren könnten. Dass Musik mächtige Emotionen erzeugen, sie vertiefen und soziale Bindungen organisieren kann, wurde hier bereits mehrfach betont. Wir erleben beim Hören von Musik die Wirkung auf unsere Emotionen. Dies führt dazu, dass wir ganz maßgeblich nach dem Prinzip des freien Willens Musik auswählen, welche für unser Gefühls- und Seelenleben gerade die passendste ist, sie dann entsprechend genießen und über uns im positiven Sinn ergehen lassen. Über die Musikauswahl entscheiden wir selbst, nicht immer allerdings freiwillig. Von daher sind die meisten unserer Emotionen, die durch Musik ausgelöst werden, keine spontanen Reaktionen. Durch Erfahrung lernen wir, wann und in welchen Situationen wir welche Musik als Funktion von Korsettstangen für unser Gefühlsleben zulassen wollen und welche eben nicht. Obwohl Musik also mit bestimmten Emotionen, die irgendwo im Gedächtnis

---

[270] Vgl. hierzu: Klassiker wie: Kant I. (1783): Recension von Schulz's Versuch einer Anleitung zur Sittenlehre; Gehlen A. (1965): Theorie der Willensfreiheit und frühe philosophische Schriften; Nietzsche F. (1883): Jenseits von Gut und Böse, erstes Hauptstück: von den Vorurtheilen der Philosophen.
[271] Vgl. Schopenhauer A. (1987): Die Welt als Wille und Vorstellung, a.a.O., S. 180ff.

gespeichert sind, verknüpft wird, entscheiden wir uns zuerst für die Musik und erst danach für die Emotionen, da wir nicht wissen, wie wir an sie auf direktem Weg herankommen können. Gefühle sind eben nicht auf Kommando abrufbar, die Musik hingegen schon, die wir entweder lieben oder hassen, d. h. die uns glücklich oder ärgerlich macht. Sie wird durch unseren Willen aktiviert und löst dann diejenigen Gefühle aus, die uns wiederum signalisieren, ob die Musik uns gut tut. Allerdings bedeutet Willensfreiheit nicht gleich Handlungsfreiheit. Wir spüren zwar, was uns gut tun würde, können es aber nicht immer so realisieren. Dafür fehlt uns nicht etwa die Erkenntnis, jedoch oftmals die Handlungsfreiheit, den Willen in die Tat umzusetzen.

Bleiben wir noch etwas genauer bei den freien Emotionen. Gefühle wiederholen sich. Spielt man alte Tonaufzeichnungen, z. B. Schallplatten, Kassetten, CDs ab, die früher einmal starke Gefühle ausgelöst haben, dann will man nicht nur Wiedererkennungseffekte entdecken, denn die kommen ganz von alleine, sondern man will konkrete Erinnerungen an selbst erlebte, dichte, meist schöne Erlebnisse auferstehen lassen. Diese Wahrnehmung kann sich im Laufe des Lebens ändern, d. h. ein früheres Erlebnis, das für lange Zeit eine Prioritätenstellung innerhalb der eigenen Gefühle einnahm, kann durchaus durch ein neues abgelöst werden. Damit sind die alten musikalischen Muster und Linien einem „Gefühlsranking" unterworfen. So spüren wir über Musik, was uns wann am meisten beeindruckt hat. Vielleicht kommt daher auch das Wissen um den Satz: „Ich bin so alt wie ich mich fühle", der sich der jeweiligen Zeit und unseren damit verbundenen Gefühlen anpasst. Die Formen der Musik bleiben zwar nahezu zeitlos, aber ihre emotionale Wahrnehmung ist doch sehr zeitgebunden, je nach Lebensphase und momentane Situation. Ausnahmen stellen all *diese* Bereiche dar, die sich unserem Willen entziehen und die im Kapitel „Die andere Seite des Genusses" bereits dargestellt wurden. Musik hat durchaus auch die Eigenschaft zu nerven, unschön und hässlich zu sein, nämlich als negatives Erlebnis in Lebenslagen, in denen man eben nicht die Freiheit der Wahl hat. Überwiegend gilt dies für das öffentlich-gesellschaftliche Umfeld, wo Musik manipulativ, d. h. auf unseren Willen von außen einer steuernden Einflussnahme ausgesetzt ist. Vorstellbar sind aber auch andere Felder musikalischer Einwirkungsbereiche, zum Beispiel solcher der Privatsphäre, wenn wir nicht über die Auswahl der Musik mitentscheiden dürfen, sondern uns ihr ohnmächtig hingeben müssen.

Der pädagogische Sinn von Musikvermittlung

Wenn aber überwiegend die Freiheit der Wahl besteht, dann macht auch die pädagogische Musikvermittlung Sinn. Auf dieses Pferd setzt die Musikpädagogik. Wie wir gesehen haben, sind die Curriculum-Gestalter akribisch bemüht, die geballte Kraft der musischen Bildung überzeugend darzustellen, pädagogisch umzusetzen und zur Wirkung zu bringen. „Musische Bildung ist Teil der kulturellen Bildung jedes Einzelnen und Voraussetzung zur Teilnahme am kulturellen Leben. Sie ist eine wichtige Voraussetzung für das Zusammenleben in unserer Gesellschaft. Musische Bildung vermittelt Schlüsselqualifikationen, wie Fantasie, Vorstellungsvermögen, geschulte Sinne und die Fähigkeit zur ganzheitlichen Wahrnehmung. Die Beschäftigung mit Kunst und Musik ist Quelle der eigenen Ausdrucks- und Kommunikationsmöglichkeit anderen Menschen gegenüber und ermöglicht den Erwerb sozialer Kompetenz."[272]

Mit diesen Absichten gehen alle musikpädagogisch Verantwortlichen d'accord. Aber gilt das auch für die betroffenen Zielgruppen? Theoretisch klingt es ja überzeugend. Wie sich allerdings das Verhältnis von Theorie und Praxis gestaltet, wurde in Kapitel 7 „Eine Image-Lücke: Fehlendes Verständnis für den Musikunterricht" bereits kritisch reflektiert.

Die noch offene Frage lautet: Wie lassen sich, pädagogisch vertretbar, unwillige Schüler oder junge Erwachsene, die sich nach wie vor bei vielen der vermittelten Themen gähnend langweilen, in ein Unterrichtssystem integrieren, das Musikvermittlung in eben diesen Kontext des Beschlusses der KMK stellt? Liegt es an den zeitlich überholten Themen, die nicht in die Lebenswelt von Schülern und jungen Erwachsenen passen, sind es die „schwierigen" Schüler oder geht es doch eher um die Frage der methodisch-didaktischen Vermittlung? Vielleicht betreffen aber die Langeweile und das geringe Interesse an angebotenen Themen gar nicht das Fach Musik, ebenso wenig die Fächer Deutsch, Mathematik, Physik, Chemie, Geschichte, Religion oder Biologie. Ich halte dennoch meine These aufrecht und stelle die Fragen: Woher kommt die Langeweile von Lernenden? Was löst die Langeweile aus und worauf bezieht sie sich? Sind Langeweile und freier Wille gar sich gegenseitig bedingende Begriffe, löst also zu viel Willensfreiheit Langeweile aus? Oder liegen die Ursachen von Langeweile doch eher im Desinteresse am Fach, an den Inhalten, an den Lehrern oder gar an der Übersättigung der Schüler, deren freier Wille nur Illusion ist, da sie die Vielzahl von offerierten Möglichkeiten nicht zu nutzen wissen. Gehört nicht letztlich zur *Quelle der eigenen Ausdrucks- und Kommunikationsfähigkeit anderen Menschen gegenüber* ein freier Wille? Oder ist etwa die Langeweile selbst das (soziale) Problem? Zusammengenommen könnte man überlegen: Hat Langeweile etwas mit der Überforderung bei angeblicher Entscheidungsfreiheit und damit mit Träumen von paradiesischen Zuständen zu tun oder eher mit der eigenen Unfähigkeit, für

---

[272] Sekretariat der ständigen Konferenz der Länder in der Bundesrepublik Deutschland (2012): Kunst- und Musiklehrerausbildung, Beschluss der Kultusministerkonferenz vom 06.12.2012, vgl. a. a. O., Kapitel 8.

sich selbst Entscheidungen treffen zu können? Kann aus diesem Phänomen ein soziales Problem entstehen? Dies führt uns auf ein Feld, das vom pädagogischen Sinn der Musikvermittlung wegführt. Wenn Langeweile im Zusammenhang mit Musikvermittlung aber ein Thema und eine große pädagogische Herausforderung ist, gehe ich davon aus, dass der Weg über eine von Desinteresse belastete instabile Brücke führt. Um im Bild zu bleiben heißt das Ziel deshalb: „Interesse wecken auf einem Weg über stabile Pfeiler".

Das Gesprächskonzert

Einen altersunabhängigen, schnellen und direkten Zugang gewährt die Form sogenannter Gesprächskonzerte. Auf diese Kunstform wurde bereits hingewiesen.[273] Was aber ein Gesprächskonzert ist und welche pädagogische Wirkung es von anderen Methoden unterscheidet, soll hier dargestellt werden.[274]

Ein Gesprächskonzert besteht aus einer realen oder irrealen Geschichte zu einem anthropologischen Thema mit Musikbegleitung. Bei einer solchen Geschichte über ein Thema kann es sich um ein geschichtliches Ereignis oder auch um ein literarisches Geschehen handeln, ebenso um eine religiös-ethische Auseinandersetzung oder um einen andersartigen Sachverhalt. Um persönliche Begeisterung zu erreichen, soll der Text eines Gesprächskonzertes keine abstrakte Abhandlung oder eine Wissensvermittlung im Sinne reiner Informationsweitergabe sein, stattdessen befindet sich im Mittelpunkt eine Person quasi als Protagonist der Handlung und ihrer Botschaft. Dabei kann ein literarischer Trick angewandt werden, indem man historische Figuren, die sich niemals wirklich gesehen oder getroffen haben, aber zur gleichen Zeit lebten, in Zusammenhang bringt, um bestimmte zeitgeschichtliche oder andere Elemente deutlich zu machen (z. B. Goethe meets Mozart).[275] Der Phantasie sind dabei keine Grenzen gesetzt. Je höher die Originalität, Sensibilität und Kreativität, umso mehr erreicht das Gesprächskonzert das Interesse und die Aufmerksamkeit der Zuhörer.

---

[273] Vgl. Kap. 7 „Eine Image-Lücke: Fehlendes Verständnis für den Musikunterricht", Unterkapitel: „Der Anspruch an Musikpädagogen".
[274] Der Begriff des Gesprächskonzertes ist nicht geschützt, deshalb wird er auch sehr vielseitig interpretiert und genutzt. Ich nehme deshalb auch keinen Bezug zu irgendwelchen vorhandenen Quellen, da ich Gesprächskonzerte in der hier beschriebenen Form gemeinsam mit dem Philosophen Karl-Dieter Ulke (1934–2003) erstmals im Jahr 2001 im Rahmen akademischer Feiern an der KSFH in München eingeführt habe.
[275] Miller Tilly & Kemser Johannes (2012): Goethe meets Mozart. Ein Gesprächskonzert aufgeführt im Rahmen der „Managementgespräche" im Barocksaal der Hochschule Benediktbeuern (unveröffentl. CD).

Die Musikbegleitung kann sehr unterschiedlich gestaltet sein. Die größte Unmittelbarkeit erzeugt die Improvisation – in der Regel Solo am Klavier, aber auch mit einem Sänger –, wenn man den gesprochenen Text live am Instrument begleitet. Der Inhalt des Textes ist dem Musiker vorher bekannt, sodass er sich dramatische Linien im Vorfeld einprägen und sich die Richtung der Musik überlegen kann. Authentisch ist es, einen historischen Bezug herzustellen, also beispielsweise bei Goethe oder Schiller Musik des 18./19. Jahrhunderts, bei Geschichten des Mittelalters, der Neuzeit oder der Gegenwart Kompositionen der jeweiligen Zeit, in Verbindung mit jeweils hinzu arrangierten Figuren oder Improvisationen auszuwählen. Texte mit einer antiken Rahmenhandlung erfordern Kenntnisse über die Musik des Altertums, ebenso wie solche aus einer zeitlosen Fabel- oder Sagenwelt, die oftmals aus mittelalterlichen Überlieferungen weitergetragen wurden. Wollte man dieses kompositorisch anspruchsvolle Vorgehen auch in der Musikvermittlung an Schulen und in entsprechenden Seminarmodulen realisieren, würde dies ein pädagogisches Umdenken erfordern. Ein Gesprächskonzert ist nicht etwa ein Literatur- oder Musikspezifikum, deshalb auch keinem einzelnen Fach zuzuordnen, sondern stellt eine interdisziplinäre Vermittlung dar, die letzten Endes eine fächerübergreifende Sachkompetenz zum Ziel hat. So sind ebenso Geschichtsthemen, Themen des Religions- oder Ethikunterrichts, aber auch der Kunst miteinander verbunden. Die Kombination jeweils mit Musik verstärkt diesen Effekt. Am stärksten ist ihre Wirkung aber im Literaturunterricht vorhanden. So verleiht ein Gesprächskonzert dem Gedicht, dem Vers oder Essay einen zusätzlichen Glanz durch Musik. Die Kraft des Wortes wird dabei eher noch erhöht. Die Kunst des Musikinterpreten besteht wiederum darin, sich gleichzeitig in jenen Partien zurückzuhalten, in denen die besondere Kraft der Sprache zum Ausdruck gebracht werden soll. An anderen Stellen wiederum tritt Musik stärker hervor, z. B. wenn ein Gedanke oder ein Absatz zu Ende geht oder eine Textpause dazu auffordert. Ein Beispiel soll dies verdeutlichen: Die dramatische Darstellung des Niederländers Jan Bernlef über seine „Hirngespinste" schildert den harmlos beginnenden Prozess einer demenziellen Veränderung über Stufen zunehmender Verschlimmerung kortikaler Hirnfunktionen bis hin zur völligen kognitiven Verwirrtheit.[276] Aus dem Buch „Hirngespinste" hat der Schauspieler Gerd Anthoff in vollendeter Schauspielkunst diesen tragischen Verfallsprozess mitreißend vorgetragen.[277] Mein musikalischer Auftrag war, den schmerzlichen Prozess der demenziellen Veränderung am Flügel zum Ausdruck zu bringen. So wählte

---

[276] Bernlef J. (1984): Hirngespinste, München/Zürich 1989.
[277] Gerd Anthoff ist ein Münchner Schauspieler, mit dem ich im Jahr 2009 bei einer öffentlichen 2-stündigen Veranstaltung des Kreisbildungswerkes in Garmisch-Partenkirchen „Hirngespinste" als Gesprächskonzert aufgeführt habe.

ich zu Beginn noch sanfte harmonische Klänge, die – über sich steigernde Akkorde – schließlich zu kakophonen Klängen anwuchsen, um dadurch sowohl den Schmerz nachzuempfinden, als auch durch die disharmonischen Sequenzen beim Zuhörer eine mitfühlend-betroffene Anteilnahme auszulösen.[278]

Ob es pädagogisch immer klug ist, die Zuhörer eines Gesprächskonzertes mit dieser Betroffenheit zu entlassen, wage ich nicht zu beurteilen. Gleichwohl erzeugen Ergriffenheit und Mitempfinden eine hohe Form der Empathie, die wiederum als identitätsfördernde Fähigkeit eine wichtige Rolle spielt.[279]

Wie wir am Beispiel der Gesprächskonzerte sehen, ist Musik hier ein – die Sinne ganzheitlich erfasstes – kommunikatives Erlebnis des eigenen Willens. Somit kann sie als gleichberechtigter Kommunikationspartner der verbalen Sprache betrachtet werden. So wie hierbei die beiden Welten Sprache und Musik verbunden sind, sich *Gespräch* und *Konzert* wechselseitig ergänzen, so liegt es im Wesen der Musik als Kommunikation, dass sie dort am stärksten ist, wo sie in Kombination zu anderen Phänomenen auftritt. Ob dies beispielsweise Musik und Literatur, Musik und Liebe, Musik und Abenteuer, Musik und Sex ist, immer krönt die Musik auf die eine oder andere Weise ihre Paarung, immer verstärkend, nicht immer nur schön, manchmal auch verzerrend, hässlich und gewaltfördernd.[280] Diese dargestellten Kombinationen unterliegen freiem Willen. So ist ihr pädagogischer Sinn auch zweckmäßig, denn die Zuhörer bleiben nicht untätig. Zwar hören sie zunächst zu, aber im Seminarkontext stellt das Gesprächskonzert die Brücke zum Diskurs im Plenum dar. Dieser eröffnet ein kommunikatives Erlebnis der besonderen, weil vielfältigen Art.

Musik und Sex

Die Metapher Musik und Sex hat zunächst mit einem Gesprächskonzert nichts zu tun. Dennoch haben sie etwas gemeinsam: Beide stellen ein kommunikatives Erlebnis des freien Willens dar.

Die Auswahl „Musik in Verbindung mit Sex" ist willkürlich, wenn es sich dabei vielleicht um ein – für manchen Leser – tabuisiertes Thema handeln

---

[278] Vgl. auch Hörproben in den Audiodateien zu Gesprächskonzerten in: www.johanneskemser.com.
[279] Vgl. Krappmann L. (2010): Die soziologischen Dimensionen der Identität, Stuttgart: Kapitel: Identitätsfördernde Fähigkeiten.
[280] Vgl. „Musik als Waffe", näher dargestellt in Kapitel 9 „Die andere Seite des Genusses" (Musik und Krieg).

mag. Aber es gibt nichts Schlimmeres als Dinge, die da sind, zu ignorieren. Die folgende Frage hat sich vermutlich jeder schon einmal gestellt: Welche Musik beim Sex?

Der Musikwissenschaftler Dietrich Helms (Osnabrück) und der Musikpädagoge Thomas Phleps (Gießen) haben einen Reader herausgegeben mit dem Titel: „Thema Nr. 1 Sex und populäre Musik" und dort das intime Verhältnis von Sex und Musik aufgearbeitet. Ihr Editorial beginnt mit: „Let's talk about sex – so einfach, wie es sich im Song vom Salt'N'Pepa singt, scheint es der Wissenschaft nicht zu fallen. Das Thema Nr. 1 der populären Musik: in der Popmusikforschung kein Thema."[281] In der Leseprobe des Verlags findet man folgende Passage: „Sex ist Ekstase – und auch Musik kann Ekstase sein. Sex provoziert – und schafft durch Skandale Öffentlichkeit für die Ware Musik. Sex polarisiert – und ist daher Mittel der Distinktion für die Musik von sozialen Gruppen und Generationen. Populäre Musik ist ein Kulturprodukt, das in besonderem Maße jugendliche Lebenswelten repräsentiert. Wie kaum ein anderes Medium gibt sie Aufschluss über männliche und weibliche Identitätsmodelle und damit verbundene Machtstrukturen, über Moralvorstellungen, über intime Wünsche, Sehnsüchte, Hoffnungen und Idealvorstellungen in der Gesellschaft."[282]

So sind Sex und Musik zu tragenden Säulen der Populärkultur geworden. „Eine Tatsache, die durch die astronomischen Umsätze der Musikindustrie belegt ist. Ein Blick auf einen der TV-Musikkanäle genügt zu wissen, dass die Plattitüde „sex sells" mehr denn je Gültigkeit hat. Doch welchen individuellen Stellenwert hat die erotische Komponente der Musik tatsächlich bei seinen KonsumentInnen? Gibt es den Lustfaktor Musik tatsächlich?"[283]

Es lässt sich offensichtlich nicht vermeiden, hier in die Kuschelecke zu blicken, denn „Sex und Musik sind ein Traumpaar." So kann man es zumindest in der Frauenzeitschrift Petra nachlesen. „Vergreift man sich jedoch im Ton, kann es im Bett ganz schön disharmonisch werden."[284] Musik kann ein Sexspielzeug für die Ohren sein, uns antörnen und zum Schweben bringen, aber sie kann auch zum Spielverderber werden, zum störenden Dritten im Bett. In jedem Fall begleitet der Rhythmus uns durch Höhen und Tiefen, vom ersten Knutschen bis zum eingespielten Kuschelsex.

---

[281] Helms D., Phleps T. (Hg.) (2011): Thema Nr. 1 Sex und populäre Musik, Bielefeld, Editorial.
[282] Dies., Leseprobe des Verlags.
[283] http://gesund.co.at/sex-musik-erotischer-ohrenschmaus-/.
[284] http://www.petra.de/sex-psyche/liebe-partnerschaft/artikel/musik-beim-sex/page/2.

„Mit welcher Musik wird der Sex besser?" fragt der Schriftsteller Kuno Nensel in dem gleichnamigen Artikel in DIE WELT.[285] Sanfter Blues, Jazz, Soul for Lovers oder doch lieber Beethoven? Natürlich ist es Einstellungssache, was man im Bett am liebsten hört oder welche Musik das Hochgefühl vermeintlich steigern hilft. Aber weil Musik auch die Glückshormone in Schwingungen versetzt, lohnt sich eine Auswahl der richtigen Töne. Und – nach Hensel – gibt es auch Musik, die man uneingeschränkt empfehlen kann. Die richtige Musik im Bett, so sagt er, kann den Sex entschieden verbessern. Am bedenklichsten sind bis heute die typischen Sommerhits, die die Macher der Urlaubsorte digital vermarkten. Sie garantieren lediglich Enttäuschungen, denn alles Digitale ist virtuell, fleischlos, ohne Saft und Kraft. Internetbeschreibungen bedienen allenfalls die Neugier eigener Phantasien. Sie liefern keinesfalls taugliche Klänge für erotische Zweisamkeit, bei noch so viel musikalischem Gehauche und Gestöhne.

Einschlägige Musik- und Sexkombinationen sind auch nur auf den ersten Blick eine Hilfe. *Music for Lovers* und ähnlich künstliche Konstruktionen sind wenig befriedigend und für – ehrlich nach emotionaler Unterstützung Suchende – eher ein frustrierender Lustkiller. Das hängt vermutlich damit zusammen, dass man als jemand, der die Musik für diese privaten Stunden auswählt, nicht weiß, ob man mit seiner Auswahl auch das Kribbeln bei seinem Gegenüber auslöst, das man zu erzeugen hofft. Alle Love-Songs oder Boleros, seien sie noch so lustbetont und anschwellend, taugen bestenfalls dazu, Peinlichkeiten zu sedieren. Zum Kuscheln, Streicheln & Co gehen sie gar nicht. Und erst recht nicht zum Sex. Man sollte sich allerdings nicht blindlings gut gemeinter und damit immer fragwürdiger Empfehlungen anschließen, ganz bestimmte Musikstücke verschiedener Komponisten als erste Wahl zu betrachten. Die Entscheidung bleibt immer subjektiv und frei. Einen pädagogischen Sinn hat sie ohnehin nicht. Denn wer will schon behaupten können, dass ein Mix aus gutem Rhythm and Blues, klassischem Soul and Funk aus der jazzigen Ecke wunderbar zum Sex passen?[286]

Natürlich kann Musik beim Sex ein Unterstützer, Stimmungsmacher und Erinnerer sein, also eine Ergiebigkeit für alles Schöne. Dies liegt aber daran, dass Musik – wie wir gesehen haben – Endorphine freisetzt und diese einfach die Lust verstärken. Dies dürfte unumstritten sein. Welche Musik für jeden Einzelnen die beste und schönste ist, ist aber zu allererst eine Frage des individuellen Musikgeschmacks. Ob es zarte oder sanfte Lieder, wiegende Klassik, Blues oder Hardrock ist, muss jeder für sich selbst entscheiden. Von

---

[285] Vgl. Nensel K. (2008): Mit welcher Musik der Sex besser wird, in: DIE WELT, Panorama Partnerschaft vom 29.02.2008.
[286] Ders., in: Panorama Partnerschaft, a. a. O.

Bedeutung ist einzig und allein der kommunikative Impetus, der in solchen ohnehin emotionalisierten Situationen zur Steigerung des Gebens und Nehmens beiträgt. Das allein ist dabei jedoch nicht der Musik geschuldet. Denn ob ein Musikstück besonders erotikkompatibel ist, hängt nicht von der Häufigkeit der Stöhnsequenzen ab wie beispielsweise bei „Love to love you, baby" oder „Je t'aime",[287] auch nicht von Sitarklängen, die an Tantrasex erinnern. Sicher trägt Musik nicht nur beim Sex dazu bei, unsere Körper dazu anzuregen, einander zum Klingen zu bringen. Ein Duo oder meinetwegen auch ein Trio aus rhythmisch lautem Atmen, ein Streicheln für Hände, ein Vibrieren für Haut und Haare. Da ist Musik drin.[288]

Musik kann Sex auch zusätzlich aufladen, ebenso wie Sex die Musikwahl bestimmen kann. Unsere Lebenswege, ihre Entwürfe oder heißen Erinnerungen laufen dann wieder automatisch mit, wenn die Musik dieser Ereignisse abgespielt wird. Jeder wird hier seine eigenen Gefühle der Liebesromantik spüren, vielleicht sogar eine Verbindung zwischen ganz bestimmten Stellen im Musikstück und einer realen Hand herstellen, die sich zur Annäherung an den Partner vorwagte, als exakt dieser oder jener Part der Musik erklang.

Ich zweifle allerdings sehr daran, dass es etwas gibt, was mehrheitsfähig und quasi ohne Risiken und Nebenwirkungen zu empfehlen wäre. So wie Body Language erst einmal nichts mit Sex zu tun hat, hat auch Body Music oder Soul Music mit Sex nichts gemein. Manche der hier genannten Autoren behaupten, beim Sex geht alles, was Groove hat, Rhythmus, schöne Basslinien, coole oder auch gern leicht hysterische Bläsersätze, dazu Gesangstimmen, die gehaucht kommen, dennoch Kraft versprühen, ein erotisches Timbre zum Ausdruck bringen. Das mag durchaus in Einzelfällen zutreffen, lässt sich aber nicht verallgemeinern, schon gar nicht pädagogisch umsetzen oder vermitteln. Der pädagogische Sinn würde spätestens an dieser Stelle in Instrumentalisierung abgleiten, und damit wäre er verfehlt. Musik und Sex wird subjektiv jeweils anders wahrgenommen. Optimal ist es, die Verbindung als Geschenk, möglicherweise auch als Offenbarung zu betrachten. Doch damit lässt sich das Thema nicht wirklich pädagogisch vermitteln, allenfalls erfragen. Ein Geschenk kann man annehmen oder nicht. Auf eine Offenbarung hat man ohnehin keinen Einfluss.

Auch auf unser natürliches Lebensende haben wir keinen Einfluss. Unsere Vergänglichkeit im Diesseits macht uns die Auseinandersetzung mit dem Lebensende, Sterben und Tod schwer. Auch hier, wie in so vielen Lebensbe-

---

[287] Vgl. Erwe H. J. (2011): „Je t'aime" und andere Stöhnsongs – über Musik und Erotik, in: Helms D., Phleps T. (Hg.), a. a. O., S. 125 ff.
[288] Zit. nach Hensel K., in: Panorama Partnerschaft, a. a. O.

reichen, „können wir Musik", ja wir brauchen sie, weil wir sonst mit Schmerz und Trauer nicht wirklich umzugehen wüssten. Musik ist dabei nicht nur Trösterin und Besänftigerin, sondern weit mehr.

Diesen und ähnlichen Überlegungen wird im nächsten Kapitel nachgegangen.

Quellenhinweise und weiterführende Literatur

Erwe Hans-Joachim (2011): „Je t'aime" und andere Stöhnsongs – über Musik und Erotik, in: Helms, Dietrich, Phleps, Thomas (Hg.) (2011).
Gehlen Arnold (1965): Theorie der Willensfreiheit und frühe philosophische Schriften.
Helms Dietrich, Phleps Thomas (Hg.) (2011): Thema Nr. 1 Sex und populäre Musik, Bielefeld: Transcript-Verlag.
Kant Immanuel (1783): Recension von Schulz's Versuch einer Anleitung zur Sittenlehre.
Krappmann Lothar (2010): Die soziologischen Dimensionen der Identität, Stuttgart: Klett.
Nensel Kuno (2008): Mit welcher Musik der Sex besser wird, in: DIE WELT, Panorama Partnerschaft vom 29.02.2008.
Nietzsche Friedrich (1883): Jenseits von Gut und Böse, erstes Hauptstück: von den Vorurtheilen der Philosophen.
Schopenhauer Arthur (1977): Über die Freiheit des menschlichen Willens, in: Die beiden Grundprobleme der Ethik. Kleinere Schriften II. Zürich: Diogenes.
Schopenhauer Arthur (1987): Die Welt als Wille und Vorstellung. Band 1 und II Stuttgart: Reclam.
Sekretariat der ständigen Konferenz der Länder in der Bundesrepublik Deutschland (2012): Kunst- und Musiklehrerausbildung, Beschluss der Kultusministerkonferenz vom 06.12.2012.

Internetquellen:

http://de.wikipedia.org/wiki/Freier_Wille
http://gesund.co.at/sex-musik-erotischer-ohrenschmaus-/
http://www.deutschlandfunk.de/freier-wille
http://www.petra.de/sex-psyche/liebe-partnerschaft/artikel/musik-beim sex/ page/2
http://www.transcript-verlag.de/media/pdf/
http://www.welt.de/vermischtes/article1736281/Mit-welcher-Musik-der-Sex-besser-wird.html

Kapitel 10
Musik am Lebensende – und über den Tod hinaus

Ohne Musik ist das Sterben trist, öde und leer.

In Hospizen oder in den Institutionen der stationären Altenhilfe, wo Sterben zum Alltag gehört, werden Sterbeprozesse mit Musik erleichtert. Angehörige werden befragt, sofern der Sterbende nicht mehr in der Lage ist, die Musikauswahl selbst zu treffen, welche Musik in seinem Leben eine besondere Rolle gespielt bzw. welche er am liebsten gehört hat. Eine Frage, die zu beantworten oft schwer fällt, weil man in der Regel nicht über die musikalischen Vorlieben eines nahen Angehörigen Bescheid weiß.

Anders in Musikerfamilien. Dort dürfte es eher selbstverständlich sein, musikalische Präferenzen des Einzelnen zu kennen. Und es dürfte auch leichter fallen, in den Tabubereichen des nahenden Lebensendes, des Sterbens und der Zeit danach über Musik zu sprechen.

Obwohl ich mich nicht zu einer klassischen Musikerfamilie zähle, hat meine Mutter den früh in ihrer letzten Lebensphase – schon im fünfzigsten Lebensjahr – geäußerten Musikwunsch bis zu ihrem Ende immer wiederholt: „Spiel mir doch bitte meine Grabmusik!"[289] Gemeint war interessanterweise das Präludium I in C von J. S. Bach, das vermeintlich frohgesinnt ist, allein schon durch seine klaren gebrochenen Akkorde und wohlklingenden Harmoniewechsel. Da aber jeder Mensch einzelne Musikstücke anders empfindet, kann ich mir gut vorstellen, dass es beim C-Dur Präludium für den einen genau die wohlklingenden Klangfolgen und Harmonien sind, für den anderen vielleicht die abtastende Zartheit, mit der Bach das erste Präludium für sein Wohltemperiertes Klavier beginnt. Bei meiner Mutter war es zusätzlich die Dynamik, die in dem Stück liegt – und das war wohl ausschlaggebend für die Assoziation zu „Grabmusik" –, die in einem stillen, aufbauenden, langsam sich steigernden Crescendo liegt, das am Schluss wieder abnimmt und im harmonischen C-Dur, beinahe friedvoll endet. Wie das eigene Leben, das sich steigert, sich aufbäumt, dann wieder abflaut, absackt und in sich zusam-

---

[289] Wenn ich im Folgenden häufiger von meiner Mutter spreche, so hat dies damit zu tun, dass ich ihren Sterbeprozess begleitet habe und über ihre Biografie, also auch über ihre musikalischen Vorlieben, sehr gut Bescheid weiß.

menfällt, entwickelt sich auch hier eine große Kurve, die still beginnt, sich bis zum Höhepunkt steigert, um schließlich wieder ganz leise zu enden.[290]

Meine Mutter hörte früher in ihrem Leben gerne klassische Musik und bayerische Volksmusik. Meine eigene, damals bevorzugte Musik (Pink Floyd, Deep Purple etc.) war ihr hingegen zu laut, zu schreiend, zu geräuschvoll, zu lärmträchtig. In ihrem Sterben entspannte sie sich nur bei der ihr vertrauten bayerischen Volksmusik. Ich legte einzelne Stücke auf, die ihr trotz spontanen Mitsingens die Tränen in die Augen trieben. Bis ich zur Bauernmesse von Annette Thoma[291] vorstieß und feststellte, dass sie sich mit dieser Musik beinahe hinübertragen ließ, fast friedfertig, wie über eine klingende Brücke ins Jenseits. Dass sie dann letzten Endes einen ganz anderen Todeskampf zu bestehen hatte, ist eine andere Geschichte.[292] Gleichwohl waren die bayerischen Klänge und Gesänge die einzige Musik, die sie zutiefst entspannt und gelöst werden ließ. Ich spielte diese Musik sehr oft und sie bewirkte immer die gleiche sichtbare Freude bei ihr. Die Assoziation mit schönen oder auch traurigen Lebensereignissen, rief eine tiefe Entspannung in ihr hervor. Es war nebensächlich, dass sie die einzelnen Teile gar nicht so bewusst wahrnahm.

Eine ähnliche Beobachtung machte ich noch bei zwei weiteren Musikstücken. Das eine betraf eine sehr frühe Begegnung in ihrem Leben, als sich meine Mutter selbst am Cello versuchte und sich dabei in einen Musiker verliebte, der voller Inbrunst ein Dvorak Cellokonzert übte. Der junge Mann starb früh, hingegen hat das Cellokonzert bei jedem neuen Erklingen immer die gleiche Reaktion ausgelöst: Tränen in den Augen und Weinen mit hintersinniger Melancholie. Das andere Merkmal, das tiefe Betroffenheit ausübte, war die Matthäuspassion, insbesondere das „Blute nur du liebes Herz".[293]

Musik hat also einen direkten Zugang zur Seele. Wir wissen ja, dass unser Gehör das erste Sinnesorgan ist, das sich im Mutterleib ausbildet und das letzte, das nach dem letzten Atemzug noch wirkt. Musik geht unter die Haut, sagt man, sie öffnet das Herz. Dies alles sind Metaphern, die den Zugang der Musik zur Seele ausdrücken. Zu mehr als einer subjektiven Vorstellung wird es nicht reichen, weil man den Vorgang nicht genau beschreiben kann, man kann ihn sich nur vorstellen.

---

[290] Im Urtext (BWV 846) sind interessanterweise überhaupt keine dynamischen Hinweise, weder zu Bögen, noch zur Angabe der Lautstärke vorhanden.
[291] Thoma A. (1933): Deutsche Bauernmesse.
[292] Sie starb schließlich an den Folgen einer Exsikkose (Austrocknung), auf die aber nicht näher eingegangen wird.
[293] Bach J. S.: Matthäuspassion, Aria Nr. 12 „Blute nur", BWV.

Trotzdem oder gerade deshalb gibt es jede Menge an gutgemeinten Tipps für ästhetisches Sterben mit Musik. Ob man es gut findet oder nicht, die sanften Schwingungen der Musik sind eine große Hilfe zur Schmerzlinderung beim Sterben. Wegen ihrer starken Sensibilität ist es der Musik gegeben, Sterbenden wohltuende Schwingungen zu verleihen, die sie rundherum einschließen wie in einen Kokon. Welche Musikauswahl am Ende getroffen wird, ist nicht entscheidend. Vielmehr kommt es auf Empathiefähigkeit an, also auf ein Hineindenken und Hineinfühlen, um herauszufinden, was den Sterbenden beruhigt. Musik, die zu ihm passt, Klänge, die entspannen, die schweben lassen und die den Geist anregen – um solche Musik geht es.

Wenn man im Internet unter dem Stichwort *Musik im Sterben* sucht, wird man mit konkreten Tipps zum Erwerb bestimmter „Musiken" beflutet.[294]

Als Untertitel und Erklärung zu dem, was sich in der Verpackung befindet, liest man Beschreibungen wie „Heilmusik mit tibetischen Klangschalen" „Meditationsmusik", „Zutiefst beruhigende Musik", „Vielseitige, meditative Flötenmusik", „Ruhige, fließende Musik", „Einfühlsame, leichte Musik", „Leichte, erhebende Musik", „Beruhigende Zenmusik", „Getragene Herzmusik", „Meditative Flötenmusik", „Lebendige, meditative Musik", „Erhebende, leichte Musik", „Feiernde, ekstatische Musik", „Stille, ekstatische Meditationsmusik."[295]

Ohne genauer beschreiben zu müssen, was sich hinter diesen Metaphern verbirgt, entsteht ad hoc ein subjektives Bild und eine individuelle Hörassoziation. Von daher lässt sich die Phase am Lebensende in kein allgemein gültiges Musikmuster einfügen. Selbst in Sterbehäusern wird alles daran gesetzt, um möglichst *individuelles* Sterben zu ermöglichen. Dies gilt auch für die Musikauswahl und entsprechende musikalische Rituale.

Ganz anders *nach* dem Tod.

Musik – Höchster Ausdruck verzehrender Energie

In jeder Gesellschaft, dort wiederum in jeder sozialen Gruppe herrschen andere Konventionen vor, die in jeweils größere – bis zu kulturell-religiöse – Regeln hineinreichen. Mit dem Abschied vom Leben und seiner Endlichkeit, von der niemand weiß, wohin sie führt, brauchen Menschen spirituelle Orientierung. So sind Musik und Religion von jeher höchster Ausdruck spiritueller Energie. Beschränken wir uns auf den europäischen und hier wiederum auf

---

[294] http://www.aesthetisches-sterben.de/pdf/5Heilsame-Musik-im-Sterben.pdf.
[295] Ebd., S. 1–8.

den deutschen Kulturraum, so werden wir in vollendeter Form bereits bei der Nonne Hildegard von Bingen im 12. Jahrhundert fündig.[296]

Ein Blick auf Hildegard, die in unserer Zeit des 21. Jahrhunderts hauptsächlich mit ihren Heilprodukten vermarktet wird, soll den Ausdruck höchster verzehrender Energie zwischen Musik und Religion exemplarisch widerspiegeln. Ich beziehe mich dabei auf den bereits zitierten, interessanten TV-Beitrag von Cosima Obert, der insbesondere an die kompositorischen Fähigkeiten Hildegards erinnert.[297]

Warum diese ausführliche Darstellung der Musik des 12. Jahrhunderts einer Hildegard von Bingen schon im ersten Kapitel dieses Buches? Zum einen, weil sie ungewöhnlich progressiv und fortschrittlich für den Geist der damaligen Zeit war, zum anderen weil sie nicht nur weit über den Tod der Komponistin hinaus in all ihren Facetten wirkt, sondern auch einen musik-kulturellen Impetus schafft, der über lange Zeit unbekannt geblieben ist. Heute sind die Kompositionen wieder präsent, sodass sie nicht nur Internetseiten, sondern auch Konzertsäle meist in wunderschönen historischen Klosterhallen füllen. Offenbar weht von der Musik ein Mythos in unsere Herzen, der uns voll und ganz erfüllt. Eine solche Musik endet nicht mit dem Lebensende, sie geht darüber hinaus.

In der Einmaligkeit von Klängen befinden sich immer auch Trost und Trauer.

Das trifft natürlich auch für andere Werke der Musikgeschichte zu. So finden wir religiös-musikalische Krönungen im 17., 18., 19. und 20. Jahrhundert (bei Bach, Händel, Beethoven, Mozart, Mendelsohn, Brahms, Wagner), die sich alle auch mit religiös-spiritueller Musik bzw. sakral-mystischer Ausdrucksform befasst haben. Viele der hier beispielshaft genannten Werke werden bevorzugt auch in Sterbekliniken, Hospizen etc. gespielt, auch wenn sie ursprünglich nicht als Musik für das Lebensende gedacht waren.[298]

---

[296] Von Bingen H.: 77 selbstgedichtete und komponierte Gesänge bilden einen liturgischen Zyklus durch das Kirchenjahr, darunter: Symphonia (h)armoniae clestium revelationum – der Zusammenhang der Harmonie der himmlischen Offenbarung.

[297] Vgl. Obert C.: (2009): von Bingen H., in: SWR 2 Musikwissen kompakt, Mitschrift der gleichnamigen Sendung; vgl. auch: Kapitel 1 Was ist Musik? Unterkapitel: Der menschliche Gesang – das perfekteste Musikinstrument.

[298] Vgl. Bach Johann Sebastian: Johannes- und Matthäuspassion; Händel Friedrich-Georg: Messias; Haydn Joseph: Die Schöpfung; Beethoven Ludwig van: Missa Solemnis; Mozart Wolfgang Amadeus: Requiem; Mendelsohn-Bartholdy Felix: Elias; Brahms Johannes: Requiem; Wagner Richard: Tristan und Isolde, wobei die Protagonisten der Oper den Tod als Vollendung herbeisehnen.

In dieser für alle Menschen gleichen Ungewissheit, was nach dem Diesseits kommen mag, versucht man, mit Musik Trost und Zuversicht zu spenden, aber auch durch ihre Dramatik das Leben und seine begrenzte Dauer zu erhöhen. Musik als hörbare Kunst wird somit in ihrer Unsterblichkeit auf die zeitliche Begrenztheit menschlicher Lebenszeit übertragen, um selbst etwas von dieser zeitlosen Aura abzubekommen.

Denn: Was in früheren Jahrhunderten der Glaube vermochte, übernimmt in einer Zeit, in der wir so *real* geworden sind, die Musik.

Requiem aeternam dona eis, Domine ...

... et lux perpetua luceat ei. Requiescat in pace. Amen – Ewige Ruhe schenke ihm (ihr), o Herr! Und das ewige Licht leuchte ihm (ihr). Er (sie) möge ruhen in Frieden. Amen.

Mit diesen Sätzen kann vermutlich nur derjenige etwas anfangen, der selbst einmal Latein in der Schule gelernt hat. Gleichwohl klingen sie irgendwie vertraut. Sie werden ja bei fast jedem christlichen Begräbnis am Sarg oder am offenen Grab gesprochen. Und sie haben etwas von der Mystik vergangener Jahrhunderte, als gesprochene Worte und sakrale Musik ausschließlich lateinisch verfasst waren und weltweit Verwendung fanden. Auch heute verhindert eine sogenannte tote Sprache wie Latein die Bekanntheit bestimmter Sätze und Floskeln nicht, zumindest nicht die des Wort-Klanges. Hier ist von Requiem die Rede und Requiem-*Musik* wurde zu unterschiedlichen Zeiten kompositorisch verarbeitet.[299] Wenn man die häufigen Besucherklicks bei

---

[299] Vgl. http://de.wikipedia.org/wiki/Requiem, vgl. auch: Wissenschaftlicher Rat der Dudenredaktion (Hg.) (1966): der große Duden, Band 5, Mannheim.
Hier beziehen sich die Wikipedia-Autoren unter anderem auf den DUDEN:
„Das Requiem, liturgisch Missa pro defunctis („Messe für die Verstorbenen"), auch Sterbeamt, ist die heilige Messe für Verstorbene. Der Begriff bezeichnet sowohl die Liturgie der heiligen Messe bei der Begräbnisfeier der katholischen Kirche als auch kirchenmusikalische Kompositionen für das Totengedenken. Er leitet sich vom ersten Wort des Introitus Requiem aeternam dona eis, Domine ab.
Während in der Zeit der Wiener Klassik das Requiem noch die Funktion einer musikalischen Begleitung des Gottesdienstes hatte (z. B. bei Antonio Salieri, Carl Ditters von Dittersdorf, Michael Haydn, Luigi Cherubini et al.), begann sich die Vertonung allmählich von kirchlichen Bindungen zu lösen. Bereits W.A. Mozarts Requiem oder Hector Berlioz' monumentales und großbesetztes Werk ist eher für den Konzertsaal konzipiert. Das Deutsche Requiem des Protestanten Johannes Brahms verwendet frei gewählte Texte aus der Lutherbibel, nicht die der katholischen Liturgie und konzentriert sich somit voll auf die Komposition Brahms'scher Romantik. Ab der

diversen Requien im Internet betrachtet, hat man den Eindruck, die Mozart-, Verdi-, und Brahms-Requien erleben eine Wiederauferstehung, ähnlich wie die Renaissance der Hildegard - Kompositionen.

Doch die Kehrseite der schönen Musik zu den traurigen oder sehr ernsten Anlässen zeigt sich in den Niederungen des konkreten Alltags. Schrecklich konkret ist die belastende Organisation einer Beerdigungsfeier mit allem, was dazu gehört. Wer ein solches Ereignis schon einmal organisieren musste, weiß, dass die hektischen Vorbereitungen mit vielen schmerzhaften Ecken und Kanten verbunden sind, die einen geradezu lähmen können. Um dabei das Augenmerk auf die Musik zu richten, ohne die eine solche Zeremonie nicht wirklich feierlich wäre, wird schnell deutlich, dass man bereits bei der konkreten Entscheidung für die Musikauswahl ins Schwanken gerät. Vom Bestattungsinstitut hört man in geflüsterten Worten „... und welche Musik sollen wir auflegen?" Da niemand den Tod wirklich an sich herankommen lassen will, ist es nicht verwunderlich, wenn einen die Frage nach der bevorzugten Todesmusik überrascht und meistens „auf dem linken Fuß" trifft. Die richtige Antwort hängt natürlich vom Lebenszeitpunkt des Verstorbenen und der Art des Todes, sowie von weiteren individuellen Umständen ab. So gibt es sicher den sanften Tod - den des Hinüberschlafens -, aber auch den schweren Todeskampf nach langem Leiden, oder den brutalen, viel zu frühen Tod nach einem Unfall oder sogar Totschlag oder Mord. Diese unterschiedlichen Umstände, die zum Tode geführt haben, sollen also mit entspre-

---

Zeit der Spätromantik schwindet die Anzahl der Requiem-Kompositionen merklich. Die Wichtigkeit des Textes tritt bei vielen Vertonungen zu Gunsten der immer stärker symphonischen Behandlung des großen Orchesterapparates zurück, wie z. B. bei Max Reger. Diese Werke sind ausschließlich als Konzertmusik konzipiert und lassen sich auch nur noch als solche verwenden. In der modernen Musik ab etwa 1950 spielt das Requiem als Musikgattung nur noch eine sehr untergeordnete Rolle. Allerdings schrieben auch in dieser Zeit Komponisten noch herausragende Werke, so Benjamin Britten, in dessen eigenwilliger Vertonung mit dem Titel *War Requiem* der liturgische Text mit Gedichten des englischen Dichters Wilfred Owen kombiniert wird. Weitere bedeutende Kompositionen nach dem Zweiten Weltkrieg schufen unter anderen Boris Blacher, Krzysztof Penderecki, Rudolf Mauersberger, Paul Zoll (er verwendete einen deutschen Text, bestehend aus Auszügen aus der Totenmesse von Ernst Wiechert). Eine Sonderstellung nimmt das *Requiem für einen jungen Dichter* von Bernd Alois Zimmermann auf Texte verschiedener Dichter, Berichte und Reportagen ein. Zunehmend erscheinen Kompositionen ohne Text mit dem Titel *Requiem*, wie das von Hans Werner Henze, welches in Form von neun geistlichen Konzerten für Klavier solo, konzertierende Trompete und großes Kammerorchester gesetzt ist. Anlässlich des 100. Gedenkjahres (2014) nach Ausbruch des ersten Weltkriegs hat der Ligeti-Schüler Altuğ Ünlü ein Requiem komponiert, das auf dem lateinischen Text basiert."

chender Musik im Gottesdienst, in der Aussegnungshalle oder am Grab in Verbindung gebracht und auch benannt werden können. Aus dem Stand und für einen musikalischen Laien zumal stellt das oftmals die totale Überforderung dar. Gleichwohl haben diese Rituale in allen Kulturen eine sehr lange Tradition.

Musikalische Abschiedszeremonien – Erleichterung für die Angehörigen

Es ist davon auszugehen, dass bereits bei den Pharaonen der Ägypter, den chinesischen Kaiserdynastien sowie bei sumerischen Herrschern, römischen Kaisern, Königen, Stammesfürsten und Clanführern musikalische Abschiedsrituale eine tragende Rolle spielten, je nach Rang und Stellung in der Gesellschaft und der sozialen Gruppe.

Exakte Überlieferungen fehlen, denn die Musik selbst wird in der Antike entweder nur durch ergänzende Grabzeichnungen, weniger durch konkret identifizierbare Stehleninschriften oder sonstige verwertbare Dokumente belegt. Eine Ausnahme an schriftlichen Materialien ist die Bibel. Sie ist dabei eine der wichtigsten und reichsten Quellen über das musikalische Leben beispielsweise im alten Israel und vermittelt Wissen über einen Zeitraum von rund 3000 Jahren.

Ob sich zukünftige musik-archäologische Studien diesen Fragen stärker zuwenden, bleibt abzuwarten. Es ist kaum möglich, die historischen Zeugnisse über Musik des Altertums chronologisch genau einzuordnen, da oft erst retrospektiv bestimmte Ereignisse einer früheren Periode zugeordnet werden. Ein Beispiel dafür ist der Bericht des Chronisten über die Aufstellung der Tempelmusik durch König David. Einzelheiten der Kantillation oder des synagogalen Gesangs werden dabei wohl aus der Zeit des Chronisten zurück projiziert, um die levitische Position zu stärken.[300]

Bei der mittelalterlichen jüdischen Musik, die um das 10. Jahrhundert angesetzt wird, wird Musik zu einem Thema der philosophischen Betrachtung, und die Poesie erhält durch die Einführung des musikalischen Metrums und der damit verbundenen ästhetischen Werte einen neuen Charakter.

Schließlich kam das Requiem erst im europäischen Kunstraum auf. Es wird bei entsprechend „wichtigen" Anlässen und meist zum Gedenken aufgeführt.[301]

---

[300] Vgl. http://de.wikipedia.org/wiki/Jüdische_Musik.
[301] Vgl. auch obiges Kapitel: „Requiem aeternam dona eis, Domine".

Zur Beerdigung eines normal Sterblichen kommt eher selten ein ganzes Requiem zum Einsatz. Meist sind es einzelne, von Angehörigen ausgewählte Lieder oder Musikstücke, nicht selten zur Überraschung der Trauergemeinde, weil sie *diese* Musik nicht in Verbindung zum Verstorbenen gebracht hätte.

Anders ist es bei gesellschaftlich bedeutenden Trauerereignissen einflussreicher und mächtiger Verstorbener, bei großen Prominenten- oder Staatsbegräbnissen. Hier wird der Musik ein zentraler Platz eingeräumt. Aber selbst dann ist die Musikauswahl abhängig vom Alter und den Todesumständen des Verstorbenen. Als Richard von Weizsäcker am 31. Januar 2015 verstarb, war er im gesegneten Alter von 94 Jahren. Die ausgewählte Musik, von der es reichlich gab, bestand unter anderem aus überraschend jungen Stimmen, die aufbauende, keine tristen Chorsatzlieder sangen. Ebenso wirkte das Oktett in F-Dur von Franz Schubert zwar tragend schmerzlich und irgendwie traurig (was aber mit Schuberts eigenem tragischem Ende eher zu erklären sein dürfte), aber im Ganzen doch feierlich und kraftvoll. Ansonsten war die Begräbnismusik eher ein Stilmix, bei durchgängiger Ernsthaftigkeit und großer Feierlichkeit.

Beim Staatsbegräbnis von Prinzessin Lady Diana nach ihrem gewaltsamen Unfalltod im Jahr 1997 klang nicht nur die Musik mit „Candle in the Wind" von Elton John ganz anders. Die geheimnisvolle Tragik ihres Todes wühlte die Welt auf und ging mit der Musik nachhaltig schmerzend unter die Haut und rührte zu Tränen. Das Lied war ursprünglich eine Hommage an Marilyn Monroe, dann wurde es für Lady Diana umgeschrieben. Beide, Monroe und Lady Diana, sind mit 36 Jahren gestorben. Mit „Candle in the Wind" wollte Elton John die Ähnlichkeit der beiden gewaltsamen Tode zeigen, mit den Medien als Erzeuger und gleichzeitig Zerstörer von Stars.

Von den Rangniedrigeren werden noch heute die Rituale der Ranghöchsten im Kleinformat kopiert – je nach Größe des Geldbeutels – mehr oder weniger opulent ausgestattet.

Klar ist dabei für jedermann, ob alt oder jung, ob arm oder reich, ob Mann oder Frau, ob Fürst, Prinzessin, König, Bettler oder Drogentoter: Letztlich kann keiner etwas mitnehmen. Es ist wichtig, ein Gefühl dafür zu finden, dass alles Materielle vergänglich und im Grunde genommen auch für ein mögliches Leben nach dem Tod sinnlos ist, weil wir es uns nicht mehr vorstellen können, auch im Jenseits reich ausgestattet sein zu müssen. Deshalb wird die letzte irdische Begegnung in reichlich Musik gepackt, weil sie es ist, die tröstet und den Hinterbliebenen Erleichterung spendet. Musik spiegelt dabei etwas wider, was einen wirklich berührt, weil es auch authentisch herüberkommt. In einer säkularen Gesellschaft, die mit Religion nichts mehr anfangen kann, in der aber trotzdem gestorben wird und jedem ein würdevoller Abschied, meist in einem religiösem Rahmen gestaltet werden soll, kommt niemand ohne Musik wirklich aus, denn jeder will dieses unerklärliche Sinnvakuum versuchen zu füllen. Musik ist hierbei die Kunst, das Dunkle auszuklammern, die Seele und das Herz für Helligkeit empfänglich zu stimmen. Auch wenn das kitschig klingen mag, ist man bei solchen Anlässen normalerweise für jede Form sentimental-trauriger, meist langsam gehaltener Musik offen und bereit, sie in sich aufzunehmen, spätestens dann, wenn man die eigene Endlichkeit und die letzten Stunden vor Augen hat. In der Langsamkeit der Musik drückt sich dann für viele die Sehnsucht danach aus, die eigene Zeit anzuhalten oder sie zumindest zu entschleunigen.

Wenn man Musik in Verbindung mit Theologie als der Rede oder Lehre von Gott setzt, endet ein Leben nicht mit den letzten Abschiedszeremonien, sondern bleibt viel länger erhalten, als alles Sterbliche. Sie geht weiter, so wie das Leben für die Hinterbliebenen weiter geht. Oft ersetzt Musik ihnen sämtliche Erinnerungen und hilft, die unsterbliche Seele des geliebten Menschen durch sie (die Musik) sprechen zu lassen. Musik klärt oft erst viele Jahre später, lange nach dem Tod darüber auf, welche Bedeutung sie für den Verstorbenen hatte. „Das war doch die Musik bei der Beerdigung!" Oder, wenn man unsicher ist: „War das nicht die Musik in der Kirche?" Es ist nicht verwunderlich, wenn dann diese Musik beim wiederholten Hören selbst zum eigenen Repertoire und damit verinnerlicht wird. Von daher ist es sehr friedvoll, dass über Musik sowohl die Seele des Verstorbenen als auch sein Status in der Gesellschaft nicht nur weiterleben, sondern die Musik bei ihrem Erklingen an ihn erinnert und ihn ins Bewusstsein – meist von einer angenehmen Seite – zurückholt.

So bleibt mit der Musik ein wesentlicher Teil für eine überschaubare Zeit nach dem Tod unsterblich. Dafür gebührt allen Künstlern großer Dank, die Musik für das Lebensende und darüber hinaus geschaffen zu haben.

Wie öde und leer wäre die Welt, wenn es keine unsterbliche Musik gäbe!

Trotz des Wissens, dass an dieser Stelle ein wichtiger Teil fehlt, nämlich der der Trauer und Trauerarbeit, werde ich mich diesem Thema nicht näher zuwenden, weil es doch sehr subjektiv ist, welche Bedeutung jemand Trauerarbeit beimisst. Auch die Art und Weise dürfte sich im Laufe der Zeit grundlegend geändert haben. So sieht man heute keinem Trauernden äußerlich mehr an, dass er sich in einem Trauerzustand oder gar in einem Trauerjahr befindet. Man versteckt also vielmehr seine Trauer, man tabuisiert den Seelenzustand.

Dennoch ist Trauer ein wichtiger Gesichtspunkt, wenn es um die Kommunikation geht. Als Beispiel lässt sich neben dem Verlust eines nahestehenden Menschen durch Tod auch der Verlust durch eine Trennung anführen. Oft ziehen sich die Betroffenen auch in diesen Situationen zurück, „hören langsame und eingängliche Musik, um ihren Gefühlen freien Lauf zu lassen und an die guten Zeiten zurückzudenken."[302]

All das zusammengenommen, macht es sehr kompliziert, das Thema Trauer auch musikbezogen einigermaßen überzeugend und nachvollziehbar darzustellen.

Im letzten Kapitel dieses Buches wende ich mich ab von den spirituellen Musiksphären und betrete ein eher praktisches Terrain.

Es wird darum gehen, einige der angesprochenen Themen in die Praxis zu transferieren, wobei die Umsetzung nur exemplarisch, nicht umfassend gelingen kann.

Quellenhinweise und weiterführende Literatur

Bach Johann Sebastian: Matthäuspassion, Aria Nr. 12 „Blute nur", BWV.
Obert Cosima (2009): Hildegard von Bingen, in: SWR 2 Musikwissen kompakt vom 17.07.2009.
Thoma Anette (1933): Deutsche Bauernmesse.
Wissenschaftlicher Rat der Dudenredaktion (Hg.) (1966): Der große Duden, Band 5, Mannheim, Bibliographisches Institut AG.

Internetquellen

http://de.wikipedia.org/wiki/Interdikt
http://de.wikipedia.org/wiki/Jüdische_Musik
http://de.wikipedia.org/wiki/Requiem
http://www.aesthetisches-sterben.de/pdf/5Heilsame-Musik-im-Sterben.pdf
http://www.besttips.de/musik
http://www.swr.de/swr2/programm/sendungen/cluster/hildegard-von-bingen-musikwissen-kompakt/

---

[302] Vgl. http://www.besttips.de/musik, Musik allgemein, Kap. 11 Musik als Kommunikationsmittel

Kapitel 11
Transfer in die Praxis

Keine Theorie ohne Praxis – keine Praxis ohne Theorie

Wer Musik machen will, muss sie auch hören. Aber wer Musik hören will, ist nicht darauf angewiesen, sie auch selbst zu produzieren. Musik ist mit wenig Aufwand zu haben. In dem Sinn kann sie – wie Peter Brenner sagt – leicht zu einem „umfassenden, zumindest die westliche Welt umgreifenden Ausdruck des Lebensgefühls einer Generation werden."[303]

Der Ausdruck eines Lebensgefühls ist Teil einer Theorie, die sich auf die kommunikative Funktion von Musik anwenden lässt. Die Gültigkeit einer Theorie erweist sich durch ihre Brauchbarkeit in der Praxis. Musikalische Handlungen können ein beglückendes Lebensgefühl widerspiegeln, sie können wirkungsvoll, in jeder Hinsicht perfekt und super sein, sie sollten sich aber auch theoretisch begründen lassen. Anders, vereinfacht ausgedrückt: Ich sollte wissen, was ich wann und warum tue. Hinter jeder Praxis steht eine Theorie, was nicht gleichbedeutend damit ist, dass immer auch bekannt ist, um welche Theorie es sich jeweils handelt. Auch wenn spezifische Musik-, oder Hörtheorien nicht immer ad hoc erkannt werden können, ist meist der musikalische Kommunikationsansatz der richtige, da er umfassend musikalische Funktionen benennt.

Kommunikationstheoretisch lässt sich jedoch genau festlegen, unter welcher Perspektive Musik betrachtet wird: unter historischer, philosophischer, physikalischer, akustischer, tontechnischer, psychologischer, pädagogischer, kommunikativer oder einer sonstigen Sichtweise. Je nach Blickrichtung werden sich Interpretationen und Rückschlüsse auf die Funktion, Bedeutung und Wirkung, aber auch auf die Ästhetik und das Machbare von Musik unterschiedlich gestalten. Ihre – vor diesem Hintergrund ausgerichtete – Auswahl für die Praxis ist entscheidend geleitet von der Frage, durch welche Brille ich auf die musikalische Handlung blicke und welche Absicht ich damit verfolge. Umso wichtiger ist es zu klären, nach welchem Verständnis Musik gemacht wird, um von anderen auch verstanden zu werden.

Letzten Endes ist es die Praxis, in der „Ross und Reiter" benannt werden. Denn hier geht es um die Realität, nicht um Phantasie. Wofür, warum und

---

[303] Brenner P. J. (2008): Hörkulturen – Zeitkulturen, in: Hör' mal schnell – Zeiten der Aufmerksamkeit, a. a. O., S. 16.

mit wem ich Musik mache – also die Kommunikationspartner, das Publikum, die Zuhörenden und die Konsumenten – spätestens an ihnen erkenne ich, ob die Musik gut ist, ob sie ankommt, zündet und das bewirkt, was ich mir vorgestellt habe.

Weil Musik neben kommunikativer auch heilende Wirkung hat, ist sie auch Therapie. Deshalb gerät diese Therapieform schon seit längerem in den Fokus der Wissenschaft: Die Musiktherapie in all ihren kraftvollen Facetten helfender und heilender Wirkungsweisen greift in der Praxis vor allem auch dort ein, wo der Umgang mit demenziell veränderten Menschen zu einer der schwierigsten Herausforderung im Alltag wird. Da nur über Erfahrungen institutioneller sozialer Betreuungsformen berichtet werden kann, weil sich der private Alltag zuhause hinter verschlossenen Wänden vollzieht, beschränke ich mich auf Erfahrungswerte in Einrichtungen oder einrichtungsähnlichen Lebensformen.

So schauen wir zunächst auf Musik als niedrigschwelliges Angebot für demenziell veränderte Menschen.[304]

Musik löst bekanntermaßen bei jedem Menschen die unterschiedlichsten – oft nicht mehr präsenten – Erinnerungen aus, die heitere, aber auch traurige Emotionen lostreten. Diese spontanen Emotionen sind an Reaktionen im Gesicht, in der Gestik oder an der Körperhaltung beim Abspielen von alten Liedern leicht zu deuten. Für musikwissenschaftliche Fragestellungen, warum Musik so wirkt wie sie wirkt, besitzen sie zentrale Bedeutung. Wir wissen, dass Musik ein Auslöser dafür ist, emotional wieder aufzuleben, dass sie ein sofortiges Lächeln erzeugt und meistens Wohlbefinden bewirkt. Hier endet jedoch noch lange nicht das Wissen über musikalische Wirkung, von der wir sagen können, dass sie zwar nicht langfristig anhält, sondern sich im Hier und Jetzt entfaltet, für die Praxis insofern bedeutsam ist, als sie uns auffordert, nicht darauf zu achten, was *nicht mehr* geht, sondern was *noch* geht.

Demenzdörfer: Orte des Vergessens oder eingezäunte Freiheit

Konkrete Modelle, um sich gegen den Lärm der Welt völlig abzuschotten, sind sogenannte Demenzdörfer. Das erste seiner Art ist das Pflegedorf für Demenzkranke in Hogewey, Holland.[305] Mittlerweile gibt es auch in Deutsch-

---

[304] Niedrigschwellige Angebote sind – in der Regel – an Menschen, die an Demenz erkrankt sind, orientiert. Vgl. auch Kapitel 5 „Hoffnungsvolle Erkenntnis", Unterkapitel: Verschiedene Wege, um Demenz entgegenzuwirken.
[305] Vgl. Homepage des ersten Pflegedorfes in den Niederlanden http://www.vivium.nl/hogewey.

land vergleichbare Einrichtungen, zum Beispiel am Stadtrand von Hameln.[306] Obwohl als Modell gepriesen, handelt es sich hier auch um eine exklusive Form eines Demenzghettos, in dem sich Menschen zwar frei bewegen, aber letztlich aus ihrer dörflichen Umzäunung nicht herauskönnen. Offensichtlich entspricht der Stand wissenschaftlicher Erkenntnis im Umgang mit demenziell veränderten Menschen aber genau dieser Innovation, sodass Kritik im Grunde solange verpufft, als man auf keine alternativen – auf Erfahrung basierte – Erkenntnisse zugreifen kann.[307]

Doch schauen wir zunächst einmal darauf, wie es dort zugeht. Wie sieht es beispielsweise in Hogewey konkret aus? Aus der Internetseite erfahren wir folgendes:

„Ein ganzes Dorf für Alzheimer-Patienten, damit leistet das Pflegeheim Hogewey, östlich von Amsterdam in Weesp, Pionierarbeit. Ein normales Dorf mit allem was dazugehört ist das Außergewöhnliche dieser Siedlung. Denn die rund 150 Alzheimer-Patienten haben hier ein zu Hause, das nicht an der Wohnungstür endet. Freiheit ist hier das höchste Gebot.

Zwischen Straßen, Gärten und einem Dorfplatz finden Alzheimer-Patienten unter anderem Supermärkte, ein Theater, Cafés, einen Friseur, Schönheitssalons und eine Boules-Bahn, die inmitten der Wohneinheiten integriert sind. Ein Hausarzt und eine Praxis für Physiotherapie sind ebenfalls niedergelassen.

Die Unterbringung der Patienten von maximal 7 Bewohnern pro Wohngemeinschaft verteilt sich auf 23 Häuschen und Wohneinheiten. Nach Lust und Laune können Patienten dort kochen, den Garten pflegen oder handwerken. Der Übergang zwischen Kulisse und echtem Interieur ist in Hogewey fließend. Die Auswahl aus sieben verschiedenen Lebensstilen soll den Patienten die optimalen Umstände bieten, um weiterhin in einer möglichst vertrauten Umgebung zu leben.

Dass das Pflegepersonal keine weißen Kittel trägt, ist eine weitere Besonderheit dieser Pflegeeinrichtung. Nichts erinnert hier an ein Heim. Für die vormals in einem Hochhaus untergebrachten Patienten ist die „Illusion" perfekt. Die Bewohner seien viel ruhiger, hätten weniger Angst und riefen weniger um Hilfe, berichten die Verantwortlichen.

Wie erfolgreich und innovativ dieses Pflegekonzept ist, zeigt sich an Patienten, die den Wunsch äußern, nun wieder zurück nach Hause gehen zu wollen, wenn

---

[306] Vgl. auch: http://www.sueddeutsche.de/leben/deutschlands-erstes-demenzdorf-ein gezaeunte-freiheit.
[307] http://news.wohnen-im-alter.de/2014/03/kritik-demenzdorf-unsere-bewohner-sind-nicht-bescheuert.

sie zu Besuch bei ihren Angehörigen sind. „Vorbildlich" ist das Prädikat, das die niederländische Alzheimerstiftung dem Pflegedorf verliehen hat."[308]

Das Leben gestaltet sich dort anscheinend selbstverständlich, ebenso die Pflege. Ohne das soziale Miteinander und die damit verbundene Lust scheint jedoch das Leben auch hier von Tristesse geprägt zu sein. Da die sozialen Kontexte stimmen – also Zusammenleben, Wohnen, Kultur, Natur, Spaß haben, Lieben, Tanzen, Genießen – und wie selbstverständlich ineinander greifen, wird jede Form von sozialer Betreuung oder sozialer Begleitung überflüssig, würde andererseits ohne sie jedoch gar nicht erst gelingen. Ein uraltes Prinzip der sozialen Arbeit greift auch hier: Hilfe zur Selbsthilfe bedeutet, sich die Fähigkeiten des zu Betreuenden bewusst zu werden, diese auf die Schiene zu setzen und ihn mit professioneller Hilfe solange beim Einsatz seiner Fähigkeiten zu unterstützen wie es möglich ist. Dann greift das Räderwerk wie ein Perpetuum Mobile ineinander und läuft von selbst. Dass es dabei sehr differenzierter Handlungs- und Therapieformen bedarf, um es im Einzelfall überhaupt soweit zu bringen, soll auf keinen Fall unterschlagen werden. Ich argumentiere sozusagen vom Idealpunkt aus, bis zu dem es in der Regel ein weiter und oftmals mühsamer Weg ist, natürlicherweise.

Welche Rolle Musik in Hogewey spielt, außer dass es immer wieder im Zusammenhang mit anderen „Lebensqualitäten", wie Tanzen, Kultur, Genießen etc. genannt wird, lässt sich aus den zugänglichen Informationen nicht in Erfahrung bringen. Das Pflegedorf steht insbesondere für einen integrierenden Ansatz, wenn auch beschränkt auf die im Ghetto des Dorfes lebenden und arbeitenden Personen.

In einem kleinen TV-Beitrag im Rahmen des Morgenmagazins der ARD[309] erfahren wir nebenbei, dass Musik, respektive Singen in dem deutschen Demenzdorf Tönebön am See, am Stadtrand von Hameln – das offensichtlich nach dem Muster von Hogewey konzipiert und vor kurzem eröffnet – dort zwar keine zentrale, wenngleich eine sehr wichtige Rolle im Alltag spielt. In einem kurzen Ausschnitt wird gezeigt, wie eine Gruppe von Menschen im Kreis sitzt, jeder von ihnen einen elipsenförmigen Luftballon in den Händen hält und alle gemeinsam mehr schlecht als recht singen: „So ein Tag, so wunderschön wie heute …". Im ersten Moment kommt einem diese ausgewählte Passage zynisch vor, man ist irritiert und fragt sich, ganz im Sinne des deutschen Soziologen und Vorsitzenden des Vorstands von Aktion Demenz, Rei-

---

[308] Homepage Hogewey; weitere Quellen: Kraft der Illusion, Rheinischer Merkur vom 01.07.2010 Informationen des Pflegedorfes „De Hogeweyk".
[309] ARD Morgenmagazin vom 26.05.2015.

mer Gronemeyer, ob das sein muss.[310] Wenn Musik so verstanden wird, dass ihr Einsatz zur Infantilisierung beiträgt, dann ist alles, was Musik bewirkt, nicht oder zumindest falsch verstanden worden.

Aber die Kritik an den Demenzdörfern geht noch viel weiter und klingt deutlich heftiger. Denn das Konzept ist nicht unumstritten. So wird gar von einem „Lügenmodell Demenzdorf" gesprochen.[311] Michael Schmieder, der selbst ein auf Demenz spezialisiertes Pflegeheim im schweizerischen Wetzikon leitet, sagt in einem Spiegel-Interview: „Das Konzept funktioniert schon deshalb nicht, weil man es ‚Dorf' nennt. Mit diesem Begriff, der schön und heimelig klingt, will man der Krankheit den Schrecken nehmen. Als ginge das mit einem hübschen Label! Gewiss, es gibt da gute Mitarbeiter, die machen gute Demenzbetreuung. Sie nehmen Stress weg, das ist das Wichtigste. Die Menschen haben viel Platz, drinnen und draußen, sie können viel entscheiden. Aber der Name 'Demenzdorf' ist Augenwischerei. Das Schlimme ist: Die pflegerische Beziehung wird auf einer Lüge aufgebaut. Man tut das vermeintlich, um den Kranken zu schonen. Die Pflegenden, die den Kranken belügen, suchen eine Lösung für sich – nicht für den Kranken. Man will damit Demenz pflegbar machen. Ein unerfüllbarer Anspruch: Alzheimer ist nicht betreubar."[312]

Doch auch die Pro-Demenzdorf-Argumente sollen nicht unerwähnt bleiben. So stellt der Soziologe und Geschäftsführer des Berliner Vereins Freunde alter Menschen, Klaus W. Pawletko, zumindest die Frage: Warum eigentlich nicht? Und führt als Pro-Argument u.a. an: „Entspannte Atmosphäre" und „Demenzdörfer sind offen".[313]

Objektiv betrachtet ist sicher auch der eingangs in diesem Kapitel erwähnte anthropologische Grundsatz positiv zu werten, nicht danach zu schauen, was *nicht mehr* geht, sondern was *noch* geht. Diese Haltung impliziert m.E. ein hohes Maß an Autonomie, nach dem Motto: Jeder darf das tun, was er noch kann.

---

[310] Vgl. Gronemeyer R. (2014): Ausgrenzende Scheinwirklichkeit, in: Dr. med. Mabuse 209, Mai/Juni 2014, S. 19.
[311] Vgl. a.a.O.: http://news.wohnen-im-alter.de/2014/03/kritik-demenzdorf-unsere-bewohner-sind-nicht-bescheuert.
[312] Schmieder M. (2014): Spiegel-Interview von 11/2014, in: http://news.wohnen-im-alter.de/2014/03/kritik-demenzdorf-unsere-bewohner-sind-nicht-bescheuert/ a.a.O.
[313] Vgl. Pawletko K.W. (2014): Warum eigentlich nicht?, in: Dr. med. Mabuse 209, Mai/Juni 2014, S. 18.

Musik aktiviert Selbstheilungskräfte – eine Chance für Pflegeeinrichtungen

Zum Thema Musik und Pflege gibt es wenig aussagekräftige Quellen. Eine ist von Klaus-Dieter Neander aus dem Jahr 1999.[314] Er stellt die Frage, ob Rhythmus, Melodie und Dynamik zum Genesungsprozess bei unterschiedlichen Krankheitsbildern beitragen können und beantwortet sie positiv. So stellt er fest, dass Musik ein sehr guter begleitender Therapeut ist, weil sie berührt, beruhigt, bewegt und hilft, Selbstheilungskräfte zu aktivieren. Auch Jana und Ralf Glück stellen Musik ganz in den Mittelpunkt ihrer Arbeit. Sie betrachten Musik als sinnlich erlebbares Kommunikations- und Ausdrucksmittel, das sie in die Grundpflege integrieren möchten.[315]

In der Ambulanten Krankenpflege Tutzing e.V. hat das Pflegeteam damit begonnen, Musik als Bestandteil der Grundpflege bereits einzusetzen, individuelle Wünsche zu erfragen und zu berücksichtigen und das Angebot kontinuierlich an diese anzupassen.[316] Auch in den Wohngemeinschaften im Ilse Kubaschewski Haus in Starnberg hält die Musik Einzug und wird stimulierender Bestandteil des hier gelebten Alltags.[317]

Aus dem Programm von Glück & Glück lässt sich beispielsweise zu dem bekannten Glenn Miller Swing „In the mood" entnehmen:

„Unser Körper übernimmt meist gleich den Rhythmus, die Finger schnippen mit, unsere Arme bewegen sich fast von selbst und eine Heiterkeit durchströmt uns: ‚wir sind gut aufgelegt!' Musik ist für die Arbeit mit Menschen jeden Alters wertvollstes Medium – so auch für die Zielgruppe Senioren/innen."[318]

In Einrichtungen der Altenhilfe spielt Musik bereits jetzt eine immens wichtige Rolle, die zunehmend noch bedeutender wird. Glück & Glück gehen sogar noch weiter, wenn sie sagen, es ist das „Motivations- und Stimmungsmedium Nr. 1. Mit einem frischen ‚Das Wandern ist des Müllers Lust' oder auch mit einem getragenen ‚Am Brunnen vor dem Tore' sind die Bewohner/innen leicht zum Mitsingen zu bewegen. Derjenige, der nicht mehr singt, bewegt vielleicht noch die Beine im Rhythmus, eine Hand klopft auf dem Tisch mit. Musik gehört elementar zum Leben jedes Menschen. Sie rührt uns in einer

---

[314] Vgl. Neander K. D. (1999): Musik und Pflege, Stuttgart & München.
[315] Vgl. Glück J., Glück R.: Frei bewegt mit Musik – „In the mood"; Förderung der Lebensqualität durch die Verbindung von Musik und Bewegung, Älterwerden ist LebensART, www.gluecksart.de.
[316] http://www.krankenpflege-tutzing.de/kontakt.php.
[317] http://www.ilse-kubaschewski-stiftung.de.
[318] Glück & Glück, a.a.O.

sehr viel tieferen Dimension an, als dies Sprache je könnte. Sie erreicht Menschen und dient als Ausdrucksmittel auch noch da, wo Sprache versagt oder nicht mehr zur Verfügung steht. Bei demenziell Erkrankten haben wir gerade mit den alten Volksliedern wertvolle ‚Tür- oder Fensteröffner' und können eine Phase des Zugangs zu ihrem Inneren ermöglichen."[319]

Musik: Die pure Begegnung

Auf ein konkretes Beispiel dieser Auswirkungen bin ich im KWA Wohnstift Brunneck in Ottobrunn bei München gestoßen.[320] Als ich dort zu einer Jubiläumsfeier eine Laudatio zum Thema „Lebenslanges Lernen" halten durfte, ahnte ich noch nichts von der musischen Atmosphäre, die in dieser Wohnanlage herrscht. Dort wird viel gesungen, meist sehr einfache, aber fast allen Senioren bekannte altdeutsche Lieder, die mit Begeisterung, textlicher Sicherheit und gesanglicher Freude intoniert werden, wie zum Beispiel „Es klappert die Mühle am rauschenden Bach" oder „Das Wandern ist des Müllers Lust". Es kommt beim Singen solcher Lieder nicht auf musikalische Sauberkeit an, auch „schön" singen ist nicht wichtig, wenn es sich zuweilen für geschulte Ohren auch entsetzlich falsch anhören mag. Doch worum geht es? All das, was über Singen bekannt und hier bereits mehrfach gesagt worden ist, darf und soll eintreten: die Freude am Singen, die Stärkung von Stimme, Atmung und der Sprache, der Förderung des Gemeinschaftserlebnisses, kurz: Bewahrung kommunikativer Kompetenz. Selbstverständlich muss man mit solchen Formulierungen vorsichtig sein, um den Anspruch nicht zu überhöhen. Aber erstaunlich: Gerade auch bei demenziell veränderten Menschen gibt es kaum ein Medium, das so unmittelbar in Herz und Seele fährt. Das spürt man, wenn man einmal daran teilnimmt und unvoreingenommen die Stimmung und Atmosphäre auf sich wirken lässt. Noch einmal soll die musikalische Bedeutung im Umgang mit an Demenz kranken oder veränderten Menschen betont werden. Es handelt sich hierbei um die pure Begegnung. Da die vom Gehirn gesteuerten emotionalen Anteile im Gegensatz zu den kognitiven, voll funktionsfähig bleiben, ja sich möglicherweise durch die Rückbildung der kortikalen Segmente noch stärker entfalten könnten, sprudeln Gefühle geradezu ungebremst heraus. Verbale Sprache wird überflüssig oder tritt in ihrer Semantik in den Hintergrund, die Augen sagen all das aus, wozu Sprache nur bedingt fähig ist. Auch andere körperliche Regungen können unerwarteterweise auftreten: eine plötzliche Umarmung oder ein Abwenden und spontanes von-sich-Stoßen. Es kommt durchaus vor, dass man als Besu-

---

[319] Dies.
[320] Siehe auch unter: http://www.kwa.de/standorte/ottobrunn.

cher, Angehöriger oder Gast mit Sätzen wie „Sie sind aber ein sehr schöner Mensch!", „Sie sind ja noch so jung!" oder auch „In meinem Kleiderschrank sind Kamele!"[321] überrascht wird. Es wird deutlich einfacher, wenn einem das Medium Musik zur Verfügung steht.

Das Medium Musik intensiviert viele Sinne. Selbstverständlich unterstützt sie auch äußerliche, d. h. körperlich-verzögerte oder lediglich verlangsamte Bewegungen. Mit Musik lassen sich ebenso monotone, gleichbleibende, fast wie apathisch wirkende Bewegungen leichter ausführen.

Dabei haben diverse sportliche oder gymnastische Betätigungen oftmals nur Alibifunktion oder dienen lediglich als Beschäftigungstherapie. Gezielte sportliche Aktivitäten hingegen können versteifte Gelenke wieder mobilisieren, schlaffe Muskeln kräftigen oder verkürzte Sehnen dehnen und somit das körperliche Wohlbefinden verbessern. All dies wird leichter, wenn es mit Musik geschieht. Auf einem Bein zu stehen lässt sich ebenfalls durch rhythmische Unterstützung erleichtern. So wird die Koordination gestärkt. Da die Bewegungen sehr unterschiedlich vorgenommen werden können, ob stehend, an die Wand gelehnt, sitzend, auf einem Stuhl oder mit Gymnastikball liegend, auf einer Matte oder Wiese, ist auch die Musik danach auszurichten. Letztlich hängt die Auswahl davon ab, welche Art von Musik die Teilnehmer gerne mögen (lässt sich erfragen), bereits kennen (stärkt den Wiedererkennungseffekt) und welche sich am besten zu der jeweiligen Übung eignet. Es kommt darauf an, dass die Musik der Bewegung – insbesondere, ob sie langsam oder schnell ausgeführt werden soll – aber auch den Hörgewohnheiten und Vertrautheiten der Teilnehmenden angepasst wird. Dafür braucht es Fachwissen von Musiktrainern bzw. Musiktherapeuten oder Musikgeragogen.

Allen Rezepten gegenüber, was zu tun ist, um mehr Ausdauer, Aktivität und Fitness zu erreichen, ist ein gehöriges Maß an Skepsis angebracht. Solange nicht geklärt ist, auf was die jeweilige Aktivität abhebt, bleibt ein schaler Geschmack von Aktivismus als Selbstzweck zurück, der mit keiner fortschrittlichen gerontologischen Theorie etwas gemein hat. Die einfachste Antwort auf diesen kritischen Hinweis lautet: Wer das gerontologische Ziel nicht kennt, braucht sich auch nicht wundern, wenn er praktisch ganz woanders ankommt.[322]

So nutzt es gar nichts, vorzuschreiben oder auch nur zu empfehlen, pro Woche soundso viel Bewegungseinheiten durchzuführen oder festzulegen, eine Einheit sollte etwa 10, 15 oder 20 Minuten dauern. Diese wohlmeinenden Vorgaben nutzen möglicherweise den Trainern oder der Firma, für die sie

---

[321] Vgl. Kapitel 5 „Hoffnungsvolle Erkenntnis" Unterkapitel: Verschiedene Wege, um Demenz entgegenzuwirken.
[322] Frei zit. nach Mark Twain.

arbeiten, nicht aber den Betroffenen. Anders ist es, wenn diejenigen, die noch selbst Entscheidungen treffen können, es so wollen. Doch dieser Grundsatz gilt immer und für jeden.

Neben musikbezogenen, kommunikativen Fähigkeiten ist auch personale Kompetenz nötig. Jede Person, die mit altgewordenen, bewegungseingeschränkten Menschen arbeitet, sollte von der Sinnhaftigkeit ihres Tuns überzeugt sein; andernfalls wird kein kommunikativer Austausch erfolgen können. Hier können wir uns auf den person-zentrierten Ansatz von Tom Kitwood oder den Kommunikationsvariablen von Carl Rogers beziehen.[323] Bei Kitwood steht die Person im Mittelpunkt, nicht die Erkrankung. Auch Rogers spricht von Authentizität und fordert Echtheit und Kongruenz. Stimmt das, was eine Person sagt mit dem, was sie tut, überein, kommt dies auch synchron rüber, dann ist ein wesentlicher Anteil der personalen Kompetenz erfüllt.

Musik als Brücke zwischen Jung und Alt

Ein weiterführendes, von der Zielgruppe her betrachtet anders geartetes Beispiel wurde für das Bayerische Sozialministerium im Rahmen des Referates „Generationenpolitik" entwickelt: Ganz Jung. Ganz Alt. Ganz Ohr.[324]

Aus dieser Kampagne heraus entstand eine außergewöhnliche Idee: ein Spiel im XXL-Format.[325] Es bringt Jung und Alt an einen Tisch und spielerisch miteinander ins Gespräch. Kinder und ältere Menschen lernen voneinander, haben gemeinsam Spaß und erleben: Gemeinsam sind Jung und Alt ganz stark. Auszüge aus der Beschreibung:

„Wo können Sie das Spiel einsetzen?":
- Bei Begegnungen von Jung und Alt z. B.:
  - in Schulen, Jugendzentren oder in der Jugendarbeit
  - in Alten- und Pflegeeinrichtungen
  - in Kirchengemeinden, Pfarrgemeinden oder Mehrgenerationenhäusern
  - an Generationenfesten.

---

[323] Kitwood T. (2008): Person-zentrierter Ansatz, a. a. O., vgl. Kapitel 5 „Hoffnungsvolle Erkenntnis" Unterkapitel: Der person-zentrierte Ansatz, sowie: Rogers C. (2005): Die klientenzentrierte Gesprächspsychotherapie, Frankfurt am Main.
[324] Mit der Kampagne „Ganz Jung. Ganz Alt. Ganz Ohr." möchte das Bayerische Staatsministerium für Arbeit und Soziales, Familien und Integration, den Zusammenhalt der Generationen in Bayern nachhaltig stärken und zum Engagement in Generationenprojekten aufrufen. Vgl. auch: http://www.bayern-ist-ganz-ohr.de.
[325] http://www.bayern-ist-ganz-ohr.de/material/xxl-spiel.php.

- Drinnen und draußen: Das Spielmaterial ist komplett in einer handlichen Box (ca. 45 cm hoch, 80 cm lang und 45 cm breit) verpackt.
- Der robuste Spielplan aus Lkw-Folie (ca. 120 x 180 cm) kann z. B. auf einem großen Esstisch, zwei (breiten) Biertischen oder auf dem Rasen ausgebreitet werden.

„Wer kann mitspielen?"
- Kinder ab ca. 8 Jahren (die bereits sicher lesen und schreiben können).
- Erwachsene, v. a. ältere Menschen. Auch jüngere und ältere Personen mit eingeschränkter Mobilität, z. B. Rollifahrer-/innen, können mitspielen! Viele Aufgaben eignen sich auch für demenzkranke Menschen.

„Wie funktioniert das Spiel?"
- Zwei altersgemischte Teams treten gegeneinander an und lösen kniffelige und spannende Aufgaben für Auge, Ohr, Mund, Hand und Köpfchen: Das Spielkonzept berücksichtigt alle Generationen: Mal gewinnt die Fingerfertigkeit oder das Adlerauge der Jüngeren, mal holen die Älteren mit ihrem Liederschatz oder dem Wissen um die Saison für verschiedene Gemüse den nächsten Punkt. Gemeinsam sind Jung und Alt am stärksten!
- Die großen Spielfiguren und der Riesenwürfel kommen der Bewegungsfreude von Kindern ebenso entgegen wie der mitunter eingeschränkten Motorik und Sinneswahrnehmung älterer Menschen.
- Eine Spielrunde dauert ca. 40 Minuten. Zuschauer sind willkommen und können bei einigen Aufgaben mithelfen.

Damit hat das Sozialministerium des Bundeslandes Bayern, das ein Generationenreferat eingerichtet hat, Pionierarbeit geleistet und bewiesen, dass es keine Peinlichkeit darstellt, auch einmal ein generationenübergreifendes Spiel herauszugeben. Vielmehr beweist es hohe Authentizität und Mut, Alt und Jung auf diese Weise zusammenzuführen.

Musik – für Jugendliche noch immer die Freizeitbeschäftigung Nr. 1

Für eine sozialpädagogische Fragestellung dürfte von Interesse sein, dass die deutschen Jugendlichen und jungen Erwachsenen des Jahres 2006 im Alter von 12 bis 25 Jahren bei den abgefragten bevorzugten Freizeitbeschäftigungen Musik hören an der Spitze steht[326].

Wozu setzen also junge Leute Musik ein, wozu nutzt sie ihnen? Zunächst zur simplen und individuellen Erzeugung von Stimmungen. Walkman, MP3- Player oder iPad werden dafür unterschiedlich häufig eingesetzt. Mu-

---

[326] Vgl. Abb. X Shell-Studien (2006): Freizeitbeschäftigungen, in: Brenner, a. a. O., S. 16.

sik kann somit nicht nur immer und überall gehört, sondern vor allem auch *ad hoc* gehört werden, da sie sekundär auftritt und von ihrer Herstellung entkoppelt ist. Der Kopfhörer in allen bunten Farbvarianten ist zum Kennzeichen des postmodernen Jugendlichen (und des Erwachsenen) geworden. Kein Schulhof, kein Nahverkehrsmittel, kein Universitätscampus ist denkbar ohne gruppenweise auftretende Jugendliche, die sich mit Ohrstöpseln autistisch und durchaus auch gegenseitig von der Außenwelt abkapseln. Um das Bild mit einem konkreten Beispiel zu erhärten, schildere ich eine interessante, wenngleich nicht repräsentative Beobachtung in der S-Bahn von Köln nach Honnef: Dort saßen mir schräg gegenüber zwei junge Mädchen im Alter von etwa 16 Jahren, die genau diesem geschilderten Bild entsprachen. Beide ließen sich mit unterschiedlicher Musik via Kopfhörer beschallen. Da die Musik sehr laut war, konnte ich die Verschiedenheit gut identifizieren. Die Mädchen spielten parallel dazu auf ihren Smartphones „Kürbisgame", ein Spiel, das möglicherweise ganz anders heißt, aber immer mit dem Wort „Kürbis" wechselseitig kommentiert wurde. Also eine Multi-Media-Bespielung: Musik via buntem Knopf im Ohr, untermalende Musik zum „Kürbisspiel".

Musik mit Kindern und Erwachsenen, sowie mit Alt und Jung

Einen besonderen Effekt erzielt Musik bei Erwachsenen und Kindern, wobei es sich in folgendem Beispiel um

a) verhaltensauffällige und erziehungsschwierige Kinder in der Heimerziehung sowie um Erwachsene mit einer pädagogischen Ausbildung und,[327]
b) Bewohner eines Alten- und Pflegeheimes und Jugendlichen im Enkelalter handelt.[328]

---

[327] Vgl. Hilfe zur Erziehung nach § 1666 BGB (Gefährdung des Kindeswohls), sowie § 36 SGB XIII (Hilfen zur Erziehung). Meine Anstellung als Kinderdorfleiter wurde vom Träger, dem Albert-Schweitzer-Familienwerk e.V., mit der Erwartung verbunden, mit meiner musikalischen Expertise ein quasi Alleinstellungsmerkmal für die Jugendhilfeeinrichtung zu erzielen. Trotz der Dominierung der täglichen Alltagsroutine habe ich therapeutische Musikgruppen gebildet, die anfangs nicht als „therapeutisch" indiziert waren.

[328] Die Gesamteinrichtung, der ich verantwortlich vorstand, war ein Verbundmodell von Jugend- und Altenhilfe. Es entsprach dem Konzept des Trägers, Alt und Jung miteinander zu verbinden, zunächst in der Form, dass auf dem großen Areal ein Großelternhaus für fremde ältere Menschen zur Verfügung stand. Die Großeltern, die jeweils für eine Kinderdorffamilie zuständig waren, konnten sich eines Tages nicht mehr selbst versorgen. Aus diesem Grund wurde ein kleines Alten- und Pflegeheim auf dem Gelände gebaut. Dort bestand der Kontakt zu den Kinderdorffamilien weiter. Die Gelegenheit habe ich genutzt, um Musik für Alt und Jung anzubieten.

Um die extrem schwierigen Situationen innerhalb von Jugendhilfeeinrichtungen nachvollziehen zu können, muss man sich vor Augen führen, dass viele Kinder schon unterschiedliche „Heimkarriere" mitbringen.[329]

Die Indikationen waren sehr unterschiedlich: von gestörten Herkunftsfamilien über Jugendstrafe bis zu Knasterfahrungen. Das Aufnahmealter hat sich im Laufe der Jahre nach oben geschraubt, d. h. Kinder bzw. Jugendliche kommen erst in ein Heim oder eine heimähnliche Einrichtung, wenn familienähnliche Maßnahmen gescheitert sind, was naturgemäß dazu führt, dass sie oft bereits mit traumatisierenden Erfahrungen ankommen. So ist die Zeit pädagogischer Einflussnahme sehr gering und nicht selten erfolglos. Eine meiner erfolgreichsten Erfahrungen aus fünf Jahren Einrichtungsleitung war Musik mit Kindern und (Pflege)eltern, sowie Musik mit Alt und Jung. Beide Erfahrungen möchte ich als Anregung hier weitergeben.

Die Musikgruppen zwischen Kindern und Kinderdorfeltern bestanden aus musikwilligen, meist noch vorpubertären, drei bis vier Kindern plus Kinderdorfmutter, in der Regel einer Erzieherin. Das wöchentliche Programmangebot war nicht spektakulär, weil nicht selbst konzipiert. Was es an Literatur gab, wurde ausgeschöpft. Mit dem bekannten Orff-Instrumentarium wurden bei allen Beteiligten schnell Erfolgserlebnisse erzielt, da sie leicht zu bedienen und methodisch schnell anzuleiten sind. Die wenigsten der Teilnehmer hatten irgendwelche Vorerfahrungen, weder die Kinder noch die Pädagogen. Dafür eignet sich das von Carl Orff entwickelte Schulwerk mit dem entsprechenden Instrumentarium in hervorragender Weise.[330]

Die Erwartung, dass Kinder mit teils erschütternden Vorgeschichten kein Programm lange durchhalten, ist bekannt und bringt sämtliche Pädagogen ins Grübeln und Zweifeln. Umso erstaunlicher ist es, wenn ein Musikangebot immerhin fast ein Jahr lang anhält. Doch darf die Latte des Erfolges nicht allzu hoch gehängt werden. Wenn es gelingt, ein Kind zu einem soliden Schulabschluss und einer stabilen Ausbildung gebracht und auf ein später bürgerliches Leben vorbereitet zu haben, sodass ein eigenständiges Leben möglich ist, ist der Erfolg gewährleistet. In einem Fall ist es weit mehr als dies geworden: Ein Kinderdorfkind mit all den biografischen Stolpersteinen, Hin-

---

[329] Ich hatte es in der Regel mit solchen Kindern zu tun, die nach unterschiedlich langen Unterbringungsaufenthalten endlich ein Zuhause in einer Kinderdorffamilie gefunden haben. Ein 9-jähriges Mädchen sagte: „Es ist meine siebte Familie. Ich bin froh, dass ich sie gefunden habe."

[330] Das Orff-Schulwerk ist ein nach Carl Orff benanntes musikpädagogisches Konzept für Kinder. Grundlage des Orff-Schulwerks ist der kreative Umgang mit den Elementen Musik, Sprache und Bewegung. Siehe auch: http://de.wikipedia.org/wiki/Orff-Schulwerk.

dernissen und Schwierigkeiten ist heute eine selbständige Unternehmerin mit einem florierendem Geschäft im Bankenwesen, führt ein glückliches Eheleben und hat es zu einem beachtlichen Eigentum gebracht, nicht weit von ihrem ursprünglichen Kinderdorf entfernt. Ausnahmen bestätigen die Regel, und die heißt leider: Einige haben es nicht geschafft, sind sogar weit zurückgefallen,[331] je nach Betrachtungsweise und ausgewählter Statistik sind es mal mehr, mal weniger.

Die zweite Erfahrung bezieht sich auf Musik mit Alt und Jung. Da ich bereits in Kapitel 6 „Intensiver leben durch Musikhören und Musikmachen" in einer ausführlichen Fußnote darüber berichtet habe,[332] beschränke ich mich auf ein Fazit. Die Jugendlichen der Kinderdorffamilien haben durch den Austausch mit den alten Menschen und deren Musik nach eigenen Aussagen viel mitgenommen. Das meiste kannten sie vorher überhaupt nicht (Lieder und Tänze). Es hat ihnen – wie ich erst später erfuhr – die Tür zur Welt der Senioren geöffnet. Gleichwohl waren die Senioren etwas zurückhaltender mit ihrem Enthusiasmus. Sie hatten zwar die Tänze der Jungen kennengelernt, aber gefallen haben sie ihnen nicht. Pädagogisch betrachtet braucht es dafür wohl mehr Lenkung und Einführung in die jeweiligen Musikrichtungen, Tanzschritte, Moden etc. Mir war das damals nicht in dieser Form bewusst, kann es aber aus heutiger Sicht als Erkenntnis so weitergeben. Das Wichtigste ist das gemeinsame Machen, das Gespräch miteinander, die Öffnung der Generationen vor dem Hintergrund der Tatsache, dass – aufgrund von dem demographischen Wandel und Patchwork-Erfahrungen – Menschen immer älter werden, Großeltern länger erhalten bleiben, Kinder eher ein „Großeltern-Paar" hinzugewinnen als dass ihnen eines verlorengeht. Im Falle von Kindern und Jugendlichen, die im Rahmen von Hilfen zur Erziehung aufwachsen, ist es doppelt wichtig, Wege der Generationen zueinander zu bauen. Ein wichtiger Baustein für einen Weg dorthin ist die Musik.

Vermittlungstransfer: Musik als Hochschulseminar

Konkrete Beispiele aus dem Hochschulbereich sollen zeigen, wie bedeutend Musik im Zusammenhang mit sozialer Disziplinierung und Emotionalisierung sein kann. Die Gefahr des Gegenteils, wie Brenner sie sieht, bezieht sich eher auf diejenigen, die sich nach außen hin abschotten und Hören, Hören, Hören, einzig um des Konsumierens willen. „Die soziale Entdisziplinierung ebenso wie die Kommerzialisierung des Hörens gefährdet die Kunst des

---

[331] Siehe auch späteres Beispiel der drei Sinti- und Romabrüder.
[332] Vgl. auch Kapitel 6, Unterkapitel: Erst zuhören – dann machen.

Zuhörens und macht sie zu einer Randerscheinung. Die Fähigkeit, sich vom Geräuschteppich abzuwenden und bewusst das Zuhören zu pflegen, muss heute mühsam dem Lärm der Welt abgerungen werden."[333]

Diese Einstellung deckt sich auch mit den Erkenntnissen der neurowissenschaftlichen Musikforschung neuerer Zeit. „Klavier spielen erleichtert die Rehabilitation von feinmotorischen Einbußen nach einem Schlaganfall, da sich Verbindungen zwischen Hör- und Fingerregionen nutzen lassen, um die Kontrolle der Feinmotorik zu erleichtern. Singen kann ein Weg sein, die Aphasie zu verbessern."[334]

Ein einsemestriges Hochschulseminar (zwei Semesterwochenstunden = 2 SWS, durchgeführt als Seminarwochenende) zum Thema „Musik mit Jugendlichen" soll sowohl die große Bedeutung für die Zielgruppe als auch die jeweils angebrachte sozialpädagogische Intervention aufzeigen.[335]

Bei einem so offenen Thema schien es mir sinnvoll, zunächst die entwicklungspsychologisch vorrangigen Themen von Jugendlichen in einen Musik-Kontext zu stellen. So sind nach vorheriger Abfrage der Studenten folgende Felder mit jeweils dazugehöriger Musik entstanden:

1. „Ich und mein Körper", also Musik der Jugendlichen, die gerade vor oder am Beginn ihrer Pubertät stehen, der etwa Zwölf- bis Vierzehnjährigen. Das einschneidende Erlebnis dieser Gruppe ist ihr eigenes Körpergefühl, sozusagen das Motto *Ich und mein Körper*. Entsprechend ist auch die Vorliebe für rhythmische, vor allem den Körper, die Bewegung stimulierende Musik. Aktuelle Tonbeispiele veranschaulichen diesen Aspekt.
2. In einem nächsten Seminarabschnitt geht es um Musik, die dem Thema „Sexualität" zugeordnet werden kann. Es fällt zusammen mit den ersten Erfahrungen der Vierzehn- bis Sechzehnjährigen. Die angegebenen Musikbeispiele sind nur eine aktuelle bzw. typische Auswahl von vielen Beispielen. Ein Kriterium für die Auswahl könnten etwa die nachweislich höchsten Verkaufszahlen und Hitplätze sein. Das Thema Sexualität wird in der Musik erstmals seit den 1960er Jahren direkt und ohne Umschweife thematisiert. Dies gilt sowohl für das Musikarrangement als auch für die Texte. In der Geschichte der Musik war Sex nie ausgeklammert, wobei allerdings eher von Erotik die Rede war.[336]

---

[333] Brenner, a.a.O., S. 2.
[334] Altenmüller E. (2014): Musik ist Brot unseres Geistes – nicht nur die schönste Nebensache der Welt, aus: Frankfurter Allgemeine Zeitung (FAZ) Natur und Wissenschaft Nr. 269 vom 19.11.2014.
[335] Ich beschränke mich auf dieses eine Seminar, um im Rahmen zu bleiben.
[336] Vgl. Ravel, Maurice: Bolero.

3. Ein ebenso weites, wie unerschöpfliches breites Feld ist „Liebe". Spätestens bei dieser Kategorie ist auf ein sozialstrukturelles Merkmal hinzuweisen: Jeder Versuch, Musik einem übergeordneten gesellschaftlichen Interesse zuzuordnen, wird fehlschlagen müssen, weil die Auswahl der gehörten Musik von verschiedenen Faktoren abhängt, beispielsweise von erlernten Hörgewohnheiten, der bevorzugten Musik in der Familie, in der Schule und im Freundeskreis. So sind auch die verschiedenen Titel zum Thema Liebe jeweils in der Reichhaltigkeit zu prüfen und ggf. der jeweiligen gesellschaftlichen Gruppe anzupassen.
4. Denken wir an junge Erwachsene, also an Achtzehn- bis Zwanzigjährige, die in diesem Alter gerade die Schulzeit beendet oder eine Ausbildung abgeschlossen haben. Parallel dazu kommt ein nachhaltiges Gefühl von „Reisen, Freiheit und Abenteuer" auf. Damit wird diese Altersgruppe von der Konsumgesellschaft eingefangen. Auch hier gibt es eine Menge an zutreffenden Tonbeispielen, die jedoch alle sehr dem jeweiligen Zeitgeschmack unterliegen, deshalb werden hier auch keine Musiktitel genannt.
5. Eine weitere Kategorie ist das, was grob mit „Beziehung" umschrieben werden könnte. Vielfach bereits beim Thema Liebe inbegriffen, geht es doch noch weit darüber hinaus. Interessant ist, dass das Musik-Angebot zur Beziehungsthematik deutlich geringer ausfällt, wobei es dazu den deskriptiv-harmlosen Bereich gibt, in dem Beziehungen als die einfachste und glückseligste Sache der Welt behandelt werden. Vor allem in Schlagertexten finden wir Ratschläge und Lebensweisheiten zu diesem Thema. Es gibt aber ebenso auch den anderen, den kritischen Aspekt, der Zusammenleben problematisiert, sich meist jedoch nicht sehr gut verkauft, verständlicherweise.
6. Ein mittlerweile etwas zurückweichender Musikzweig ist der Bereich „Drogen, Alkohol, Tabletten". Die Drogenszene ist wieder „älter", das Geschäft ungleich härter, Suchtproblematik ist auch ein Thema im Alter geworden. Die Drogen selbst haben sich gewandelt (Methamphetamin, Crystal Meth, Barbiturate). Der Konsumentenkreis hat sich ebenfalls gewandelt und durchzieht die meisten Altersgruppen und sozialen Schichten.
7. Immer mehr Hardrock-Frauenbands erobern den Musikmarkt, haben den Politrock abgelöst. Ein typisches Merkmal lässt sich durch die selbstverständliche Mischung geschlechtlicher Musikgruppen nicht mehr festmachen. Hier ist die Emanzipation schon lange angekommen.
8. „Rap und Heavy Metal". Rap entstand in der Bronx in New-York und in den Slumvierteln von Los Angeles und wurde zunächst von Schwarzen entwickelt, die in ihrem Sprechgesang vor allem sozialkritische Umwälzungen forderten. Davon ist heute nichts mehr zu spüren.[337]

---

[337] Public Enemy: „Fight the Power!" – ein Titel der US-Rap-Formation Public Enemy.

Heute ist der Rap total kommerzialisiert, längst in Europa angekommen und wird hier mit Oldies aus dem Soul und Jazz zusammengemixt. So hat der Rap sein sozialkritisches Image verloren. Texte sind vorwiegend „Love and Sex".

Heavy Metal ist die Fortführung des Hard Rock der 1970er und 1980er Jahre und hat sich bis heute gehalten. Heavy Metal-Konzerte sind nach wie vor „in". Entstanden ist Heavy Metal sowohl in England als auch in Deutschland (allerdings mit englischen Texten).

9. Die „Electronic Body Music", aus sogenannten Low-Budgets entstanden, entspricht eher einer avantgardistisch-künstlerischen Szene. Sie vereinigt daher viele Musikrichtungen mit ähnlichem Hintergrund, meist von Independent Labels betrieben, also von kleinen, unabhängigen Plattenfirmen. Ob sich diese auf dem gnadenlosen Musikmarkt behaupten können, ist nicht bekannt. Die Musik hat sehr engagierte Texte und geht bzw. ging bislang musikalisch neue Wege.

Die hier dargestellten Musikkategorien eignen sich sehr gut für eine Seminararbeit, um über jede einzelne Kategorie – die selbstverständlich modifiziert und ergänzt werden kann – zu reflektieren und die eigene Musikpräferenz mit in den Fokus zu stellen. Im zweiten Teil werden die Kategorien und die dazu gehörten Tonbeispiele in den Zusammenhang mit der „Musik mit Jugendlichen" gebracht. Nach methodisch unterschiedlich erarbeiteten Anwendungssequenzen werden die Ergebnisse im Plenum diskutiert und für die praktische Anwendung systematisch dokumentiert.

Meine erste Begegnung mit Musik als Kommunikation

Auf etwas ungewöhnliche Art und Weise komme ich am Ende des Buches auf mein erstes Schlüsselerlebnis zu sprechen, durch das ich zu der Überzeugung – und damit zum Untertitel – gelangte, dass Musik mehr ist, als ich höre. Ich stelle dies deshalb an den Schluss, um den Kreis zu schließen, mit dem ich selbst begonnen habe. Und ich erlaube mir, die wahre Geschichte dennoch wie eine Erzählung zu behandeln.

Als mich erstmals die Frage nach der kommunikativen Funktion der Musik im Zusammenhang mit sozialpädagogisch geprägter Arbeit beschäftigte, war ich zwanzig Jahre alt. Ich habe ihr jedoch eine zunehmende Bedeutung erst beigemessen, nachdem ich einige für mich überraschende und teilweise spektakuläre Erfahrungen mit Jugendlichen gemacht habe. So war mein Einstieg in die Welt sozialpädagogischer Realität gepaart mit dem lapidaren Hinweis des Heimleiters: „In der Heimerziehung haben wir es mit verhaltensauffälligen und erziehungsschwierigen Jugendlichen zu tun, die gut beschäftigt werden wollen. Einige von ihnen verbüßen hier einen U-Haftersatz, so zum Beispiel die drei Sinti- und Romabrüder Ralf, Stephan und Michael[338], die ihren halben Zigeuner-Clan umgebracht haben. Machen Sie etwas mit ihnen!" Selten habe ich mich in meinem Leben so hilflos gefühlt wie mit diesem meinem ersten pädagogischen Auftrag. Zunächst wusste ich gar nicht, was hinter diesem an mich gerichteten Hinweis steckte, spürte aber die große Herausforderung und war schon geneigt, alles, einschließlich der so schön zurechtgelegten Studienpläne, für die dieses Erziehungshelferjahr Voraussetzung war, hinzuschmeißen. Doch dann tat ich das einzige, was ich wirklich gut konnte: Ich machte Musik. Der Funke sprang schnell über. Meine Rockband-Erfahrung wurde von Ralf und seinen Brüdern bewundert und wirkte animierend, umso mehr, als sie in kurzer Zeit selbst eine Band gründen wollten, was ihnen auch höchst eindrucksvoll gelang. Ob die drei musikalisch vielleicht besonders begabten Brüder zuhause gefördert wurden, wage ich zu bezweifeln, weil ihre Herkunfts- und Lebensbedingungen derart schlecht waren, dass allenfalls traditionelle Lieder mit Geigenbegleitung gespielt wurden, um damit etwas Geld zu erbetteln. Gleichwohl haben sie etwas gelernt: Musikmachen, sofern man selbst Freude daran hat, lässt sich wesentlich überzeugender auf andere übertragen als künstlich eingeübte Musikformen und technisch noch so brillante Musikfiguren. Ganz nebenbei ist ein weiterer, aber entscheidender Lerneffekt der, dass die eigene, durch Armut und Vagabundage geprägte, gering ausgeprägte soziale Identität durch diese kommunikative Form der Musik auf sehr wertschätzende und damit wohltuende Weise auf einen selbst zurückwirkt. Bei den drei Geschwistern folgte Schlag auf Schlag. Der jüngste der Brüder, Michael, bewies Ehrgeiz, Ausdauer und Rhythmusgefühl auf eine – mir auch später nicht mehr in dieser Form begegnete – einzigartige Weise, die dazu führte, dass er sozusagen aus dem Bauch heraus alle mit mir einstudierten Titel perfekt am Schlagzeug „intonierte" und jeden einzelnen Schlag auch unter Anspannung und Aufregung beibehielt, wenn es zum Auftritt kam. Dabei löste er sich immer mehr vom Ego-Feeling, hörte intensiv auf seine Mitspieler und auf mich, fügte sich also sozusagen in das jeweilige Stück live und ohne technische Raffinesse ein. Seine beiden Brüder haben mit einem ihrer eigenen Art emotional und energetisch gesungen, dabei absolut tonsicher. Auch hier entdeckte ich bald, dass aus den pubertierenden Jungs mehr herauszuholen wäre. Und so wagte ich in den vielen Probestunden, beide Stimmen unter Anleitung auch klanglich mehr aufeinander fein abzustimmen ohne eine Hierarchie in der jeweiligen Stimmführung zu unterstützen. Mal war Ralf, mal Stephan Leadsänger. Meine eigene Rolle sah ich am Klavier und an der Orgel, wobei letztere nur selten zur Verfügung stand. Die beiden Sänger durften nach einigen Wochen den

---

[338] Namen geändert.

starken Wunsch, Gitarre und Bass zu spielen, in die Realität umsetzen, denn der Heimleiter und die anderen Erzieher – von den Kindern und Jugendlichen im Erziehungsheim ganz abgesehen – waren sehr begeistert, auch weil durch Spenden schnell die nötigen Instrumente beschafft werden konnten. Grundkenntnisse des Gitarrespielens waren bei beiden allerdings schon vorhanden. Wo sie es gelernt haben, weiß ich nicht. Man hatte nach den ersten internen Auftritten den Eindruck gewonnen, es handele sich hier um eine gut eingespielte, seit längerer Zeit zusammen agierende Musikgruppe. Dennoch wurde meine ursprüngliche pädagogische Unsicherheit noch einmal auf die Probe gestellt, als ich gefragt wurde, woher ich meine Methode hätte, denn bisher sei es noch niemandem gelungen, die renitenten Brüder erzieherisch irgendwie in den Griff zu bekommen. Ich habe damals nicht einmal die Frage verstanden, denn ich wusste nicht, was der Heimleiter mit „Methode" meinte. Nun, ich machte eben einfach Musik. Völlig unklar war mir die theoretische Erklärung pädagogisch-methodischer Zusammenhänge.

Heute weiß ich, dass der damalige Erfolg auf mehrere Faktoren zurückzuführen ist:

1. Ich hatte selbst Spaß an der Musik, fühlte mich sicher und ließ die Jugendlichen spüren, dass ich sie für die Umsetzung brauchte.
2. Absicht und Ziel waren gleichermaßen das Miteinander, also das gemeinsame Musikmachen im Sinne des kommunikativen Austausches.
3. Erstmals wurde mir die ungeheure Kraft musikalischer Kommunikation durch selbstverständliche gegenseitige Rücksichtnahme, durch aufeinander hören und sich gegenseitig abzustimmen, deutlich.[339]

---

[339] Leider war die Erfolgsstory bald zu Ende. Ich bekam einen Studienplatz und konnte nachrücken. Die Brüder hielten die Band noch etwas am Leben, haben sich jedoch bald um die Bandleaderschaft derart gestritten, dass sie ohne Führung keinen, auch nicht mehr den geringsten musikalischen Halt hatten. Schnell fielen sie wieder in ihre alte Verhaltensauffälligkeit zurück und trugen ihren internen Zwist aggressiv nach außen, was wiederum einen Teufelskreis von Sanktionen und Bestrafungen versus noch stärkerer Aggressivität und krimineller Energie auslöste. Bei einem meiner späteren Besuche im Heim erfuhr ich, dass zwei der drei Brüder auch wieder signifikant gewalttätig geworden sind. Mittlerweile waren alle im straffälligen Alter, und durch Wiederholungstaten hatte der Jugendrichter auch kein Nachsehen mehr. Der weitere Lebensweg war – so möchte man mutmaßen – geprägt. Stephan verstand es als einziger, sich irgendwie durchzuschlagen. Was aus ihm geworden ist, weiß ich nicht.

Zum Abschluss: Musik und Gerontagogik – Musikgeragogik

In den 1970er Jahren begann ein Phänomen um sich zu greifen, das ich als erste demografische Frühwarnung bezeichnen möchte. Erstmals haben sich bedrohliche Grenzen im sozialen Sicherungssystem angekündigt, da die Hochrechnungen einen Geburtenrückgang bei gleichzeitiger höherer Lebenserwartung und damit der Hochaltrigkeit abbildeten. Die bekannten Grafiken der Alterspyramide einer „jungen" Gesellschaft wandelten sich augenfällig, aber sukzessive in eine immer älter werdende, verdeutlicht an einer auf den Kopf gestellte Pyramide. Wer soll in Zukunft die Renten erwirtschaften, hieß es, wenn die unter Zwanzigjährigen weniger und die über 65-Jährigen immer älter werden? Fragen von Betreuung, Versorgung und Lernangeboten für die ältere Generation folgten den demografischen Befürchtungen. Unterschiedliche wissenschaftliche Disziplinen widmeten ihr Augenmerk der demografischen Perspektive: in erster Linie die Gerontologie, die Pharmakologie, die Psychologie, die Sozialwissenschaften, respektive Sozialpädagogik, aber auch die Sozialpolitik der Länder – allerdings mit wenig politisch spürbarer Nachhaltigkeit. Bald wurden jedoch neue Studiengänge der Gerontologie (Vechta, Kassel) errichtet, mit Teildisziplinen wie Gerontagogik/Geragogik (Altenbildung) und schließlich davon abgeleitet auch Musikger(ont)agogik.

Gepaart mit meiner praktischen Berufstätigkeit als Leiter eines Kinder- und Jugenddorfes mit Großelternhaus und Pflegeheim versuchte ich, die Thematik Musik mit alten Menschen im Rahmen eines Lehrauftrages an der Fachhochschule Nordostniedersachsen (heute: Hochschule für angewandte Wissenschaften) mit Studenten und Studentinnen der Sozialpädagogik zu bearbeiten. Allerdings lagen zu dem Zeitpunkt zum Thema Musik und Altenarbeit kaum Untersuchungsergebnisse vor. Abgesehen davon, dass es schwierig ist, junge Leute vom Vorurteil des Defizitbildes alter Menschen zu befreien, ist auch nicht nachzuvollziehen, dass das Postulat des lebenslangen Lernens so befremdlich wirkte. Die Studierenden haben sich angesichts dieses Bildes und vor dem Hintergrund der vorwiegend altenpflegerischen, medizinisch-hygienischen und wenig sozialen Betreuung zurecht gefragt, ob hier ein adäquates und angemessenes Arbeitsfeld für Sozialpädagogen zu finden wäre. Sozialpädagogische Altenarbeit in ihrer Relevanz und Tragweite als Arbeitsfeld zu erkennen, wurde eher zurückhaltend bis skeptisch betrachtet. Es ist nicht gelungen, sozialpädagogische Altenarbeit in den Komplex der Gerontologie einzugliedern.

Neben diesem heute selbstverständlichen Faktum sollte der zweite Teil als Forderung ebenfalls selbstverständlich sein, nämlich der, dass der Musik als kommunikative Handlungskategorie eine wesentliche inhaltliche Komponente zukommt. Da der musikalische Handlungsvollzug unmittelbar mit psychomotorischen, kognitiven und affektiven Vorgängen zusammenwirkt, kann sie (die

Musik) beim Menschen selbst dazu beitragen, inaktiv gewordene Partien und verloren gegangene Funktionen wieder herzustellen. „Diese musikalische Kommunikation soll zielgerichtet sein und vollzieht sich im sozialpädagogischen Rahmen der aktivierenden Hilfe des menschlich-kreativen Potentials."[340]

Denn es geht in der musikbezogenen Altenarbeit beziehungsweise kommunikativen Musikgeragogik ja nicht um die Vermittlung musikalischer Parameter, sondern um die aktive soziale Verhaltensleistung, motiviert und praktiziert durch das Medium Musik; gelingt es doch durch Musik überhaupt erst, Kommunikationsbereitschaft herzustellen, welche notwendige Voraussetzung sozialen Handelns ist, um als Medium bedarfsgerechte Ziele zu realisieren.[341]

So ist eine Musikgeragogik, die mittlerweile eine Fachdisziplin im Schnittfeld von Musikpädagogik und Geragogik ist und sich mit musikbezogenen Vermittlungs- und Aneignungsprozessen sowie musikalischer Bildung im Alter beschäftigt, nicht mehr wegzudenken.[342] Erfreulich dabei ist, dass der Bayerische Musikrat e. V. im Jahr 2012 die erste Tagung in Bayern zu diesem Thema veranstaltet hat. Im März 2015 hat er eine Informationsveranstaltung zu Musikgeragogik durchgeführt, in dem er in seinem Ankündigungsflyer unter „darum geht's" folgendes schreibt: „Musizieren fördert auch im hohen Alter kognitive Fähigkeiten, kann den geistigen Alterungsprozess verlangsamen und bei Demenz vorbeugend wirken. Seit November 2013 gibt es in Bayern Musikgeragogen, die eine zweijährige hochschulzertifizierte Weiterbildung absolviert haben."[343] Die Veranstaltung im März 2015 im Bayerischen Landtag setzte sich zum Ziel, Entscheidungsträger aus dem Bereich der Wohlfahrtspflege und der Musikdidaktik über das Fach und seine Potenziale zu informieren und zu vernetzen. Die Veranstaltung sollte anregen, musikgeragogische Weiterbildungen (für Pflegekräfte ebenso wie für Musikpädagogen) zu entwickeln, Musikgeragogen in der Seniorenarbeit, Pflege und Betreuung einzusetzen und damit die Möglichkeiten von Beschäftigungsangeboten für Senioren, die positive Auswirkungen auf den Alterungsprozess versprechen, in vielfältiger Weise zu nutzen.[344]

In dem Sinne kann jeder Musik, die mehr ist, als man hört.

---

[340] Kemser J. (1979): Überlegungen zu einer musikbezogenen Gerontagogik. In: Musik und Kommunikation, Heft 3, November 1979, S. 10.
[341] Ders., S. 10f.
[342] Bayerischer Musikrat 2015: Musik kennt keine (Alters-)Grenzen – Informationsveranstaltung zu Musikgeragogik in München, Bayerischer Landtag.
[343] Bayerischer Musikrat e. V., a. a. O., Ankündigungsflyer zu „Musik kennt keine (Alters-)Grenzen".
[344] Bayerischer Musikrat e. V., a. a. O., Musik kennt keine (Alters-) Grenzen.

Quellenhinweise und weiterführende Literatur

Altenmüller Eckhart (2014): Musik ist Brot unseres Geistes – nicht nur die schönste Nebensache der Welt, aus: Frankfurter Allgemeine Zeitung (FAZ), Natur und Wissenschaft Nr. 269 vom 19.11.2014.

Brenner Peter J. (2008): Hörkulturen – Zeitkulturen, in: Bayerische Landeszentrale für politische Bildungsarbeit, Bayerischer Rundfunk, Evangelische Akademie Tutzing (Hg.) (2008): Hör' mal schnell – Zeiten der Aufmerksamkeit. Altheim bei Landshut: Isarpost, Druck- und Verlags-GmbH.

Decker-Vogt Hans-Helmut, Oberegelsbacher Dorothea, Timmermann Tonius (2012): Lehrbuch Musiktherapie, München: Reinhardt UTB.

Glück Jana, Glück Ralf: Frei bewegt mit Musik – „In the mood"; Förderung der Lebensqualität durch die Verbindung von Musik und Bewegung, Älterwerden ist LebensART.

Gronemeyer Reimer (2014): Ausgrenzende Scheinwirklichkeit, in: Dr. med. Mabuse 209, Mai/Juni 2014, Frankfurt/Main: Mabuse Verlag.

Kitwood Tom (2008): Demenz. Der person-zentrierte Ansatz im Umgang mit verwirrten Menschen. Bern.

Neander Klaus-Dieter (1999): Musik und Pflege, Stuttgart & München: Urban & Fischer.

Pawletko Klaus W. (2014): Warum eigentlich nicht?, in: Dr. med. Mabuse 209, Mai/Juni 2014, Frankfurt/Main: Mabuse Verlag.

Rogers Carl (2005): Die klientenzentrierte Gesprächspsychotherapie, Frankfurt am Main: Fischer Verlag gmbH.

Schmieder Michael (2014): Spiegel-Interview von 11/2014, in: http://news.wohnen-im-alter.de/2014/03/kritik-demenzdorf-unsere-bewohner-sind-nicht-bescheuert.

Internetquellen:

http://de.wikipedia.org/wiki/Orff-Schulwerk
http://news.wohnen-im-alter.de/2014/03/kritik-demenzdorf-unsere-bewohner-sind-nicht-bescheuert
http://www.ilse-kubaschewski-stiftung.de
http://www.krankenpflege-tutzing.de/kontakt.php
http://www.kwa.de/standorte/ottobrunn
www.gluecksart.de

Nachwort

Ob alle Ankündigungen und Versprechungen gelungen sind, weiß ich nicht.

Ich hoffe aber, dass das Anliegen dieses Buches, *Musik ist mehr als wir hören*, Wirklichkeit wurde, dass auch der Mut, mit Musik kommunikativ und ohne Scheu umzugehen, Ansporn und Aufforderung geworden ist.

Ohne den Könnern und Genies etwas wegzunehmen, bietet Musik als Kommunikationsmedium viele Möglichkeiten, sich zu entfalten und andere in dieses Kompetenzfeld miteinzubeziehen. Es ist deshalb unbegründet Sorge zu haben, irgendwelche Privilegien zu verlieren.

Was ist gelungen – was ist nicht gelungen, was bleibt unbeantwortet?

Gelungen sind – so hoffe ich – Anregungen darüber erhalten zu haben, wie man Musik *auch* betrachten kann, was sie bedeutet und wo sie sinnvoll eingesetzt werden kann, aber auch den Blick auf ihren möglichen Missbrauch geschärft zu haben.

Nicht gelungen ist die – bereits in der Vorbemerkung angekündigten – Gewinnung von Erkenntnissen aus eigenen, institutionell gestützten Forschungen. So handelt es sich um weitestgehend komprimierte Resultate aus fremden Quellen. Die Ausnahme bilden selbstverständlich eigene Musikerfahrungen im Umgang mit unterschiedlichen Zielgruppen. Diese Ereignisse sind insofern authentisch, als sie selbst erlebt wurden, gleichermaßen sind sie auch als exemplarisch zu verstehen, weil sie auf vergleichbare Situationen übertragbar sind.

Unbeantwortet bleiben darüber hinaus folgende Fragen:

- Sind alle Indizien über musikalische Wirkungen bei demenziell veränderten Menschen beweiskräftig genug, um zur Klärung beizutragen, ob Demenz als Krankheit oder als Verhaltensänderung zu betrachten ist?
- Lassen sich „unbegabte" Menschen mit Musik zu differenzierter kommunikativer Kompetenz motivieren?
- Welche Wege eröffnen dem Fach Musik für die sie transportierenden Elemente in Ausbildung, Schule und Hochschule ein gesellschaftlich besseres Image und wie lassen sich musik-kommunikative Kompetenzen pädagogisch, methodisch und didaktisch so integrieren, dass sie dort nicht gleichgültig, sondern als *gleich-gültig* anerkannt werden?

Prof. i. K. Dr. Johannes Kemser

geboren 1947 in Garmisch-Partenkirchen, studierte Musik, Sozialpädagogik, Erziehungswissenschaft, Soziologie und Musikwissenschaft in München und Hamburg. Er leitete ein Kinder- und Jugenddorf, sowie ein Alten- und Pflegeheim des Albert-Schweitzer-Familienwerkes in Niedersachsen.

1981 wurde er Hochschullehrer für Soziale Arbeit und Gerontologie an der Alice-Salomon-Hochschule Berlin. Seit 1984 lehrt er als Professor für Pädagogik und Soziale Arbeit an der Katholischen Stiftungsfachhochschule München. 1994 wurde er zum Gründungsdekan für neue Pflegestudiengänge in Bayern gewählt, im Jahr 2000 ist er auch Gründungsmitglied des Deutschen Instituts für angewandte Pflegeforschung (dip) in Köln, 2009 Vorsitzender dessen Verwaltungsrates. Bis zu seiner Emeritierung 2013 blieb er mit kurzzeitiger Unterbrechung Dekan der Fakultät Pflege an der KSFH München. 2014 wurde er mit der Bayerischen Staatsmedaille für Verdienste um Gesundheit und Pflege ausgezeichnet.

Aktuell übt er Lehr- und Forschungsaufträge aus.

Dimensionen Sozialer Arbeit und der Pflege
Herausgegeben von der Katholischen Stiftungsfachhochschule München

Band 10: **Dramaturgie von Entwicklungsprozessen**
Ein Phasenmodell für professionelle Hilfe im psychosozialen Bereich
Von Tilly Miller

2006. VI/134 S., kt. € 22,-. ISBN 978-3-8282-0366-2

Professionelle Hilfe im sozialen Bereich geht in der Regel mit der Erwartung einher, Menschen in ihren Entwicklungsprozessen zu unterstützen, um verbesserte Lebenssituationen zu erwirken. Vorliegendes Buch bietet ein Phasenmodell, das Entwicklungsprozesse in ihren typischen Verlaufsdynamiken zu beschreiben vermag. Darauf bezogen folgen Überlegungen für das professionelle Handeln.

Band 11: **Soziale Arbeit als ethische Wissenschaft**
Topologie einer Profession
Von Thomas Schumacher

2007. X/309 S., kt. € 32,-. ISBN 978-3-8282-0421-8

Die Diskussion um die Soziale Arbeit als Profession und Wissenschaft wird seit vielen Jahren facettenreich geführt. Die Untersuchung legt offen, dass der Sozialarbeitsberuf von Grund auf sowohl wissenschaftlich als auch ethisch orientiert ist und seine Bedeutung als Wissenschaft und Profession über ein ernstzunehmendes, ethisches Profil auszuweisen vermag. Ethik Sozialer Arbeit zeigt sich dabei nicht nur als Mitte und Mittlerin im Theorie-Praxis-Zusammenhang, sondern auch als der zentrale Bezugspunkt in der wissenschaftlichen Perspektive. In seiner Ethik findet der Beruf zu einer grundlegenden wissenschaftlichen Betrachtungsweise und entwickelt ein Wirkungsverständnis als Profession.

Band 12: **Die Soziale Arbeit und ihre Bezugswissenschaften**
Herausgegeben von Thomas Schumacher

2011. X/264 S., kt. € 29,50. ISBN 978-3-8282-0545-1

Der große Gewinn für die Soziale Arbeit liegt darin, dass Bezugswissenschaften ihr zuarbeiten. In dem Maß, wie Soziale Arbeit ihr eigenes wissenschaftliches Profil schärft, vermag sie auch das bezugswissenschaftliche Konzert zu dirigieren. Der Effekt ist, dass sie selbst in Ihrer Kompetenz, die mannigfach zugedachten gesellschaftlichen Aufgaben wahrzunehmen, weiter wächst. Der vorliegende Band zeigt auf, wie vor dem Horizont des Studiums der Sozialen Arbeit an einer Hochschule sozialarbeiterische Fragestellungen und Anliegen bezugswissenschaftlich entfaltet und eingebracht werden. Er steht so für den Versuch, die Dimension des gesellschaftlichen – und dabei immer auch am Menschen orientierten – Wirkens Sozialer Arbeit über deren Schnittstellen zu anderen Wissenschaften systematisch zu erfassen.

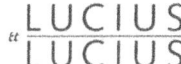 Stuttgart

Dimensionen Sozialer Arbeit und der Pflege

Herausgegeben von der Katholischen Stiftungsfachhochschule München

Band 13: **Inklusion – Teilhabe – Lebensqualität**
Tragfähige Beziehungen gestalten
Systemische Modellierung einer Kernbestimmung Sozialer Arbeit
von Tilly Miller
2012. VIII/262 S., kt. € 29,80. ISBN 978-3-8282-0569-7

Ziel des Buches ist die Modellierung einer Kernbestimmung Sozialer Arbeit. Kernelemente sind ethische Leitlinien, eine integrale Gegenstandsbestimmung, theoretische Denkfiguren sowie praktische Handlungsweisen. Grundlegend ist die systemische Denkfigur. Soziale Arbeit, so der Ausgangspunkt, zielt auf Inklusion, Teilhabe. und Lebensqualität.

Kernaufgabe Sozialer Arbeit ist es, im Rahmen des vorgelegten Konzepts, auf den unterschiedlichen Beziehungsebenen zu arbeiten, um Inklusion, Teilhabe und Lebensqualität zu erwirken. Die Kernbestimmung gibt Antworten darauf, was Soziale Arbeit ist und was sie ausmacht. Damit einhergehend werden aktuelle gesellschaftliche Fragen und Herausforderungen reflektiert. Stichworte dazu sind u.a. Vernetzung, Bildung, kulturelle Differenz, Ökologie und Nachhaltigkeit. Angesprochen sind Studierende, Lehrende und Forschende der Sozialen Arbeit, Professionelle in der Praxis und bezugswissenschaftliches Fachpublikum.

Band 14: **Aktuelle Pflegethemen lehren**
Wissenschaftliche Praxis in der Pflegeausbildung
Herausgegeben von Elisabeth Linseisen und Charlotte Uzarewicz
Mit Beiträgen von Michael Bossle, Astrid Elsbernd, Monika Fröschl, Constanze Giese, Peter Hammerschmid, Helen Kohlen, Elisabeth Linseisen, Charlotte Uzarewicz
2013. VIII/163 S.,kt. € 22,90. ISBN 978-3-8282-0575-8

Welches Wissen brauchen Lehrende in der Pflegeausbildung heute? Die vorliegende Sammlung von Einzelbeiträgen fokussiert wissenschaftliche, ethische und pädagogische Grundsatzfragen ebenso wie aktuelle Themen für die konkrete Unterrichtsgestaltung. Der Zusammenhang von pflegewissenschaftlichen Erkenntnissen und pädagogischen Anforderungen wird erläutert. Handlungsorientierter Unterricht, phänomenologisches Lehren und Lernen, Umgang mit (Fall)Geschichten, Pflegeberatung sowie gesundheitsförderliches Lehren werden als konkrete Lehr-Lern-Ansätze vorgestellt. Abgerundet wird der Band mit einem Konzept zur Gestaltung förderlicher Lehr-Lern-Atmosphären.

Die Heterogenität der Beiträge spiegelt das komplexe Anforderungsprofil wider, welches an Lehrende in der Pflege heute gestellt wird. Damit werden Impulse aufgezeigt, wie die rasanten Veränderungen in der Pflege-Bildungs-Landschaft kreativ und konstruktiv genutzt werden können, um schon im Rahmen von Ausbildungsprogrammen innovatives Potential erkennen und fördern zu können.

 Stuttgart

www.ingramcontent.com/pod-product-compliance
Lightning Source LLC
Chambersburg PA
CBHW070315240426
43661CB00057B/2652